# 财务管理专业应用型人才培养模式研究

万生新／著

中国商业出版社

图书在版编目（CIP）数据

财务管理专业应用型人才培养模式研究 / 万生新著. -- 北京：中国商业出版社，2019.3

ISBN 978-7-5208-0639-8

Ⅰ.①财… Ⅱ.①万… Ⅲ.①财务管理－人才培养－培养模式－研究 Ⅳ.①F275

中国版本图书馆CIP数据核字(2019)第015958号

责任编辑：王彦

中国商业出版社出版发行

010—63180647　www.c_cbook.com

(100053 北京广安门内报国寺1号)

新华书店经销

北京虎彩文化传播有限公司印刷

\* \* \* \* \*

787毫米×1092毫米　16开　16.25印张　290千字

2019年3月第1版　2019年3月第1次印刷

定价：68.00元

\* \* \* \*

（如有印装质量问题可更换）

# 前 言
PREFACE

  随着经济制度的不断改进，越来越多的企业不断地涌现，企业投资者为了能够更好地在社会上立足就必须拥有强大的经济基础和企业管理的人才。但是现实中财务管理人才的能力和素质不足以满足企业的需求，这就促使各个高校致力于培养满足社会需求的高素质的专业人才。

  为了应对越来越多变的财务管理环境，对应用型财务管理人才主要理论知识的培养显得尤为重要。财务管理人才必须要掌握经济、管理、法律、会计、财务管理及相关学科的基本理论和基本方法。在这些相关知识点的掌握上要有侧重点，让学生能够更好地满足企业对财务管理人才的需要。当然每个企业的具体情况肯定是不同的，那就需要高校在教育学生的过程中教会学生自学的能力以及遇到不同情况时的应变能力。

  现在用人单位对财务管理人才的录用标准发生了较大的变化，如"两年以上的工作经验"和获取相关的资格证书（初级会计师证、中级会计师证和注册会计师证），等等。用人单位对工作经验和资格证书的重视，根源在于要求求职者要有适应单位的实践操作能力。近几年经常能听到用人单位对应届大学生的评价：所学的财务管理知识仅仅停留在书本上，书本上有些知识跟实际操作是脱节的，实务当中的处理是灵活的；实际动手能力以及对工作的系统性理解较差，往往要重新进行培训才能真正适应实际工作；缺乏创新能力，财务管理决策没有自己的观念和认识，缺乏发散性思维能力。由此可见，现在培养的财务管理专业人才跟用人单位的需求还是有很大差别的，所以应用型财务管理人才必须要具备熟练的专业实践能力。

  应用型财务管理人才跟会计人才不一样，不是只要按照准则规定做账就可以的，是要在会计给出的会计资料的基础上，进一步加工整理，同时结合企业管理中存在的实际情况进行深入分析，在关键的时刻（投资、筹资、企业运营管理等）进行决策，使得企业的股东权益最大化。对不同的方案的选择并没有实际的对错，只是要在风险和收益两者之间进行权衡。如果没有创新能力是没有办法做出最优的决策并且给管理层提出改进意见的。

本书主要从财务管理专业人才培养模式的基本思路、目的、原则、内容、要素、财务管理专业应用型人才培养四位一体驱动模式、财务管理专业应用型人才培养实施路径等几个方面对财务管理专业人才培养模式创新及实现路径进行研究，旨在为该领域学术研究做更有益的尝试。

# 目录
## CONTENTS

**第一章 导 论** 01

　　第一节　研究背景 02

　　第二节　研究目的和意义 06

　　第三节　研究的主要内容 08

　　第四节　研究思路和研究方法 13

　　第五节　创新点 17

**第二章 财务管理专业应用型人才培养模式理论探索** 21

　　第一节　人才培养模式的内涵 22

　　第二节　财务管理专业应用型人才培养模式探索 27

　　第三节　财务管理专业应用型人才培养模式的新要求 42

**第三章 财务管理专业人才培养模式的基本思路、目的、原则、内容、要素** 47

　　第一节　财务管理专业人才培养模式的基本思路 48

　　第二节　财务管理专业人才培养模式的基本目标 52

　　第三节　财务管理专业人才培养模式的基本原则 53

　　第四节　财务管理专业人才培养模式的基本内容 55

　　第五节　财务管理专业人才培养模式的基本要素 62

## 第四章　财务管理专业应用型人才培养四位一体驱动模式　69

　　第一节　课程教学驱动　70
　　第二节　人工智能+课堂教学驱动　80
　　第三节　实践教学驱动　92
　　第四节　合作开放教学驱动　113

## 第五章　财务管理专业应用型人才培养实施路径　123

　　第一节　财务管理专业应用型人才培养课程教学　124
　　第二节　信息智能化教学与实践　138
　　第三节　完善实践教学　145
　　第四节　校企合作构建产学研合作教学平台　160

## 第六章　应用型人才培养的质量保障体系的构建及运行　171

　　第一节　高校财务内部管理质量保障体系构想　172
　　第二节　财务管理专业实践教学质量保障与监控体系的构建　180
　　第三节　独立学院高素质应用型人才培养体系构建　183
　　第四节　基于PDCA的财务管理模拟实验教学质量保障体系构建　187

## 第七章　实践成果　193

　　第一节　长春光华学院应用型财务管理人才培养　194
　　第二节　常州工学院CDIO理念下应用型卓越财务管理人才培养　198
　　第三节　基于就业导向的高职财务管理人才培养　200

| 第四节 | 国际化财务管理人才培养模式研究 | 207 |
| 第五节 | 浙江区域特色的财务管理人才培养 | 213 |
| 第六节 | 央企在多民族地区基层公司财务管理人才培养 | 218 |
| 第七节 | 广东理工学院基于应用型人才培养的财务管理课程教学 | 224 |
| 第八节 | 实习基地建设与财务管理专业创新型人才培养研究 | 228 |
| 第九节 | 广东理工学院高素质基于应用型人才培养目标的财务管理专业建设 | 232 |
| 第十节 | 常熟理工学院"双导师制"的财务管理专业应用型人才培养 | 238 |
| 第十一节 | 医药院校财务管理专业应用型人才培养课程体系创新 | 243 |

结束语　　248

参考文献　　250

# 第一章 导 论

# 第一节　研究背景

## 一、我国现阶段的培养模式弊端

我国目前应用型财务管理人才的缺乏，其在很大程度上是由于我国的培养模式的问题。当今的培养模式存在很多弊端，在这样的培养模式下根本不可能培养出具有实践性的应用型财务管理人才。为了进一步分析如何建立应用型财务管理人才模式，笔者先从现阶段我国的传统培养模式入手，分析传统培养模式下存在的一些弊端，为建立新的培养模式提供新思路。

### （一）教师方面

教师在引导学生成才方面发挥着重要的作用，可以说，教师是学生前进的指路明灯，有了教师的引导，学生才会在财务管理的学习过程中有明确的目标，学习才会更加高效。另外，老师的教学思路也在学生的学习方面扮演着重要的角色，包括学习方法方面的引导，对于学生未来人格的养成和知识的运用都有影响。但是，正是这种重要影响，如果老师的质量不高，或者说资历不足，就会导致应用型财务管理人才缺口的出现。我们都知道，很多教师都是经过高中、大学才进入到老师阶段，可以说，这种在学校的培养模式在一定程度上造就了理论教师的形成，也就是空有理论，缺乏实践能力和实践思想。这样，老师由于缺乏实践经验，就不可能很好地带领学生进行实践性学习，导致教学效果不佳。

### （二）课程设置方面

除了教师方面，课程的设置不合理其实也是影响应用型财务管理人员培养的原因。现阶段，我国关于财务管理方面的课程的编排本身就存在问题，其最为明显的弊端就是盲目注重理论知识的培养，忽视了学科间的横向关联。应用型的财务管理人员的培养需要在思维方面得到发散，知识方面也应该具有开放性的引导，但是，现阶段仍旧缺少针对这些方面的课程设置，财务管理专业的讲授层次和讲授内容十分雷同，评价标准毫无新意。另外，财务管理方面的课程没有针对性，没有重点和非重点的区分，没有突出骨干课。总之，这样的课程编排方式只能使学生在结构上使思维固定化，在专业发展方面不能进一步培养学生的思维发散能力、创新能力及知识应用能力，这就意味着，学生在这种课程设置下，往往不能灵活处理未来财务管理中可能出现的问题。

（三）教材方面

财务管理专业学生在进行专业学习时，其学习工具往往局限在一种工具上，那就是课本。在这里，我不否认课本在专业教学中扮演的重要角色，但是我们必须清楚的是，当今的社会，各个企业、事业部门等需要的财务管理方面的人才是具有实践性的应用型综合性人才，单一的课本教学是远远不够的。另外，课本存在很多十分明显的弊端，比如偏重理论、没有实践性、理论与实际不能够有机结合，在这样的教学背景下，学生不可能成为应用型的财务管理人才。所以，要培养应用型财务管理人才必须要统一制定专门的教材，并且，教材中要适当添加一定分量的实践部分。只有理论与实践相结合，才能真正培养出具有实践能力的应用型人才，才能满足我们国家以及社会的需要。

## 二、背景分析

（一）专业发展背景分析

**1. 财务管理专业在经济管理中的价值链分析**

财务管理工作作为经济管理工作的一部分，发挥着越来越重要的作用。从经济管理过程来看，财务管理可分为预测管理、决策管理、计划管理、组织管理、控制管理、分析及考核管理等。这些管理是企业管理系统的分系统，叫作职能子系统。从经济管理的价值链角度看，财务管理作为一种价值管理渗透了所有职能子系统，对整个企业管理效率起决定性作用。财务管理最理想目标是企业价值最大化，与企业管理的最终目标是一致的。财务管理通过合理地组织资金运动，积极地促进企业的生产经营活动，来推动企业管理的有序进行，实现最终目标。

由于会计提供的金融信息的重要性，较高的道德水准也许是会计员应该具备的最重要的职业素质，其他的品质包括耐心、可靠性、决断力、思维全面性、组织能力、工作导向及一致性。财务管理专业学习的课程不但可提供学生做明智独立判断所需的初步能力，也可为将来事业的发展打下基础。

**2. 财务管理专业就业前景分析**

会计更侧重账务处理，财务管理则侧重成本、资金等方面的管理，包括财务分析等工作。我国企业财务系统正在逐步完善的过程中，因此，很大一部分中小企业对财务管理的需求会增大。随着市场竞争机制慢慢铺开，具有大专及以上层次的财务管理人员，在工作中积累到金融、财务分析等经验的人才会有很好的发展空间。通过2006年企业会计准则与制度的修订，会计工作不论是法规体系还是核算体系都更趋完备，符合国际惯例，并且电算化程度已达到较高水平，基本摆脱了手工做账，对财务管理人员提出了更高要求。

能设计收集财务及相关信息，积累和登记会计信息，分析和诠释会计数据，主持审计检查，会计信息的编纂和校阅，设计完善的财务监管和财务决策报告系统，测度旨在实现组织目标的项目管理活动的经济效益分析的财务管理人才在中小企业中备受欢迎。

就业机会包括保险服务员、审计员、银行出纳员、收银管理员、财务预算控制分析员、客户信贷员、成本会计分析员、管理会计师、金融服务员、企业内部审计员等。

**（二）市场需求分析**

**1. 中小型内资企业**

需求量较大，但毕业生的待遇、发展欠佳。很多中小国内企业特别是民营企业，对于会计岗位的需求只是"账房先生"，而不是具有财务管理和分析能力的专业人才，而且，此类公司财务监督和控制体系大都相当简陋。但这一块对会计人才的需求是最大的，也是目前财务管理毕业生的最大就业方向。毕业生一般都是靠自己的亲戚朋友关系到公司取得会计工作，主要从事简单的会计记账工作，并能够独立处理简单税务工作，新人月薪绝大部分集中在1500元左右。

**2. 服务性行业的收银人员**

从收银人员岗位实际出发，主要岗位技能包括操作收银机、结算账款、结款防伪、处理退换货、开具及管理发票、现金管理、顾客服务、收银营运管理与其他收银管理等事项。这类人员在社会上有着广泛的需求，但对相关财务管理知识要求较低，对会计电算能力却有要求。通过毕业生反馈信息，收银员是吸纳会计及财务管理专业的主要岗位，主要就业对象是女生。

**3. 企事业单位的出纳、会计人员**

这是会计专业人员就业的主体，此类岗位对就业人员素质要求与本单位规模、管理水平有着密切的关系，通常要求熟悉计算机操作和相关行业的会计制度。

**4. 企业单位审计人员**

部分中小企业为了强化内部控制，协调企业内部管理，需要一部分具备一定的审计水平和企业经营管理知识的人员从事内部审计员的工作。

**5. 税务代理人员**

随着我国税收征管工作的逐步完善，税务代理工作渐渐流行。税务活动具有专业性强、规范性强等特点，对从业人员的税法实务处理能力要求较高，财务与税务关系密切，正适合税务代理工作需要。一部分毕业生加入中小会计师事务所从事税务登记等工作，相对于税务会计师来说，这部分工作属于程序性工作，要求一般毕业生具有一定的税务处理工作能力即可。

**6. 会计师事务所审计从业人员**

独立审计这一职业在我国有着广阔的发展前途，社会上从事独立审计的人员也越来越多。本职业对从业人员素质要求较高，要全面而又系统地掌握会计知识与技能，并且计算机水平较高。一般只有个别专业素质较高的毕业生从事会计师事务所的审计员工作，主要协助会计师完成审计工作。

**7. 企事业单位经营管理人员**

具备丰富的财务理论知识和实践经验是从事经营管理人员基本条件之一。通过系统地学习与实践，能为将来从事此项工作创造良好的条件。大部分外资企业的同等岗位待遇都远在内资企业之上。更重要的是，企业财务管理体系和方法都成熟，对新员工一般都会进行一段时间的专业培训。工作效率高的其中一个原因是分工细致，而分工细致使刚毕业的新员工在所负责岗位上只能学到某一方面的知识。尽管这种技能非常专业，但对整个职业发展过程不利，因为一般高职毕业生难以获得全面的财务控制、分析等经验。财务管理也是一个经验与知识越多越值钱的职业，而企业提供的培训机会不同于在学校听老师讲课，它更贴近实际工作，也更适用。因此较少学生从事经济管理工作。

## 第二节　研究目的和意义

随着中国资本市场的日益发达、企业管理的不断规范，财务管理的地位日显重要，财务管理在理论界和实务界的地位不断提高。但我国从事财务管理的人员较少，缺口很大，高层次的财务管理人才尤其缺乏。ACCA北京代表处首席代表姚志君先生表示，保守估计近几年之内，中国国内高级财务管理人员缺口在15万左右。所以，如何进行财务管理人才培养，提高财务管理人员素质，是我国各界面临的一个重大问题。

财务管理人才培养需要高校和社会的共同努力，高校教育是培养财务管理人才的基础，全社会对财务管理人员的重视，以及提供的培养环境是成就财务管理人才的必要条件。本节拟从财务管理人才培养目标、素质要求、培养要求等方面论述高校教育应如何做好财务管理人才的培养；从财务管理人员的从业管理和后续教育等方面探讨社会在培养财务管理人才上应做的工作。

### 一、财务管理人才的培养目的

按照《现代汉语词典》的解释："人才是德才兼备的人；有某种特长的人。"财务管理人才应是从事财务管理工作的德才兼备的人；"人员是担任某种职务的人"，财务管理人员顾名思义即是担任财务管理工作的人。财务管理人才是从事财务管理工作人员中的优胜者或曰佼佼者，是高级财务管理人员，是财务管理教育的培养目的。

教育部高等学校工商管理类专业教学指导委员会提出的财务管理专业的培养目标是：培养德智体美全面发展，适应21世纪社会发展和社会主义市场经济建设需要，基础扎实、知识面宽、综合素质高，富有创新精神，具备财务管理及相关的管理、经济、法律、会计和金融等方面的知识和能力,能够从事财务管理工作的工商管理高级专门人才。笔者认为这一目标有些急功近利,即要求我们的毕业生一走上工作岗位就成为从事财务管理工作的高级专门人才,从而使得各学校在课程设置上偏重于知识的传输而忽略了能力的培养,造就了一大批高分低能的缺乏竞争力的"人才"。所以笔者认为在财务管理专业的目标设置上可借鉴美国会计教育改革委员会对会计专业培养目标的定位,不要求学生在刚刚参加财务管理职业时就成为专业的财务管理工作者,而是让学生具有作为财务管理工作者的学习能力和创造能力。

因此,财务管理专业的培养目标可表述为:"培养德智体美全面发展,适应21世纪社会发展和社会主义市场经济建设需要,基础扎实、知识面宽、综合素质高,富有创新精神,具备财务管理及相关的管理、经济、法律、会计和金融等方面的知识,具有从事财务管理工作能力的高级专门人才。从事财务管理工作的能力包括健全的人格、全面的素质、良好的职业道德、高超的职业技能、准确的职业判断力以及充分发展的潜能。"

近年来,随着我国市场经济活动的日益活跃,各个经济主体财务活动的不断增多,社会对财务管理人才的需求呈现多层次的发展趋势。财管专业人才不仅应具有胜任会计、财务相关岗位的技能,还应具有更高的适应多种岗位的综合素质并具有较强的职业判断能力。由于现行的人才培养模式有很大的局限性,许多学生还未能清楚认识本专业与会计专业的区别和联系,应用型本科院校在专业定位和专业特色的研究问题上尚未形成普遍的认识。为实现财务管理专业人才更好的发展,突出专业特色,需进一步开展专业定位和发展的研究,制订一套创新创业型的应用型财务管理人才培养方案成为当务之急。

## 二、财务管理专业人才培养的意义

1.随着全球经济一体化进程的不断加快,国际间经贸合作不断扩大,需要更能适应经济发展需要的高能力的财务管理人才。经济的发展尤其是金融市场的发展,导致了各种金融产品的不断创新,融资工具和投资渠道增多,这对财务管理工作人员的知识结构和业务能力等提出了更高的要求。

2.信息技术的进步推动财务管理专业人才培养的创新。技术的进步,促使一个崭新的财务管理时代的到来。财务软件的广泛运用,企业的经营管理突破了传统的财务管理模式，经济业务上更多地开始使用网络远程管理等方式。这些环境的变化给财务管理专业的发展带来新的机遇，同时也对财务管理人才培养提出了更高的要求。

3. 企业间市场竞争压力的增大要求财务管理专业人才培养的创新。企业追求利润最大化的目的，导致市场竞争压力的增大，从而使企业间重组或并购现象普遍。重组与并购中涉及资产重组、并购、剥离、资本运作等方方面面的问题，甚至涉及很多跨国业务，这些业务的顺利进行，需要高能力的财务管理专业人才。

# 第三节　研究的主要内容

随着我国市场经济的进一步发展，工商企业、银行、证券公司、投资公司、财务公司、保险公司等各行业对中高级财务管理人员的需求量不断增加；同时世界经济全球化的发展使得社会对财务管理人员的需求重心逐步上移——对其能力要求和学术基础要求越来越高。这些无疑对财务管理人员培养模式提出了挑战，因而对财务管理人员培养模式的探索也就成为一个具有现实意义的研究课题。

不同层次的财务管理人员对应于不同的培养方式，培养方式包括以学历教育为主的学校教育系统和以后续教育为主的执业技术资格教育和专业技术资格教育。本节的研究范围主要是中高级财务管理人员的学历教育培养模式。本书基本内容由以下两部分构成：财务管理人员应具备的专业知识结构框架体系与能力要求；构建我国财务管理人才培养模式。

## 一、财务管理人员应具备的专业知识结构框架体系与能力要求

### （一）财务管理人员应具备的专业知识结构框架体系

通常意义而言，财务管理工作的实质是理顺企业的资金周转程序、处理企业与各方面经济关系的经济工作。企业资金运动的过程涉及企业经济活动的方方面面：就微观财务管理活动而言，资金运动会影响到企业的供、产、销的协调发展，

人、财、物的综合利用；就财务管理的内容而言，资金运动包含财务主体的筹资、投资、用资和收益分配等的管理；就财务管理方法而言，组织资金运动、协调财务关系，又需要借助财务预测、决策、预算、控制、分析等财务手段；就财务管理环境而言，资金运动又会受到经济环境、法律环境、金融环境等因素的影响。将企业循环纳入社会经济系统循环，可以从更高层次上研究生产—分配—交换—消费构成的社会再生产循环体系。

高素质的财务管理人员应能准确把握企业系统中的物流、资金流、信息流管理系统，使之形成一个周而复始、螺旋式发展的良性循环轨迹；应了解企业生产过程和产品生产工艺构造；了解人力资源在企业财务管理工作中的重要性；应熟悉资本市场，能利用资本市场为企业寻找融资渠道和投资方向；能预测和把握环境变化，正确应用经济政策、金融市场和法律政策为企业理财服务；对财务风险有敏感的、准确的职业判断能力，在职责范围内准确发现和估计潜在的财务风险，在利用理论方法进行分析的同时，能对具体环境下的风险做出判断和提高；同时，应具备定量分析和实证研究的能力。综合上述，财务管理人才的专业知识框架体系应由四部分构成：金融经济学、管理学、会计学和财务管理学。

（二）财务管理人员应具备的能力

在企业经营国际化的进程中，财务管理人员必须具有全局观念和组织协调能力，有敏锐的洞察力、开放性思维和创新意识。从财务管理人员的培养来看，能力的培养包括运用知识的能力、独立获取知识发展自己的能力、分析问题和解决问题的能力以及创新能力、沟通能力、处理人际关系能力、组织协调能力。

## 二、构建我国财务管理人才培养模式

科学的培养模式离不开具有先进性和前瞻性的培养理念和培养目标，在确立财务管理专业人才培养目标时应遵循方向性、统一性、前瞻性、创新性、整体性，此外，还要遵循系统性、科学性及国际化等原则。

根据1998年颁发的《普通高等学校本科专业目录和专业介绍》，财务管理专业的培养目标是："培养具备管理、经济、法律和理财、金融等方面的知识和能力，能在工商、金融企业、事业单位及政府部门从事财务、金融管理以及教学、科研等方面工作的工商管理学科高级专门人才。"为实现上述财务管理人员的培养目标，本节主要运用教育系统化思想从专业课程体系设计和教学方法两个层次构建我国财务管理人员学历教育培养模式。教育系统化思想是60年代伴随教育的技术化而产生的教育工艺学的方法论，是系统工程学在教育领域的运用，在财务人员学历培养模式中主要体现为知识结构最优化和培养目标明细化。

（一）财务管理专业课程体系设计

贯彻教育系统化思想，财务管理学专业课程体系的设计应体现知识结构最优化，即强调层次性、结构性和系统性，实现最佳组合，产生整体功能大于部分功能之和的教学效应；应立足于知识结构和能力结构的优化上，突出理财学专业的学术特色和执业特色。

财务管理专业课程体系由四个部分构成：

金融经济学课程组：金融市场学、投资学、金融理论、国际贸易实务；

管理学课程组：管理学、公司战略、人力资源管理、管理信息系统；

会计学课程组：初级会计学、中级会计学、管理会计学、财务报告及其分析；

财务管理学课程组：理财学原理、中级理财学、资本预算、短期财务管理、国际财务管理、公司兼并、重组与破产、估价理论与技术、财务案例研究。

通过学习金融经济学相关课程，了解理财学的学术基础，比如关于风险与收益权衡的基本理论和技术，探讨投资学、金融市场学等学科的基本内容；理财活动是企业管理活动的核心组成部分，财务管理人员是直接关系到企业可持续发展的高层管理人员。为了保证财务管理活动的科学性与有效性，理财人员必须了解一般的管理科学的原理，掌握重要的企业管理技巧；在进行财务决策之前，理财人员必须通过财务报表分析等程序，对企业的财务状况进行综合判断和评估。学习会计学有关课程的主要目的是掌握通过财务报告分析、借以判断企业财务状况的手段和技术，从而为科学地进行财务决策提供依据。

财务管理学课程组是财务管理学专业教育的核心课程组，具体分为如下三个等级：

第一等级课程，即奠基性课程，包括理财学原理与中级财务管理等课程。

理财学原理主要介绍财务管理的本质、环境、目标、基本观念、基本内容、基本原则和方法。中级财务管理按照理财的基本环节融资、投资、营运资金管理和收益分配等展开，介绍各环节的一般程序及基本操作。通过学习这些课程培养理财的基本意识，了解基本财务理论与基本财务管理技术。

第二等级课程，即深化性课程，包括资本预算、短期财务管理与国际财务管理等课程。

深化性课程主要是财务管理环节各知识点的细化：资本投资活动决定了企业的资产结构与成本结构，决定了企业价值最大化目标的能否实现，是最为重要的财务决策；企业日常财务管理活动主要是短期财务管理，包括流动资产管理、流动负债管理及其协同管理内容，按现金管理、短期投资管理、应收账款管理、存货管理、短期筹资与流动负债及营运资金整体管理。国际财务管理主要讲述外汇及外汇风险防范、国际转移价格、国际避税。通过细化知识点的学习提高解决财务问题的理性思维能力。

第三等级课程，即扩展性课程，包括公司兼并、重组与破产课程，估价理论与技术课程，财务案例研究课程等。

扩展性课程的开设与当时的宏观经济形势有着极为紧密的关系，开设扩展性课程的目的在于介绍具有实践性的前沿理财问题，讲授如何将财务理论科学地运用于解决实际财务问题的思路、方法和程序，提高处理特殊复杂环境中财务管理问题的能力。

同时，应建设财务管理专业前沿平台，增设如无形资产管理、电子商务、网络财务和企业资源计划网络财务、风险投资管理、财务制度创新等财务教学课程配置。

（二）采用多种途径、多种形式培养应用型财务管理人才

21世纪是以知识经济为主导的时代，知识经济的基础是知识，关键是人才，核心是教育。联合国教科文组织1996年出版的国际21世纪教育委员会的报告《教育——财富藏其中》提出，面对未来社会的发展，教育必须围绕四种基本要求——学会认知、学会做事、学会共同生活、学会做人。基本要求在培养财务管理人员模式中体现为财务管理人员的运用知识的能力；独立获取知识发展自己的能力；分析问题和解决问题的能力以及创新能力；沟通能力；处理人际关系能力；组织协调能力。这些能力的培养主要通过教学方式和手段来实现。

1. 案例教学和教学实践是培养应用型人才的形式，财务管理学专业课堂教学要以引导启发、问题研究、讨论为主，系统阐述为辅；加强案例教学，包括财务

管理模拟实习课程的教学和课堂讨论，培养学生的实践知识。

2. 应充分利用现代信息技术，利用现代科学技术进行教学。加强财务管理研究室和实验室的建设，增强学生学习的自主性，帮助学生提高创新创业能力，提高学生的动手能力和创新能力。

3. 充分发挥校企结合对培养高素质财务管理人才的作用，可采取以下几种方式：相互兼职；组织学生到企业开展不同形式的实习活动；定期召开专业与企业的见面会，密切校企联系，及时掌握企业财务管理发展现状和对人才的动态需求状况。

4. 建立导师制，加强导师队伍建设，其发展必须把当前的发展与未来的发展结合起来，实行固定编制与流动编制相结合、专任导师和兼任导师相结合的用人机制。研究生导师教学技能及研究水平应得到同等关注，都应当从事学术研究，并且应当有足够的余暇和精力去了解各国学者在相关学科或领域所做的研究。

### （三）建立健全财务管理人才后续教育

教育模式包括以学历教育为主的学校教育系统，以后续教育为主的执业资格教育系统和专业技术资格教育系统。专业技术资格教育在我国有较长的发展历史，根据人事部办公厅《关于调整经济专业技术资格考试专业设置的通知》（人办发〔2002〕18号）中的类别划分不难看出，财务管理学只是作为工商管理与商业管理专业的一门核心专业课程，也即没有专门针对财务管理领域的专业技术资格教育；同时由于我国财务管理学专业起步较晚，对理财人员的执业资格教育在目前在很大程度上限于注册会计师执业资格教育。

在加强财务管理人员学历教育，缩短理财人员培养周期的同时，还应加强财务管理人员专业技术资格教育与执业资格教育模块的建设，加快后续教育的产业化和国际化，建立理财学执业资格教育系统，将财务管理作为一门特定的行业，建立标准化的执业规范和执业技巧，为财务管理人员提供全方位的理财技能教育与知识更新途径。

## 第四节  研究思路和研究方法

### 一、专业应用型财务管理人才培养模式研究思路

（一）改变课程设置

新型培养模式在课程设置上必须注重理论知识和实践内容相协调，因此，要改变课程设置，可以参考以下内容：首先，将原本的辅助性课程，如财经外语、计算机基础等课程划入专业课范围内，同时也纳入实践性较强的课，如财务管理案例分析、企业内部控制等，扩大专业课程的范围，摒弃原本的理论式学习，让学生能够将理论知识和实践学习结合到一起。其次，延长专业课授课的周期。将专业课拆分成两部分：一部分是理论课的学习，另一部分是实践课的学习，这样能让学生在懂得理论知识的同时，学会实际操作，给学生的未来定下一个大方向，激发其学习兴趣，以此培养学生完整的管理能力，响应应用型人才的培养政策。最后，降低专业拓展课程的课时周期，同时降低考核标准，使其变成一项辅助性课程，这部分内容可以在以后工作中即用即学。

（二）改变教师团队组成

教师团队的重要性不言而喻，适当改变教师团队的组成，提高教师整体能力水平十分重要。对于现有的财务管理教师团队，可以从以下几方面入手改变教师团队的组成：首先，财务教师要适当转变自身角色。在网络技术发达的时代，网络多媒体技术已经引入课堂，教师已经从原来的理论讲师变成了"学业指导教师"，此时，教师不再只是知识的传授者，而是学生的帮助者，帮助学生掌握知识，培

养其多方面的能力,做一个合格的学习领路人。其次,高校要针对学校财务管理教师的现有配备,适当引入实践课教师。基础实践课对学生来说十分重要,是培养学生实践能力的基本课程,因此,教授实践课的教师必须要具备足够的实践能力,通过搜集整理案例及财务管理实验帮助学生将理论知识转化为实践能力,这样做不仅能够有效解决学生实践课程少的问题,还能解决学生无法进入企业实习的问题。最后,引进全能型教职人员,或者培养内部全能型人才,改变现有的教师引进制度等,从根本上促进教师团队的组成,以促进教学更加顺利地开展。

## (三)改变传统教学手段

在教学手段方面,有效的教学手段能够吸引学生的学习兴趣,摆脱传统课堂上溜号的弊端,让课堂更加丰富多彩,使学生掌握更加牢固的知识和能力,因此,教师必须改变传统教学手段,跟上时代的脚步,使用网络进行教学。对于财务管理的学生来说,其在网络资源方面相对于其他专业比较有优势,专业特性也导致其网络教学方面群众性较强。具体可以参考以下几点做法:首先,教师可以在延长网络教学周期的基础上,通过网络授课方式达到夯实基础的目的,这也是学生们比较接受的方式之一。其次,多媒体教学也是较受欢迎的方式,它能够将各种知识有效整合,包括声音、文字、图片、视频及音频等,教师可以通过多彩的视频、图片,将理论性较强的财务管理课程变得生动有趣,引起学生兴趣,这是十分有效的教学手段之一。同时,教师可以将多媒体教学方式与传统教学方式相结合,在讲授知识的过程中,通过多媒体向学生展示相关内容,提高学生参与度,让课堂变得丰富多彩。

## (四)充实、调整教材内容

为培养应用型财务管理人才,必须要对现有的教材进行改变。首先,要以培养学生专业能力为主要目的,突出教材的实践性,将基础课、实践课、拓展课、专业课等重新编写,掌握好每种类型课程的重要程度,最大限度地展现课程的特点和优越性,为学生编写出合适的教材。其次,要在教材中适当融入前沿的科学技术,为学生介绍先进的财务管理方法。最后,要对教材的类别进行筛选和增加。在教材的基础上,增加配套系列丛书,针对网络教育及实际教学的需要,采取不同的教材使用形式,以培养学生应用能力。

（五）增强实践环节

实践环节对学生进入企业发展有着重要作用。首先，高校要将基础实践课和拓展课区分开。每个行业的财务管理工作都是共通的，但是又各具特点。对于共通的专业知识，如出纳业务、财务记账等，可以由专业教师讲授，而对于带有各自特点的知识，高校可组织学生到各个行业了解，以增加学生对行业的感性认识，如到建筑行业了解建筑财务的运作模式、到事业单位了解事业单位的财务运作模式等，通过行业见习提高学生实践能力。其次，实践课要采取分块教学模式，让学生在对财务工作流程有宏观认识后，在细节处掌握更加具体的职业特点。最后，对于拓展课来说，可以采取见习模式。拓展课涉及的内容趋于行业机密，同时也具有一定的依赖性，应采用这样的模式开展。

应用型财务管理人才的培养对我国企业发展有着十分重要的作用，高校必须要给予学生足够的学习资源和发展空间，从课程设置、教师成员配备、教学手段、教材使用情况及实践环节等方面入手，通过科学合理的配置为学生创造高质量的学习环境，为我国企业培养更多实用性的财务管理人员。

**二、专业应用型财务管理人才培养模式的研究方法**

可以说，应用型财务管理人才的缺乏是我们国家现阶段面临的一个重要的问题，我们要改变这种理论与实践脱节、人才培养与社会需求脱节，必须要采取措施，增加应用型财务管理人才的输出。那么，如何建立应用型财务管理人才培养模式呢？笔者针对这一方面，提出自己的相关见解。

（一）课程方面

财务管理专业的课程设置需要改善。首先，我们要对课程进行划分，包括知识教育、专业骨干课和专业拓展。另外，我们要增加有关专业骨干课的授课周期，其中实践成分要进一步突出，只有拥有了足够的实践能力，财务管理方面的人才才能够真正适应社会的需要。作为老师，我们要进一步引导学生向财务管理人员的角色方面投入，激发学生的自我意识，将这一行业的最基本的印象印刻在学生的脑海了，才能激发学生的学习自主能力。另外，我们要压缩分量轻的课程，做到中心突出，详略得当。比如说专业拓展课，就应该降低其考核标准，毕竟它不是应用型财务管理专业课，学生只要做到即学即用就完全可以了。

### （二）采取应用型教学手段

在财务管理专业方面，其可以说拥有得天独厚的网络资源的保障。网络在财务管理专业方面的应用比较早，有着很好的应用基础。就网络资源来看，关于财务管理方面的资源十分丰富，很多的优质教师的教学课堂被搬到网络上也进一步为学生学习提供了平台，这样便可以更好地让学生的学习基础得到夯实。

### （三）建立应用型教师队伍

应用型教师队伍的建立，会改变老师在财务管理课堂上的角色。传统的教师角色是知识的传授者，学生从老师那里获取知识，获得技能，但是对着应用型教学手段的引入，网络资源的利用会促使老师进行相关的角色转换，也就是老师从知识的传授者转变为知识的引导者，知识的帮助者，将培养学生的学习兴趣和良好学习习惯作为自己的工作目标。另外，学校要积极引入具有实践能力的教师资源。应用型财务管理人才的培养需要充足的社会实践才能够真正实现，所以，缺少具有相关经验的老师是不可以的。具有实践能力的财务管理专业的老师能够把学生的所学到的知识转化为社会实践，并进一步提升学生的操作能力。

### （四）教材改革

教材的改革要进一步以专业实践作为重心，针对基本知识、专业骨干课和拓展课等相关方面的特点，制定符合其特色的教材。另外，教材的选取一定要与时俱进，反映当前社会主流，以便介绍财务管理方面的新思路和新方法。

当前，我国需要大量的财务管理方面的人才，但是，尽管人才需求量大，各类学校培养的财务管理人员多，人才质量依旧是一大问题。现阶段我们培养出的人才缺乏相应的实践经验和动手操作技能。在建立应用型管理人才模式上，我们还有很长的路要走，相信通过我们的不断努力，财务管理人员定会更加适应社会需求。

## 第五节 创新点

### 一、财务管理专业人才培养的改革与创新措施

（一）优化课程体系设置，突出财务管理专业特色

财务管理学与会计学、金融学应相互区别、各成体系。其具体做法为：

#### 1. 注意与会计学专业课程的协调

会计专业侧重于财务会计学，而财务管理专业侧重于财务管理学。应用型本科院校要建立一套全新的财务管理专业课程体系，打破财务管理课程设置归属于会计学之中的固有观念，顺应经济活动日益发展的需要，认识科学理财的重要性，强调财务管理与会计核算并重，课程设置要突出财务管理专业的特色与实用性。

#### 2. 区别于金融学专业课程

金融学专业侧重于研究价值判断和价值规律，包括传统金融学和演化金融学理论两大领域，而财务管理专业侧重于企业财务管理学，财务管理的实践是按照一定目标组织企业财务活动，处理财务关系。应用型本科院校的人才培养目标主要是为了服务于当地经济发展。因此，在专业课程设置上，应着重于公司财务问题的研究，金融学知识可作为基础课程掌握。通过科学合理的课程设置，培养适应现代市场经济需要的、具有扎实的现代财务管理理论知识、掌握现代资金市场运作知识和财务分析技术的人才。

在完成了上述区分以后，各高校应当以"厚基础、宽口径、高素质、重能力"为原则进行课程设置，重视专业基础课程的设置。在课程内容上，应通过筹资决策、投资决策、经营决策和股利分配决策来丰富核心课程内容。为培育学生创新

创业潜能，还应该以选修课的形式辅助，可设如大学生创业创新学、大学生职业生涯规划等课程。

## （二）转变教学形式，丰富教学内容

### 1. 采取多样化的教学方法

构建现代人才培养模式，克服传统的"一言堂"教学，就需采用"课堂教学＋实践教学＋科研活动"的培养方式，提倡案例教学、情景模式、模拟教学等教学方法。在课堂案例教学中，学生通过潜心研读案例，积极思考如何灵活运用所学知识去处理实际问题。开展实践教学，让每一个学生身处其中，变被动为主动，充分发挥学生的主观能动性，积极交流互动，集思广益，在实践中消化理解财务管理理论知识。模拟教学法如"沙盘"式模拟教学实验，就是模拟企业的实际经营活动，营造出一种财务管理工作环境，由众多学生体验企业财务管理的相关岗位，模拟完成企业财务管理活动的一种教学方法。还可以聘请有经验的企业高管和资质深厚的专家进课堂，使学生可以在课堂上接触到最新的经营管理理论与企业管理思维。

### 2. 开展丰富的课外活动

包括开展以ERP为主的各种比赛、沙盘模拟比赛、创业设计比赛、模拟招聘会等第二课堂活动。

## （三）加强师资队伍建设，提高教师教学实践水平

1. 注重优化高校教师队伍整体素质和队伍结构，完善引进人才的政策机制。加强创新团队建设，探索以学科带头人为核心凝聚学术队伍的人才组织模式。

2. 要加强教师的后续教育和在岗培训。鼓励专业教师积极参加各种精品课培训和学术交流研讨会，不断实现财务管理教师专业知识的增强。与时俱进，要及时关注本专业就业形势，对学生进行职业规划指导。除此之外，高校应利用暑假时间鼓励教师参加社会实践，深入基层，了解企业经营活动、财务管理等经济管理工作，升华财务管理理论，并为财务管理案例的制定提供具体素材。还可以鼓励专业课教师到企业兼职，以期实现财务管理专业教师综合教学能力的提高。

（四）积极促进校企合作，加强教学实践基地建设

**1. 积极促进校企合作**

精心选择管理规范的企业或公司进行合作，建设教学实践基地，定期组织学生到合作企业参观、上岗实践，也可以实行教师挂职实践。通过实践，将书本理论与企业实际更有效地结合起来，增强教学效果，或者请企业相关人员进校园，与学生面对面交流分享财务管理的实际案例。

**2. 建立校外实习基地，校企互相促进**

学校与企业实现信息、资源共享，作为校方，发挥智力与人才上的资源优势，积极为企业的实际问题出谋划策，为企业提供培训服务，通过校企合作，可加强专业建设，丰富教师的实践经验，提升教学质量，同时也能增强学生的创新、实践、就业能力；作为企业，有实体环境优势，与高校合作，减少了资金投入，弥补了自身技术研发力量的不足，降低了生产成本和员工培训成本，提高了市场竞争力，同时也是践行社会责任，提升企业名誉的一个良好契机。建立完善的校企合作管理制度，注意学生整体素质的提高，赢得企业认可，让企业有积极性，双方通力合作，让学校和企业的设备、技术实现优势互补，节约教育与企业成本，实现互利双赢。

**3. 高校与企业共同培养财务管理人才**

教学实践基地为企业选拔财务管理人才提供了一个良好的平台，企业可将由该校学生完成的企业财务经营策划整理成册，展现校企合作办学的新成果。通过合作，校方根据企业的反馈和需要，结合市场导向，注重培养学生实践技能，使学生早日锻炼成为适应经济和社会发展需要的岗位竞争力、事业创造力强的创新创业型的高层次应用型财务管理人才。

## 二、实现财务管理专业人才培养目标创新点

（一）树立正确实践观念

财务管理专业的实践性很强，所以必须重视实践教学。若是仅仅单纯地进行基础理论知识的讲解，那么会让知识和实践严重脱离，从而出现脱节的情况。所以在教学时，应该帮助学生树立正确的实践观念，学生的实践观念一旦树立，那么便会在掌握理论基础的情况下，主动实践，更好地掌握知识。正确的实践观念，

不但可以在课堂教学过程中树立,还可以在阅读的过程中树立。比如可以看一些财经类报纸,学习企业成功案例。这样学生能够自主进行案例分析,并获得成功的经验,学生的实践能力会有一定的增强。

(二)建立实习基地

对人才进行检验往往需要通过实践,而企业又是实践的最佳场所,这便要求高校必须认识到加强和企业联系的重要性,进行实习基地的建立,这样学生能够在实践的过程中,不断提高自身问题的解决能力。学校可以安排一些出色的学生定期去企业中实习,帮助学生更好地掌握专业知识,不断地提高自身的专业素质。但是,企业往往更加重视经济利益,学生实践的进行,可能会给企业带来一定的经济损害,虽然很多学校都进行学习基地的建立,但是其作用却没有真正发挥出来。所以,学校可以和企业联系,开展讲座、进行案例分析,这样能够给学生更多贴近实践的机会,给学生进入企业打下良好基础。

学校在进行财务管理专业人才培养时,需要根据社会经济发展进行。若是人才需要发生了变动,那么学校财务管理专业也必须进行一定的创新和改革。现在财务管理专业发展过程中遇到的问题比较多,这便需要进行研究和探索,做好专业建设,培养出更多高素质人才。

# 第二章 财务管理专业应用型人才培养模式理论探索

## 第一节　人才培养模式的内涵

### 一、人才培养的内涵

管理会计人才培养是推进管理会计深入开展的关键，包括形成管理会计人才培养体系、建立管理会计人才能力框架、完善改进财务人员评价体系以及管理会计人才的后续培养和储备等内容。如果说全面推进管理会计体系建设，是推动会计工作转型升级的重点所在，那么加强管理会计人才队伍建设就是管理会计人才培养转型升级的重点所在。企业通过管理会计人才培养，提升管理会计人才队伍素质，企业能够抓住管理会计体系建设的"牛鼻子"，培养大批适应改革需要、能够勇挑改革重任的管理会计人才，将管理会计应用推向纵深发展，源源不断地释放管理会计在提高内部管理水平、增强价值创造能力等方面的巨大潜力，积极应对国际国内环境挑战，抓住机遇，乘势而上，不断提升竞争能力，实现可持续发展。

### 二、管理型会计人才培养的必要性

#### （一）经济全球化需要培养管理型会计人才

经济全球化趋势的深入发展，使传统的资源优势开始让位于竞争优势，而竞争优势从根本上说是人才的竞争。一个国家的生存与发展，越来越倚重于人才的培养。目前高校所培养的传统型会计人才已不能适应经济全球化带来的复杂经济环境，掌握国际会计准则和税务法律，具备风险控制、战略管理、跨国投资与融资能力的管理型会计人才将适应经济全球化的需求。

（二）产业结构升级需要培养管理型会计人才

我国国民经济中长期发展过程中的一切重难点问题的解决，包括持续增长、启动消费、增加就业、提高国际竞争力等，最终都要依赖于产业结构性矛盾的缓解。产业结构调整是国民经济发展的迫切要求和长期任务。目前，需要通过政府的制度调节和政策扶持来升级我国的产业结构，提升我国在国际分工中的地位，从低端产业、低附加值逐步向高技术、高附加值产业升级。在产业结构升级过程中，主要采取依靠品牌、依靠竞争力、依靠核心知识等措施，提高我国企业的自主创新能力与管理水平。产业结构的知识促进企业在管理方法和管理手段上不断创新，从而带来会计工作的不断改变，会计工作不能停留在企业经济活动的核算上，而在企业生产经营活动中突出体现"管理"职能，在这样环境下要求会计人员必须具备财务管理与企业管理方面的知识。因此，为适应产业结构升级需培养管理型会计人才。

（三）信息技术发展需要培养管理型会计人才

目前，以计算机、网络、通信、数据管理为核心技术的现代信息技术，正以前所未有的速度持续发展。信息技术的广泛应用改变了整个社会的经济环境，包括企业的生产经营和管理过程，也毫无例外地影响到会计工作。现代信息技术应用在会计管理系统中，全面、广泛、系统地满足了会计管理信息，提高工作效率，使更多的会计人员从事分析、预测、决策等管理工作。目前大中小企业更多地需要多方面能力的复合型会计人才，即管理型会计人才，在企业管理决策中发挥更大作用。因此现代信息技术和发展，需要培养更高层次的管理型会计人才。

### 三、财务管理应用型人才分类

（一）中高级会计人才是管理型会计人才

具备财务管理能力和职业判断能力、为企业管理提供决策依据、解决企业复杂经济问题、掌握现代化信息技术、熟悉会计准则和税法的创新型会计人才应该是管理型会计人才。根据有关数据显示，我国目前从事会计行业人员有 1300 多万人,从学历来看,具有研究生以上学历的只占0.08%,大学本科学历只占2.33%,大中专学历占63%;从专业技术资格来看,具有高级会计师资格的仅占0.4%,具有会计师资格的只占8.24%,具有助理会计师资格的仅占24%。从这些数据中不难看出,当我国主要缺乏中高级会计人才。解决中高级会计人才的缺口问题是培养管理型会计人才。管理型会计人才不应该是从事简单的事后会计工作,而是针对企业复杂的经济问题进行财务分析、预测和决策等管理工作,是企业重要的中高级人才。

(二)复合型会计人才是管理型会计人才

在各个方面都有一定能力的人才是复合型人才。目前我国会计职业已从单独记账、算账、报账拓展到内部控制、投资预测决策、企业重组、企业战略规划、企业价值管理等高端管理领域,从而实现企业价值最大化。现代企业的会计人员光有专业知识是远远不够的,只有从账本中解放出来真正参与企业管理,才能成为企业所需的复合型管理人才。会计学是管理学科的一个分支,一个名副其实的管理型会计人员不只是掌握财务会计的相关知识,还要熟悉经济学、营销学、财政税收、管理学等相关学科。因此,会计人员应具备综合性知识,需掌握现代化信息系统特性,这样才能成为合格的复合型会计人才。

(三)创新型会计人才是管理型会计人才

在各种复杂的社会实践中处理问题,能将本身的创新素质与专业领域合理地结合,具有强烈的创新意识和较高的创新能力,具备广阔的知识,能创造性地解决新问题的创新型人才。管理型会计人才不只是解决企业常见的管理问题与会计问题,而是在经济环境中解决企业以前没有出现的、复杂的经济难题;不只是做事后处理,而是提前预测并采取预防措施;不只是关注企业财务方面的问题,而是参与企业内部控制、企业战略规划、生产管理、营销管理,充分发挥会计的管理职能,为企业创造更大的经济价值。综上所述,管理型会计人才必定是创新型人才。

### 四、应用型人才培养模式概述

管理型会计人才要以校企联合培养为目标;以校外导师团队为引导,需要进行师资队伍及课程体系建设，进而全面推动人才培养方案的优化及校内、校外教学方法的改革。

（一）校企联合培养管理型会计人才模式

借助企业、会计师事务所的力量，校企合作建立校外实习基地是管理型会计人才培养的主要手段。我国中长期人才发展规划中明确指出："各级财政部门要推动建立以用人单位为主体，以市场所导向的产学研战略合作；推广以大中专院校教学为主体，以市场为导向的会计人才培养模式。"增强教师的实践教学能力必须与企业、会计师事务所合作。学生在高校通过理论知识的学习，再通过企业或会计师事物所的业务操作能力的锻炼，从而提高会计专业学生的实践动手能力。

（二）提高教师实践能力，加强"双师型"教师队伍建设

会计学本身是一门理论性和实践性的学科，学生对实践知识与理论知识的理解和掌握直接关系到教师的水平高低。因此，从事会计教学的教师需充分地了解会计活动，积极参与社会实践，提高自身的会计实践应用能力与会计运用能力。学校在"双师型"教师队伍建设方面应通过多种渠道培养。鼓励教师到企业参加社会实践，通过理论和实践相结合，提高教师的实践动手能力。或者，教师定期参加各种会计培训，如会计软件实训的培训，通过集体学习，增强教师的实践能力。

（三）会计专业人才培养方案与课程体系建设的优化

实现专业培养规格与培养目标的中心环节是人才培养方案；建立科学的人才培养方案是实现专业培养目标的重要保障。会计学专业人才培养及课程设置应采纳综合专业教师、行业与企业专业人士的建议，定期听取行业与企业的专业人士对会计学专业人才培养及课程设置等方面的建议，并进行积极修改和完善会计学专业人才培养方案。在具体制订会计学专业人才培养方案上，应结合管理型会计人才培养目标，将课程体系和教学资源实现有效整合与优化，设置循序渐进式专业教学模块，即与会计学专业相关的教学模块；会计学专业基础课程教学模块；通过专业的认知实习、生产实习、毕业实习等环节的应用教学模块；开拓会计学专业方向课程的教学发展模块，充分体现人才培养方案中知识结构、能力需求、素质拓展的层次性和全面性。

### （四）加强校内、校外实习基地建设

管理型会计人才培养应与校内、校外实践环节相结合，即与校内实验教学与企业实践环节相结合；单独实验课程与综合模拟实验课相结合；手工实验课程与电算化实验课程相结合，形成多层次实践教学体系。由校内、校外实践教体系层层推进，最终形成多方位立体式、四年一体化的管理型会计人才培养体系，以实现管理型会计人才应有能力的培养。

### （五）会计专业实践教学方法改革

实现实践教学目标的手段是会计实践教学方法，提高学生学习的主动性、积极性、持续性，提升学生学习意愿与兴趣需教师在教学方法上进行改革。会计实践教学方法的改革包括以下几个方面：

1. 积极组织学生参与国家级专业竞赛，增强学生的成就感，提升学生的学习兴趣。用户与金蝶公司每年举行全国大学生ERP沙盘比赛；每年一个年度举办全国挑战杯大学生科技竞赛，这两种竞赛是会计专业的高水平竞赛。这些高水平竞赛采取的是小组对抗的教学组织方式。积极组织学生参加全国竞赛能增强学生为校争光的荣誉感；能增强学生的成就感，在比赛中学生往往能表现出强烈的学习意愿。同时，参与竞赛能够帮助学生提高综合知识的应用能力及团队的协作能力。

2. 开展引导式教学，提高学生的学习兴趣。开展引导式教学可以将会计实践教学体现为积极运用会计知识来解决特定问题的情景化过程，而不是传授知识的过程。这种引导式学习有利于学生在实践学习过程中有选择择地建构自己的会计知识体系，促使学生由被动接受学习转化为主动构建知识体系。在引导式教学过程中，学生在课堂思维活跃性明显增强，学习兴趣和学习积极性得以提升。会计实践教学中构建案例库，尽可以使用引导式教学，让学生更好地理解会计知识在实际工作中的应用，并在学习过程中构建会计知识体系。

3. 改革实践教学的评分制度，有效评价学生实践效果。会计实践重点在于培养学生的实际应用能力，结果很重要，但是学习过程同样重要，在实践过程中出现错误更能帮助学生掌握知识。在成绩评定方面，建议实践结果与实验报告相结合，不仅考查实践结果，同时又考查学生对知识的应用以及实践过程的感悟。

综上所述，我国经济发展急需管理型会计人才，会计学专业教育改革的必然

趋势是管理型会计人才的培养，从管理型会计人才培养目标着手，积极探索管理型会计人才培养模式，构建教学培养方案，探讨实践教学体系构建，进而完善管理型会计人才培养体系，尽快培养社会急需的管理型会计人才服务。

## 第二节　财务管理专业应用型人才培养模式探索

### 一、国外财务管理人才学历教育培养模式状况

从国外财务管理学专业教育的情景来看，理财人员的教育主要集中于基本理财观念的培养和基本理财技术的训练上。

（一）加拿大财务管理人才培养模式

据西安交通大学会计学院杨淑娥教授于 2001 年 10 月至 2002 年 1 月在加拿大访问期间的调查结果，将加拿大四所院校康考迪亚（Concordia University，以下简称康大）、不列颠哥伦比亚大学（简称 UBC）、麦吉尔大学（McGill University）、卡尔顿大学（Carleton university）的财务管理专业本科学历教育模式，资料比较列示如下。

**1. 培养目标和分配去向**

卡尔顿大学商学院明确提出，财务管理专业是为公司财务管理、财务分析、企业计划、投资银行、财务服务、投资组合管理和财务咨询培养专业人才；学生将在加拿大及跨国的企业财务部门、银行、财务机构、公共部门等广阔的择业领域就业。该专业也为学生取得财务专业职务，如注册财务分析师提供必需的基础。

不列颠哥伦比亚大学商学院提出，其毕业生就业大部分集中在投资和商业银行、生产和服务性公司、非营利组织、政府部门以及非金融机构。麦吉尔大学财务专业要求掌握的关键概念如财务理论、金融机构、投资方向、风险管理和应用技术。

**2. 财务管理专业学制**

加拿大各院校的财务管理专业一般设在商学院下，各院校学制不尽相同，本科一般均在4~5年。康大规定学生学习三年可以获得专科（college）文凭，再学两年获得本科（university）文凭。毕业后，再上两年才能在加拿大注册会计师（CGA）四级。加拿大大学一般要求学生取得本科学位要修满5年，其实在学校实际上课时间是4年，中间有4个学期的实习时间，即work term学期，给学生创造一种就业经历。

卡尔顿大学管理（含财务管理）专业一般实行在第二年度夏季和第四年度作为学生工作实习期间的模式。

**3. 财务管理本科学分制的具体规定**

大学商学院本科生可以获得两类学位：一是商学学士学位，二是管理学学士学位。康大学分规定：商学学士，核心课程42学分，选修课12学分（从商学院外的其他专业选修），专业必修课24~27学分，学生自选课9~12学分；管理学学士，核心课程42学分，选修课18学分（在商学院内），专业课30学分（须有15学分指导选修课）。

卡尔顿大学商学院的学分要求：获得商学学士学位必须至少修满20学分。工作学期对商学学士或合作办学的学生来说不算学分，具有学校更高学位的学生将会有一个适合的高标准。

麦吉尔大学管理学院专业要求：学生必须在专业所要求的课程中至少达到C级。不能取得15学分的学生要重新换一个新专业，重修不及格课程，从这一专业中置换的课程应满足选择的要求。一般情况下，学生从大二即第二年开始选择专业课程；学生选择第二专业，要求在所选的每一门课程中最低达到C级，完成非交叉课程15学分。正常情况下，该校学历要求90个学分共需3年时间，最多只许用5年的时间。

卡尔顿大学商学院的商业学士荣誉：商学专业给学生提供各种可变通的受教育和学习专业的机会，可选择的是，一般的荣誉商学学士学位；具有一个专业的荣誉商学学士学位；具有两个专业的商学学士双学位。

**4. 招生要求**

卡尔顿大学学生要取得商学学士的入学资格可通过两种方式：一种是高中正常毕业达到OSSD（指加拿大国内学生）或取得同等的至少平均成绩在70分或以

上的六门 DSCs（指国际学生）；另一种方式是必须完成一年的预科。

对于有商学入学资格的学生来说，第一年未达到标准要求，可以选择第一年学士学位课程，包括财务会计准则、管理会计；申请进入第二学年以及以后学年要进行评估，排名靠前的学生才能获准学习商学专业的课程。

不列颠哥伦比亚大学商学院财务系本科录取可通过两种途径：通过中学商学预科的学习和直接升入。

**5. 各高校的课程设置**

（1）康大的课程安排

第一至三学年的课程为42学分的核心课。

一年级第1学期：当代企业思想、企业信息、企业统计、财务会计；第2学期：市场分析、组织行为学理论、市场管理、生产和经营管理。

二年级第1学期：管理信息系统、管理会计、财务导论；第2学期：企业法规和职业道德、企业家必备知识。

三年级：战略与竞争。

入学后前三年安排专业基础课程，如财务会计、财务导论，第四年开始选专业方向，再读两年才能获得本科学位，学生选够学分，中间学期也可以工作。

财务专业学生的专业课程：主修财务专业课程为财务理论3学分、资本市场理论3学分。另外，再由财务系提供增加四年级水平的18学分课程。

辅修财务专业课程为财务理论3学分；资本市场理论3学分。另外，再由财务系提供提高四年级水平的6学分课程（每门均为3学分）以供选择，包括公司财务理论、资本预算、短期财务管理、投资分析、投资组合管理、期权和期货、不动产投资财务、高级财务、国际财务、财务管理机构、财务案例。

（2）不列颠哥伦比亚大学商学院财务系本科各学年课程安排

第一学年是建立学位基础（商学预科），第1学期：英语、经济学、微积分、2~4门非商学选修课；第2学期：英语、经济学、微积分、财务会计、组织行为学、1~2门非商学选修课（商学学士直升）。

第二学年掌握基础知识，其主要课程有决策分析、组织行为学、财务会计、管理会计、管理经济学、经营统计学、资本市场学、经营沟通学、管理信息系统、劳务关系学、市场营销学，在其中选1门本专业领域课程，1~4门非商业选修课。

第三学年侧重于专业知识,主要课程有金融学；政府及经营学；管理信息系统、劳务关系学、市场营销（选其中两门）；商法、后勤学和经营学（选其中1门）；从以上课程中选取2门本专业领域的课程；1门非商业选修课；1~2门其他选修课。

第四学年为学生就职做准备，开设的课程有战略管理学、新企业发展学、国际经营学、商法、后勤学和经营学、管理模拟、社团及工业分析，在其中任选2~3门专业领域的课程、1~2门非商业选修课、2~3门其他选修课。

（3）卡尔顿大学课程安排

卡尔顿大学从一年级起安排专业基础课，如合并会计Ⅰ、Ⅱ，二年级安排专业核心课；三年级细分专业课程，课程涉及面相对较宽；四年级进行职业道德和管理策略研究，以及公司财务方向必修的高级公司财务、投资管理的教育。

（4）麦吉尔大学财务专业主要专业课程安排

必修课9学分：财务3学分、投资组合管理3学分、公司财务应用3学分；

选修课6学分（在以下课程中任选两门）：资本市场和机构3学分、风险管理和保险3学分、不动产财务3学分、期权和期货3学分、派生模型的应用3学分、全球投资3学分、国际财务Ⅰ3学分、国际财务Ⅱ3学分、投资意向3学分、货币和资本市场3学分。

此外，这些高校任教教师基本具有博士学历，在财务管理专业更是如此。高校之间进行校际交流，成立同一个研究方向的指导小组共同研究本科生教学，指导硕士或博士，共享师资和图书资料等学校资源。

（二）英国财务管理人才培养模式

英国最著名的大学之一伯明翰大学成立于1900年，位于伯明翰城，共有7所学院，分别为文学院、商业社会科学院、教育及延续学院、工程学院、法律学院、医学及牙科学院和理学院。商学院本科课程为会计与金融学、会计与金融语言学、商业贸易学、经济学、经济与现代经济史、货币、银行及金融学、数学经济学；研究生课程为工商管理（MBA）、国际银行与金融管理、市场、会计与金融等。

（三）美国财务管理人才培养模式

美国大学课程基本上分为三类：通识教育（General Education）、专业课程（Major/Minor）和自由选修（Free Elective）。在最初两年不分专业，每个学生必须在规定领域选择一定数量的学分，以完成通才教育。在第三年，学生选择专业进入专业学习，同时也可按照自己的兴趣，在体育、音乐、舞蹈和戏剧课程中选择一定的学分，称为"自由选修"。通识教育有两种模式：分配性计划（Distribution plan）和核心课程（Corner Curriculum）。分配性计划是将现有课程划分为若干个领域，要求学生在这些领域里选修一定数量的学分，90%的美国大学的通识教育采用分配性计划。核心课程则是重新设计一组课程，这些课程大多是跨学科的，相当一部分是必修课。通识教育的目的是"继承文理课程的传统，强调广博的知识，寻求学习的综合性，理解不同的文化，检验不同的价值观，提倡共同的学习经验，掌握语言技能、分析技能和计算技能，促进个性发展和扩展视野"。

芝加哥大学是美国著名私立大学，由石油大王J.D.洛克菲勒捐资于1891年创办。它提出的旨在防止学术课程和职业课程过分专门化的"芝加哥计划"，对其他大学的本科教育计划产生过一定影响。芝加哥大学设有7个专业学院和多个高级学科及研究中心。芝加哥大学实行的招收某些未修完高中课程的学生，不要求学生每课必到，采用综合考试测量成绩，着重阅读原始资料等革新措施，受到全国瞩目。

芝加哥大学商学院财务管理专业核心课程主要有会计、战略及经济、经济学、领导力、财务、管理及组织行为学、战略管理、人力资源管理、财务分析、管理、国际商务、市场营销管理、生产及运作管理。

此外，其他国家的人才培养模式也有值得借鉴之处，比如苏联，由于其高等教育学制长，基础训练比较扎实，特别是它所实施的高度专业化教育甚至可以使本科教育与欧美其他国家的研究生教育相媲美，因此，研究生教育一向以研究为主，课程学习为辅。除副博士资格考试和专业课外，三年修业期间，约500个总课时中大部分用于科研。随着科技发展对人才需求的高水平化，愈加把注意力放在科研训练上，许多学校尽量压缩学位资格考试的准备时间，鼓励他们在第一学年通过资格考试，以便从第二学年起，把主要精力放在论文的撰写上。

**二、国外相关执业资格教育及后续教育发展状况**

财务管理人才的培养除了依靠学历教育外，还需要在其从学校毕业后的后续教育，两者结合构成完整的财务管理人才培养体系。财务管理人才的后续教育以英美国家最为典型，其形式与要求如下所述。

### (一) 管理会计师及财务管理师

美国管理会计师（Certified Management Accountant，CMA）及财务管理师（Certified in Financial Management，CFM）认证考试是由美国管理会计学会（Institute of Management Accountants，IMA）建立的专业证照制度。

这两项认证的目的在于培育管理会计人员和财务管理人员的知识广度，使其能预测商业需求及参与策略决策制定，其考试内容所包含的知识范围能反映出管理会计人员和财务管理人员在现今商业环境所需要的能力。取得管理会计师（CMA）及财务管理师（CFM）资格代表其具备高度专业标准与能力分析企业内部财务报表，协助管理当局掌握状况，参与财务管理与拟定未来策略及执行。

### (二) 财务管理其他相关资格认证

**1. 财务策划师**

财务策划起源于美国，是指运用科学公正的财务分析程序来对个人的财务计划、投资策略等进行合理的规划与管理，以实现其长期理财和生活目标的专业个人理财服务。从事财务策划的受资格认证的专业人士称为"财务策划师（RFP-Register Financial Planner）"，涉及的服务范围，包括投资、保险、信托、传统的银行服务、退休计划、子女教育计划、税务计划、遗产安排等。

财务策划师则广泛来自个人理财顾问、投资顾问、保险经纪人、基金经理、银行经理、注册会计师、律师等，设置的考试课程主要有财务策划概论、保险策划、投资策划、国际财务管理和税务、财务策划实务。

**2. 注册理财规划师**

由美国金融策划师标准理事会认证的理财规划师（CFP，Certified Financial Planner）近年引入我国。理财规划首先于20世纪70年代出现在美国，继而在国际盛行。它属于国际上金融领域权威和流行的个人理财职业资格专业，其职责主要是为个人提供全方位的理财建议，保证客户的财务独立和金融安全，但它的专业性更为高端。

理财规划师证书CFP多为在学学生在各学院或主办单位，修满240学时理财规划概论、投资计划、保险计划、税收计划、退休计划与职工福利、高级理财规划六大课程，参与CFP考试合格者，有金融相关经验三年以上方可领证书。

### 3. 美国财务分析师

美国财务分析师由美国投资管理及研究学会主办，共分三级考试，主要考经济、统计、财务报表分析、资产评论、投资组合管理、道德则六科。

### 4. 特许财富管理师

特许财富管理师（CWM）通过掌握与个人理财相关的各种不同金融产品的特点和科学的理财方法，特许财富管理师为个人提供全方位的理财建议，根据客户的财产规模、收益目标、风险承受能力制订一套理财方案，根据金融市场的变化做出调整。

### 5. 国际认证财务顾问师

国际认证财务顾问师RFC（Registered Financial Consultant）考试由国际认证顾问师协会（IARFC）主办，是从事金融理财相关工作的从业人员再提升自我价值的证照。IARFC的认证财务顾问师的课程教育共计需耗费96个小时，主要分成基础理论和实务操作课程两部分。协会对会员的要求有7项标准：教育、考试、工作经验、工作执照、商业道德、遵循严格的品德操守、维持每年至少40小时与财务规划相关的继续教育。

## 三、国外财务管理人才培养模式分析

### （一）财务管理人才培养模式的特点

1. 培养目标比较明确。可以概括为公司财务管理、财务分析、企业计划、投资银行、财务服务、投资组合管理和财务咨询培养专业人才，学生毕业后将在各类企业财务部门、生产和服务性公司、投资和商业银行、政府部门等领域就业。

2. 核心专业课程设置较为细化。主要有公司财务理论、资本预算、短期财务管理、投资分析、投资组合管理、期权和期货、国际财务、风险管理和保险、不动产财务、资本市场和结构以及个人理财管理模拟等课程，其中财务理论、资本市场理论均为重要的必修课程。

3. 注重职业道德建设，各国都极注重职业道德在学习阶段的培养与树立。

4. 贯彻多元文化的学习，强调知识的广博与贯通。

5. 注重技能训练和能力培养。美国的研究生教育特别强调大量的科研工作，也非常强调课程，其课程对最新成果的关注甚至超过对学科严密性的关注，强调培养研究生综合运用知识的能力,适应跨学科、多学科科研的新形势。

6.教学方式与实践结合得较为紧密,更能体现培养应用型财务管理人才的目标。如各校在前两学年安排较多专业基础课或相关基础课,第二和第三年度末期采取工作期的方式,让学生参与实践,这种课程体系设计有利于学生在学习期间的实习中运用专业知识,增强了专业实践能力。

（二）国外财务管理人才培养模式对我国的启示

从国外财务管理人才培养模式分析不难看出许多值得我国借鉴之处。

1.财务管理人才学历教育培养模式要明细化培养目标。

2.针对该目标安排财务管理专业课程体系的设计和教学方式,课程的设计要注重细化并加大覆盖面,加强金融相关课程的设置。

3.在学生学习阶段就要加强财务管理职业道德建设,让其了解职业道德规范并使其在从业后能规范化操作。

4.拓宽财务管理专业的招生领域。如芝加哥大学就曾招收高中未毕业的学生,提出此点并不是说我国高校应该效仿,而在于领悟其实质,高校财务管理专业的招生渠道可以扩展到业界,也即招收从事过和正在从事财务管理工作的人员,有过工作经历的学生与直接升学的学生之间会有较好的沟通,从而促进财务管理教育的发展。

5.加强理论与实践的联系,采取校企结合等多种途径开展财务管理专业教育。

此外,应加强我国财务管理人才执业资格教育和专业技术资格教育等后续教育的建设,保证财务管理人才知识技能的不断更新,提高其执业能力和水平。

**四、我国财务管理人才培养模式发展状况**

（一）我国财务管理人才培养模式发展历程

我国财务人员学历教育与培养的发展历史大致可以分为以下三阶段。

1.第一阶段,20世纪50—60年代

此阶段我国高等教育处于全面启动时期,在当时严格的计划经济条件下,企业经营的自主性——投资自主性与融资自主性几乎不存在,自主的企业理财行为自然无从谈起。企业的财务管理被纳入政府的财政管理活动当中,不存在理财学专业教育，理财学教育归属于财政学专业，成为财政学专业教育中的一门课程。

**2. 第二阶段，20 世纪 80 年代初期至 20 世纪末**

在这一阶段，宏观上看，我国国民经济改革开放的幅度越来越大；微观上看，企业经营管理的自主性、理性化程度越来越高。在学术研究方面，国际上规范的、现代的财务理论及其研究活动日益影响着我国的理财学教育，客观上推动着我国理财学研究与教育水平的提高。随着各方面的重大变化，在许多的高等财经院校中，财务管理学越来越多地成为会计学专业教育中的一门课程。19 世纪 80 年代和 19 世纪 90 年代中期之前，财务管理学是会计学专业教育中的一门专业课，其主要的内容大致为：财务计划管理、固定资产管理、流动资产管理、收入及利润分配管理等，与国际上规范的现代理财学内容差距甚大，当时的理财学研究在我国基本上是空白。

教育部1998年依据"宽口径，厚基础，培养复合型人才"的原则调整专业设置，调整后的专业分为11大学科门类、71类251个本科专业。1998年教育部颁发的《普通高等学校本科专业目录和专业介绍》规定，在对原会计学、工商管理、金融学等专业进行调整的基础上开设财务管理专业，属于工商管理类，主干学科包括经济学和工商管理。开设的主要专业课程有管理学、会计学、财务管理、中级财务管理、高级财务管理、商业银行经营与管理、投资学、跨国公司财务和项目评估。

**3. 第三阶段，21 世纪与国际财务管理学教育逐步接轨的时期**

经过几年的发展，我国普通高校的财务管理专业已初具规模。至 2002 年，进入"211 工程"的百所院校中近 31% 高校设置了财务管理专业，专业课程的设置各有千秋。随着经济全球化的发展及我国加入WTO，我国财务管理学专业教育势必进入一个崭新的与国际财务管理学教育逐步接轨的时期。

**（二）我国财务管理人才培养模式所面临的挑战**

**1. 财务管理人员职能发生的转变**

企业财务管理环境的变化对其财务管理活动产生了深远的影响，同时也使得企业财务管理人员的职能发生了转变。从 20 世纪 80 年代以来，公司财务管理人员尤其是高层财务管理人员 CFO 在职能方面的转变尤为明显。

以微软公司为例。微软公司（Microsoft）就是在网络时代成长起来的样板公司：庞大、市场地域分散、产品种类繁多。在 1993 年以前，微软采用人工的方式进行财务管理,以此为起点,微软逐步推行标准化的账目管理程序,接下来他们在每一个单独的数据库里运行SAP的ERP平台,并统一了全球范围内的上报、审查制度。这一过程可分为两个向度:一方面是更加强有力的内部财务信息的整合;另一方面,CFO在兼顾地域、产品等方面灵活性的同时将更宽泛的信息加以细化,这使得CFO必须跟进对公司业务和市场操作的了解,最终能够平衡长期的战略投资和短期的利润。

由此而来的挑战还包括如何把客户的利益、股东的权益和无形资产的价值联结为一个整体,并将其根植入公司财务管理的日常程序当中。网络时代以前的财务管理者可以在能够量化的物质资产中埋头梳理历史数据,但进入新时期后,CFO需要从无形资产的升值角度做前瞻性考虑。

此外,信息技术发展对理财人员的职能也产生深远的影响。一般来说,公司发展都是本着一套战略思路进行经营,但关键要落实到执行上,这包括两个方面:人和工具。信息化现在提供了各式各样的工具能够对信息进行提炼和分类,使公司很多方面的管理都有了更加按部就班的可循之规,每一个步骤的规定都更加清晰、稳定,这样就使制度的执行得到了保障。一个公司的运营过程最终都要体现在财务领域,因此CFO有义务负责如何快速聚集数据,并确定什么样的数据是更为重要的,然后分配给不同的决策者,这其中需要工具来做支持;另外,在企业的信息化管理方面正在出现细化的趋势,比如现在在万科,销售部和市场部有不同的应用软件,哪个部门的工作软件就需要哪个部门的负责人来选择和维护。因此,对CFO来说,整体的规划管理和内部控制是十分必要的。

**2. 高级财务管理人员较大的供需缺口**

高级财务管理人员的极度短缺已经成为我国企业管理现代化进程中一个难以回避的人才瓶颈。菲利普莫里斯(中国)投资公司销售部原财务总监金向东表示,在改革开放的中国,一方面是低级财会人员的过剩,另一方面是高级财务管理人员的严重缺乏,这也是为什么至今在外资企业仍有那么多外籍财务管理人员的原因——他们很难找到合适的高级本地财务管理人员。中国入世后需要大量具有国际水平的财务管理人员,特别是在公司融资、合并、上市及收购等方面的财务管理人员。

（三）财务管理人才培养模式存在的问题

近年来，财务管理专业毕业生的就业行业呈现多元化趋势。根据北京市教育委员会高校毕业生就业指导中心关于1999届毕业生就业走向的统计数据，在1999年北京地区65所高校中6所设置了理财学专业的毕业生合计206名，有128名选择就业，其中有35%进入生产型企业，25%进入银行，20%进入政府机关，20%进入会计师事务所及其他金融公司。

结合财务管理人员应具备的知识框架结构体系、国内外财务管理人才学历教育培养模式以及国内财务管理专业毕业生走向分析，不难看出部分高校专业课程设置层次性和结构性不甚合理，专业课之间的跨度太大，缺乏系统性，我国财务管理人员学历教育培养模式还存在较大的改进空间。

**1. 财务管理人员学历教育方面存在的问题**

（1）在多数高等财经院校中，财务管理学专业仍然从属于会计系或会计学院。财务管理专业于1998年经教育部调整专业目录后颁布设立，虽然我国在20世纪80年代部分高校就已开始试办财务管理学专业，但由于在我国长期存在"大会计"的观念，会计和财务管理职责不分，会计人员先入为主，造成财务管理人员岗位不清，毕业生就业难，部分院校中途停办。

（2）财务管理专业的课程设置不合理。由于试办财务管理专业的高校数量少，积累的成熟经验不多，财务管理专业培养目标定位不明确，专业课程体系设计不尽合理。不同学校的财务管理专业的课程设置，基本上均是以会计学教育的专业课程为基础，经过微小调整后而制定的。另外，作为金融经济学的一个重要分支，财务管理与金融市场学、投资学等有着非常紧密的关系。但在目前的财务管理专业课程体系中，有关金融市场学、投资学等方面的学术内容基本上被忽略了。缺乏必要的、系统的金融学方面的学术训练是我国财务管理专业教育水平低下的一个重要原因。

（3）由于历史原因，大多数财务管理学教学人员与研究人员的知识背景是会计学。高校专业课师资队伍短缺，教学方法和教学手段单一等都制约财务管理专业人才的培养。

**2. 财务管理人才的执业资格教育和专业技术资格教育不健全**

结合国外财务管理执业资格的发展及目前我国相关行业执业资格的发展，可以很清晰地看出，在我国目前没有专门针对财务管理人才的执业资格教育，执业资格教育尚没有步入规范、科学、高效的轨道。

我国财务管理学目前只是作为工商管理与商业管理专业技术资格教育的一门核心专业课程，而没有作为一项独立的专业来进行专业技术资格教育。

缺乏相应的财务管理专业执业资格和技术资格教育等后续教育，财务管理人员在工作实践中的专业技术很难做到与国际先进财务管理水平接轨。

（四）我国财务管理人才培养模式发展现状

所谓学历教育人才培养模式，一般认为，是为实现培养目标而采取的培养过程的构造样式和运行方式，它主要包括专业设置、培养目标、办学模式、课程模式、教学方法和实践环节等构成要素。笔者根据所收集的自1998年以来部分高校财务管理专业设置情况来看，我国财务管理人才的学历教育在各校间存在一定差异，财务管理专业大体可以分为设在会计学院、管理学院和商学院三种，各校对这一专业的培养要求、课程设置也不尽相同，以下以两所学校为例加以说明。

**1. 首都经济贸易大学**

该校财务管理专业的设置从属于会计学院或者管理学院。学制为四年制本科；授予管理学学士学位。

报考条件：身体健康，高中毕业或具有高中以上文化程度，一定程度的英语（日语、俄语）水平。

培养目标：培养能够适应首都经济建设需要的德智体全面发展的复合型、国际型和应用型的财务管理专门人才。

培养要求：本专业要求学生掌握马列主义、毛泽东思想、邓小平理论的基本原理，掌握管理学、经济学的基础知识，系统掌握财务管理专业的基础知识、基本理论和基本技能，了解国内外本专业的现状和发展趋势，具有一定的职业判断能力和分析、解决问题的能力和较好的人际沟通能力与团队合作精神，能较熟练地掌握计算机应用技术和一门外语。

主要课程设置：

公共课有政治经济学、毛泽东思想、外语、数学、计算机基础、德育、体育、军事理论等；专业基础课有管理学、西方经济学、管理信息系统、经济法等；核心专业课有公司财务管理原理、财务会计学、管理与成本会计、宏观经济分析、行业经济分析、企业战略分析、企业财务与成本分析、企业经营分析等。

实践环节：本专业结合教学要求注重学生能力培养，在学习期间组织学生进行会计、审计、财务管理模拟实习，并安排到实际业务部门参加专业实习和毕业实习。

就业去向：继续攻读硕士学位，到各类中外企事业单位、金融机构、中介机构、政府机关等从事财务分析工作。

### 2.北京大学光华管理学院

设立的财务管理专业从属于管理学院或商学院，学制为四年制本科，授予管理学学士学位。

专业培养要求：财务管理专业培养学生德、智、体全面发展，掌握专业基础理论，基本知识和基本技能，具有金融基础、战略意识和涉外理财能力。学生毕业后主要去向是财务公司、金融公司，或者大型公司的财务部门。

本科生的课程设置主要是现代公司金融的理论与实务、现代金融市场理论等。课程类别及学分分配：准予毕业总学分137学分（含毕业论文2学分），其中必修课103学分，占毕业总学分的75.18%，包括全校公共必修课34学分，专业必修课69学分；任意选修课32学分，占毕业总学分23.36%。

课程设置：院系及专业必修课总计69学分（财务管理）学时学分

**第一学年**

上学期：经济学 Economics 4学分、高等数学（1）Advanced Mathematics（part）5学分、管理学原理 Principles of Management 3学分；下学期：基础会计 Accounting Principles 3学分、民商法 Civil and Business law 3学分；

**第二学年**

上学期：微观经济学 Microeconomics 3学分、线性代数 Linear Algebra 3学分、财务会计 Financial Accounting 3学分、营销学 Marketing 3学分；下学期：宏观经济学 Macroeconomics 3学分、统计学原理 Principles of Statictics 5学分；

**第三学年**

上学期：公司财务管理 Corporate Finance 3学分、中级财务会计（上）Intermediate Accounting（1）3学分、管理信息系统 Management Information System 3学分；下学期：企业伦理 Business Ethics 2学分、中级财务会计（下）Intermediate Accounting（2）3学分、财务案例分析 Case Study of Financial management 2学分、金融市场与金融机构 Financial Market and Financial Institutions

3学分、社会主义改革与建设 Topic on China's Transition/Economy 3学分;

**第四学年**

上学期:证券投资学 Security Anlysis and Investments 3学分、国际财务管理 International Financial Management 3学分;下学期:金融衍生工具 Derivative Securities 3学分。

(五)相关执业资格教育及后续教育发展状况

随着市场经济的发展,财务管理人员的工作内容及其重要性受到各界极大的关注。然而由于我国财务管理学专业起步较晚,目前对财务管理人员的执业资格教育以及后续教育在很大程度上限于注册会计师执业资格教育,因而在目前注册会计师资格证书是我国高级财务管理人员必备的身份与学识证明。

中国的注册会计师制度始建于20世纪初,伴随着商品经济的萌芽与发展而产生。1918年9月,在谢霖等一批会计专家的力谏下,北洋军阀政府农商部颁布了《会计师暂行章程》。同年,谢霖领取了农商部颁发的第一号会计师证书,并在北京创办了中国的第一家会计师事务所——正则会计师事务所,中国注册会计师制度正式诞生。

中华人民共和国成立初期,注册会计师制度延续了一段时间,随着1956年对资本主义工商业的社会主义改造的完成,高度集中、高度统一的计划经济模式的建立,注册会计师失去服务对象,会计师事务所解散,以市场经济为依存条件的注册会计师制度自行消失。1978年,中国实行"对外开放、对内搞活"的经济建设方针,推动了社会主义市场经济的发展,为注册会计师制度的重建创造了条件。1980年12月,财政部发布了《关于成立会计顾问处的暂行规定》,以此为标志,注册会计师制度开始恢复重建。1988年11月,中国注册会计师协会成立,中国注册会计师行业开始步入政府监督、指导,行业协会自我管理的轨道。

1994年1月1日,《中华人民共和国注册会计师法》实施,注册会计师行业在法制化轨道向规范化方向迈进;1995年6月19日,中国注册会计师协会与中国注册审计师协会实现联合,开创了统一法律规范、统一执业标准、统一监督管理的行业发展新局面,为行业的规范发展奠定了良好的基础。2000年4月,经国务院同意,中国注册会计师协会与中国资产评估协会、中国税务咨询协会实行合并,组成新的中国注册会计师协会,对注册会计师行业、资产评估行业、注册税务师行业实行统一管理和领导。截止到 2002 年底，中国共有执业注册会计师近 6 万人，非执业注册会计师 7 万多人，会计师事务所 4300 多家。

国内会计行业执业技术资格教育对我国发展财务管理执业技术资格教育具有借鉴意义，同时国外相关理财行业的执业技术资格教育也逐步引入我国。目前，在一些咨询公司为企业提供的财务管理人员培训服务中，引入了财务分析师和财务规划师的概念。国内财务管理人员认识到执业资格与国际接轨的重要性，参与国际性的执业资格教育。

此外，专业技术资格教育也是财务管理人员接受后续教育的很好途径。专业技术资格是受聘担任相应专业技术职务的必备条件，专业技术资格教育在我国有较长的发展历史。在职称改革前，职称涵盖了专业技术资格与专业技术职务双重含义，即一个人评上了职称，就意味着他受聘了相应的职务，可以享受相应职务的待遇。职称改革后，原来意义上的职称已经不存在了。通过考试、考评或评审得到的专业技术资格统称为专业技术资格，是其专业技术水平的标志，表明其具有该层次职务所要求的水平与能力，所获资格在全国范围内有效，有利于人才的流动和人才价值的实现。

根据人事部办公厅《关于调整经济专业技术资格考试专业设置的通知》（人办发〔2002〕18 号），将原工商行政管理、价格管理、工商管理 3 个专业合并为工商管理专业，将原商业专业的商业管理、商业营销 2 个子专业和物资专业合并为商业专业。经济专业技术资格初、中级考试公共科目名称均为"经济基础知识"。

根据人事部办公厅《关于调整经济专业技术资格考试专业设置的通知》，从其类别划分不难看出，专业技术资格教育在国际商务以及会计等领域发展得较为成熟，而财务管理学只是作为工商管理与商业管理专业的一门核心专业课程，也即没有专门针对财务管理领域的专业技术资格教育。

## 第三节　财务管理专业应用型人才培养模式的新要求

在教育部 1998 年公布的《普通高等学校本科专业目录》中，财务管理专业是新增的专业，是工商管理二级学科下的一个本科专业。财务管理专业的前身是理财学专业，它是逐渐从会计学科中独立发展而形成的一门较年轻的学科，是市场经济发展到一定阶段的成果。随着经济全球化、科技一体化以及市场多元化、金融化程度的不断加深，企业财务管理工作的范围和财务管理的职能也在不断拓展，而肩负着培养财务管理专业人才的高等教育也同样面临着更为严峻的挑战。如何调整财务管理专业人才培养模式，使其更能适应社会、经济、文化的全面发展，已成为各院校财务管理专业建设急需解决的问题。

### 一、卓越计划的财务管理专业人才培养模式的新要求

（一）财务管理专业卓越人才培养的新要求

"卓越计划"是"卓越工程师教育培养计划"的简称，现已扩展到教师教育、法学、医学等领域。虽然"卓越计划"旨在培养卓越工程师，目前也没有扩展到财务管理领域，但其强调"行业企业深度参与培养过程，学校按通用标准和行业标准培养工程人才，强化培养学生的工程能力和创新能力"的这一理念，却可以运用在构建财务管理专业的人才培养模式中，从而培养出卓越的财务管理人才。

财务管理是实践性较强、服务领域应用较广的专业，其培养目标是要求毕业生能适应社会经济发展的需要，具备创新能力、创业能力，综合素质高、适应能力强，并能在企事业单位从事财务管理以及教学、科研方面工作的人才。由此可

见，高校财务管理专业人才培养宗旨的本质与"卓越计划"中卓越工程师的培养宗旨的本质并无太大区别。要想培养出卓越的财务管理人才，就需要更加关注经济环境的发展变化和社会的需要，更加注重企业与学校长效深度合作机制的建立，更加注重对学生思维能力、自主学习与创新创业能力、团队合作能力以及社会实践能力的培养。

（二）财务管理专业卓越人才培养模式的具体设计

卓越人才培养模式不仅要符合财务管理专业人才培养的总体目标，还要考虑各院校的自身特点和实际情况。各院校的财务管理专业卓越人才培养目标应以"卓越计划"中的国家通用、行业和学校三个维度的标准体系为依据来制定，并将培养目标划分为总目标维度、中间指标维度和具体指标维度，即这三个维度分别对应三个标准体系。

1. 总目标是培养具备合理知识体系、具有高水准专业素养、拥有国际视野和卓越精神的高级财务管理专业人才。

2. 在制订财务管理专业卓越人才培养方案时，应充分考虑通用标准中强调的知识、能力、素养等三方面的问题，并将其作为考核指标。

3. 具体指标维度。以行业标准和学校标准对中间指标进行细化就可得到具体指标。在细化时，所依据的中间指标和标准不同，所得到的具体指标也将不同。中间指标维度中的知识培养、能力培养、素质培养可分别细化为以下三组指标：基础知识、学科知识和专业知识；专业实践能力、创新能力、社交能力和国际竞争能力；人文知识、科学技术和卓越精神。

社会对财务管理专业人才的职业能力的要求与"卓越计划"人才培养目标一致，因此，可以借鉴"卓越工程师教育培养计划"的经验，采用适合应用型高等学校教育的人才培养模式，即"通识教育—专业教育—职业生涯教育"人才培养模式。各院校可以利用五个学期对财务管理专业的学生进行通识教育和财务管理核心专业知识以及职业生涯规划教育，利用一个学期在校内财务管理实训中心进行财务核算、企业投融资决策以及企业运营等知识和技能的培训，再利用两个学期进入企业进行毕业实习实践，以将所学知识和实验技能运用到实际工作中，使理论和实践更好地结合，从而培养出符合社会需要的实用型人才。

## 二、创新财务管理专业人才培养模式，提高人才培养质量

提高财务管理专业人才培养质量，就必须优化财务管理专业人才培养模式。首先要做到明确其培养目标，只有明确目标才能设计出优秀的培养方案。其次，制定合理的课程体系，充分体现财务管理专业的特色。再次，高校要加强与企业间的深入合作，建立"双导师"模式，聘请优秀的企业家、财务经理等来给学生讲授具有代表性的案例，增强学生的实践能力。最后，高校应当根据市场需求的变化，做好学生就业指导工作，促使学生在财务领域多元化的就业。具体而言，需主要做好如下工作。

### （一）制订科学的人才培养方案

要实现"通识教育—专业教育—职业生涯教育"人才培养模式，就需要制订科学的人才培养方案。要制订科学的人才培养方案，应对目前经济社会发展以及行业企业发展进行深入调研，了解市场需求；应与专家学者进行研讨，了解教学实际情况；应对在校师生和毕业生进行座谈调研，以了解学生的困惑和要求。在充分调研的基础上分析财务管理岗位所需的知识结构和职业能力，明确本校的专业定位、培养目标与培养要求，科学地设计本校的教学内容、教学方法和教学质量标准，形成合理的课程体系，从而制订适合本校的人才培养方案，由学科专家、行业专家以及教育专家论证其科学合理性并进行修正。

### （二）设置完善的专业课程体系

要实现"通识教育—专业教育—职业生涯教育"人才培养模式，就需要设置完善的专业课程体系。财务管理专业课程体系的设置应能"厚基础、宽口径、强能力、高素质"，因此包括理论课程体系和实践教学体系两个方面。理论课程体系的构建符合对财务管理专业人才培养中间指标中知识培养的要求，充分体现了"通识教育—专业教育—职业生涯教育"人才培养模式。理论课程体系可采用三大平台课加专业选修课的方法来设计，三大平台课包括公共平台课、学科平台课和专业必修平台课。公共平台课主要满足知识结构中的基础知识的要求，学科平台课涉及经济学、管理学、经济法、营销学、管理信息系统等学科，可以融入不同学科知识实现宽口径；专业必修平台课主要是财务管理专业基础知识和基本技能的学习。三大平台课为必修课程，专业选修课为选修课程，这样既保证了基础

课程和专业课程的学习，又为学生个性化成长提供了空间，同时还避免了课程交叉带来的教育资源的浪费。

（三）采用多样的教学实践方法

高效的教学运行机制才能保障人才培养的质量，因此要保障"通识教育—专业教育—职业生涯教育"人才培养模式的培养质量就必须采用高效多样的教学实践方法。教师是教学活动的实践和组织者，学生是教学活动的参与者和主体。在教学方法上，应彻底改变满堂灌的方式，充分利用互联网技术和现代信息技术，综合采用讨论探究式、启发式、案例式、模拟式等多种方式来拓展学生思维，从而达到较好的教授效果。在实践教学方面，加大力度发展财务管理实训中心，在校内财务管理实训中心对学生进行财务核算、企业投融资决策以及企业运营等知识和技能的培训，积极开展企业运营模拟大赛等实训比赛来激发学生学习热情。积极探索校企合作培养机制，开展合作教学，联系校外实习基地和见习基地，为毕业生实习提供场所，从而实现学校、企业和学生三方共赢的良好局面。

# 第三章 财务管理专业人才培养模式的基本思路、目的、原则、内容、要素

# 第一节　财务管理专业人才培养模式的基本思路

大数据时代已经到来,我国企业在财务管理方面还面临着很多新的挑战。随着我国信息化水平不断提高,传统的财务管理模式,已经跟不上时代发展的趋势。企业必须利用信息化技术对各种业务和资源进行数据整合,实现财务管理管理思路的转变,才能适应大数据时代下经济发展趋势,提高企业获得经济利益,保证企业能健康快速发展。

## 一、大数据时代对财务管理人才培养的影响

### (一)财务管理信息更具全面性

在大数据时代下,企业财务管理需要跟随企业的发展和市场经济的发展不断更新管理模式,以此来获得有效的财务信息资源。因此,对于企业财务管理部门来讲,能够拥有先进的财务信息处理技术是非常重要的,并能够利用专业财务知识结合企业实际情况进行合理设计,才能在大量的数据中提炼出提供给企业管理者的有效财务信息,保证企业管理者能做出正确的决策。

### (二)财务管理数据更具准确性

在传统的财务管理中,部分财务管理报表由于各种因素很容易造成数据失真、数据错误的现象,给财务管理信息造成很大的影响。财务管理是企业发展过程中重要的因素之一,如果财务管理的信息不准确财务管理在企业中的价值就发挥不出来,严重影响企业的生产经营。但是在大数据时代下,企业通过科技专业软件

对财务数据进行规范、合理、准确的分析和整合,将大大降低财务数据处理过程中出现的错误率,极大提高企业财务管理的质量。

### (三)财务管理更具职能性

传统的财务管理往往是被动的,各类数据由工作人员输入财务软件,财务数据要等到制作报表时方由工作人员进行提取使用。可以说,这些财务数据的使用都是非动态的。而在大数据时代下,应用高新技术软件可以激活这些数据,使财务管理更加职能化。比如在资金配置方面,软件可以自动通过数据库中企业往年的资金使用数据(经验数据)、汇总资金计划、现有资金余量等大量数据,计算分析出企业本阶段资金配置需求以供决策;又比如在预算管理方面,软件可以通过对企业历史经验数据自动编制合理预算以及资源配置原则,也可以动态对预算执行进行分析、提前预警。

### (四)财务数据应用更具便捷性

传统的财务数据应用的对象往往是公司管理层、财务工作人员、审计事务所等,应用范围特定、有限,而且多数是需要通过财务人员来获得,非常不方便。在大数据时代下,应用高新技术软件以及互联网可以使各层次人员获得自己想要的财务数据,用来支撑工作。比如某个项目的负责人可以通过客户端随时了解自己项目的费用使用情况、预算额度、资金配置情况、采购状态等。而且根据职责的不同也可以通过授权订制各种类型适合不同岗位职责的财务数据以及分析报表,这样将大大提高工作效率,同时可以减少财务人员工作量。

### (五)财务管理人员更具价值性

在传统的财务管理过程中,企业对财务管理认识不足,认为财务管理主要的任务就管理企业的财务资金或者就是报销报表等工作,无论干多少年依然是原来的工作,几乎没有什么升值的空间。但是在大数据时代下,财务管理人员的角色发生了改变,财务管理人员不但可以向企业高层经营管理晋升,而且还能成为企业专门的财务风险预判师,发展的渠道大大增加。财务管理人员通过应用高新的科学技术,能够对一些复杂的生产数据进行深入的分析,对企业目前存在的财务问题进行充分的了解,对企业当前的财务状况进行分析,为企业决策者在决策过程中提供全面的财务信息,所以在大数据时代下,财务管理人员的价值有了很大的提升。

## 二、大数据时代下财务管理人才培养管理思路转变中存在的问题

### (一)财务管理理念太过陈旧

在国内很多企业的发展过程中,太过重视企业发展的经济利益,而忽视企业的管理过程。尤其是对企业财务上的管理,在这样的基础之上,财务管理部门把工作的重点放在企业的资金流出、流入中,而没有发挥财务管理应有的价值,不能为企业决策者决策企业发展提供有效的数据支撑。除此之外,以前的企业财务管理比较重视有形的资产,而忽略无形资产对企业的价值和决策意义,这些原因就造成企业在大数据时代发展有很强的限制性。

### (二)对财务管理的认识不足

在当今信息化发展如此迅速的时代,很多企业的财务管理人员对财务管理的认识还存在不足的现象,认为只要是计算机办公就能在大数据时代取得良好的发展,只要实现了会计电算化管理就已经足够了。没有认识到企业财务数据整合、分析、应用存在的巨大价值。在大数据时代下,会计电算化只不过是企业财务管理信息手段中最为基础的一种,更为重要的是财务管理模式和运营方式要跟随时代的变化进行及时的更新和完善。但是在实际的财务管理过程中,很多企业在财务管理过程中比较分散,缺乏集中管理理念,导致企业资源很难进行有效和高效的管理。因此,在大数据时代下企业的财务管理还面临着许多新的挑战,对财务管理的认识不足在一定程度上影响企业财务管理水平的提升。

### (三)在企业财务管理过程中缺乏高素质的复合型人才

在大数据时代下,企业之间的竞争往往是通过企业人才的竞争来实现的。从目前来讲,多数企业中缺乏既懂企业财务管理又懂数据处理和设计的高素质复合型人才,尤其是很多财务管理人员缺乏对财务信息化数据的处理和思维的能力,以及根据企业自身特点和需要对财务信息化管理的设计能力。当然,有些企业中具备信息化数据处理较强能力的人才,但是往往又对财务管理方面的认识不足,

导致他们不能从大量的财务数据提取有针对性的适合企业有用的信息。综合这些原因，目前很多企业在财务管理过程中缺乏高素质复合型人才的问题比较严重，对大数据时代下企业财务管理思路的转变有很大的负面影响。

### 三、大数据时代下财务管理人才培养模式的新思路

在大数据时代下，企业的财务管理只有进行思路转变才能在激烈的市场竞争中赢得一席之地。这就要求企业的财务管理从多方面入手。一方面要创新财务管理思维，不仅仅是财务管理人员，更要调动企业所有员工的创新思维进行参与，为实现财务大数据管理营造良好的环境；另一方面在企业财务管理中要建立健全的管理体制，保证创新财务管理思维能有效进行。

#### （一）树立大数据时代下的财务管理新思维

在大数据的时代背景下，财务管理要处理大量的财务信息数据。这就要求企业管理者重视财务管理的信息化建设，转变传统的财务信息化思维，从实践中分析总结经验，同时引进国内外先进的信息化技术。企业财务管理部门要从两方面入手，一方面把财务管理部门当作企业重要的管理部门，把大数据时代下先进的信息化技术引用到财务管理当中，为企业提供智能、高效的财务管理信息化平台。另一方面，随着我国科技的不断发展，以及市场经济水平的提升，只有树立新的财务管理思维，才能帮助企业处理大量财务数据信息，以此来迎接大数据时代下各种新的挑战。

#### （二）提高企业财务管理人员的综合素质

在大数据时代下，信息化技术的不断发展，这就对企业财务管理人员有了新的要求，要求企业财务管理人用不但要具备扎实的财务知识，还需要有应用这些信息化技术的能力。能积极学习先进信息化技术，把高新的科学技术应用到财务管理当中。大数据时代下的财务管理核心就是面对海量财务信息数据，应用专业财务知识，快速准确地处理财务信息，从这些数据中分离出对企业发展有用的信息，为企业决策提供数据支撑，推动企业健康平稳发展。因此，财务管理人员不仅仅要掌握财务专业知识，还要对信息化技术进行把握和控制。

### (三)创新企业财务管理模式

在大数据时代下,企业的财务管理模式必须创新才能适应激烈的市场竞争环境。财务管理信息化建设是一项漫长而复杂的过程,同时随着信息化技术的深入使用,原有财务管理模式必将会有很大的变化和革新。如何创建创新财务管理模式,适应大数据时代环境需求,应从企业的实际角度出发,在保证企业发展的前提下,不断推进和创新财务管理模式。在提升企业财务管理信息化的同时,提高企业在市场上的竞争力,帮助企业健康平稳发展。

在大数据时代下,企业财务管理只有思路转变才能发挥应有的价值。所以,在企业发展过程中要加大对财务管理的重视力度,不断提高财务管理人员的综合水平,才能实现财务管理思路转变,为企业健康平稳发展打下坚实基础。

## 第二节 财务管理专业人才培养模式的基本目标

随着社会经济发展,越来越多的企业走出了国门,走向了世界。对于世界经济体系而言,其竞争本质是管理水平竞争以及人才竞争。若是想要在激烈的国际市场中胜出,必须重视人才培养,特别是培养管理方面的人才。我国在20世纪90年代进行了财务管理专业的设置,目的便是帮助企业培养更多的专业人才。

### 一、培养财务管理专业人才的相关目标

随着社会经济发展,在进行财务管理专业人才培养时,必须全面考虑到市场经济发展的实际需要。现在我国的财务管理专业人才比较欠缺的原因是我国培养财务管理人才方面和西方存在一定的差距。所以,在培养财务管理人才时,应该重视西方经验和教学的借鉴,并根据我国实际需要培养出更多实践能力较强的专业管理人才。现在很多财务管理学生就业时比较困难,实践能力较差,所以培养财务管理专业人才时,必须重视学生实践能力的提高,绝对不能够仅仅根据书本来进行人才培养。

## 二、财务管理专业目标定位以及相关的要求

### （一）目标定位满足实践教学需要

进行教育的根本是树人，其次才是传授知识给学生。教师在教学时，应该根据需要选择科学的手段来教育学生。高校教育的目的便是进行专业人才的培养，利用人才培养以及科研教学来推动我国社会的进步发展。所以，在培养财务管理专业人才时，教师不但需要重视学生专业素质的培养，还应该重视学生道德素质以及职业素养的基础。若是学生的职业素养以及道德素质较高，能够给企业良性发展奠定良好提高。在提高学生素质时，教师应该重视学生能力、道德、身心健康的发展，将学生的本性激发出来，切实提高学生的素质，为高校教学更好地进行奠定良好基础，将教育的德育作用发挥出来。

### （二）目标定位满足产业经济发展需要

财务管理专业需要学生的实践能力比较出色，建设财务管理专业的目的也是为了维护我国社会经济的稳定，帮助我国更好地进步发展。所以，高校在进行人才培养时，必须考虑到学生综合能力提高和专业素质提高。通过调查和分析可以发现，学生在进入社会后，学生本身的综合能力和专业素质关系非常密切。一个合格的财务管理人才不但需要具备较强的专业素质，还应该不断地提高自身的综合实践能力，比如创新能力、基础实践能力以及职业能力等。为了满足这些需求，高校在进行财务管理专业人才培养目标制定时，必须全面考虑到经济发展的实际需要。

## 第三节　财务管理专业人才培养模式的基本原则

构建财务管理专业卓越人才培养模式的新原则如下所述。

## 一、战略性与实践性相结合的原则

随着社会分工的进一步细化,将来财务管理工作的岗位及职责分工也必将日益细化,财务管理职能的履行程度对企业的发展也将会有越来越重要的影响。因此,高校应借鉴发达国家财务管理专业人才培养模式,在充分考虑我国社会经济发展实际状况的同时,从高校财务管理专业发展的战略性角度出发,确立本校的人才培养模式。实践性、应用性是财务管理专业的明显特点,因此,财务管理专业的日常培养工作应更重视学生的实习实训工作,旨在培养学生发现问题、分析问题、解决问题的意识和能力,从而使学生能够成长为卓越的财务管理人才。

## 二、多元化与融合化相结合的原则

在人才培养目标、人才素养要点、课程设置、教学内容和方法、考核评价等方面应注重多元化原则的运用,从而最终使人才培养模式更为丰富、全面、易于接受。现代财务管理专业的教育可以说是知识的集成、学科间的交叉融合、课内外和国内外经验融合的成果。财务管理专业教育的发展是人文与科技、知识与应用、传承与创新、借鉴国外经验与独立探索相融合的过程,因此,在构建财务管理专业人才培养模式时更应该遵循融合化原则。

## 三、创新性与开放性相结合的原则

在借鉴国内外先进经验的基础上,要结合所处地区的经济文化环境、社会市场需求、学校自身条件以及学生个体差异,构建具有自身特色的财务管理专业人才培养模式。构建的内容和构建的过程不仅要遵循创新性原则,构建卓越人才培养模式也要遵循开放性原则。在竞争日益激烈的内外部环境下,财务管理专业人才培养模式必须在国际视角下、以开放的心态分析判别经济社会的发展变化,并做出科学的决策,根据模式实施的结果不断地做出调整。

第三章　财务管理专业人才培养模式的基本思路、目的、原则、内容、要素

## 第四节　财务管理专业人才培养模式的基本内容

财务管理本科专业是根据教育部1998年颁布的《普通高等学校本科专业介绍》设立的，属于管理学学科门类下工商管理类专业。随着我国信息化进程的加快，急需与企业信息化环境相适应的财务管理人才。但传统财务管理人才培养模式已经不能适应信息化要求，且目前有关这方面的研究还很少，本节结合教学实践对信息化环境下企业财务管理人才培养模式改革做了一些探讨。

### 一、传统财务管理人才培养模式已经不能适应信息化的要求

企业信息化的影响是革命性的，它对财务管理人才提出了新的要求。但传统的财务管理人才培养模式已经不能适应企业信息化的要求，主要表现在以下两个方面。

（一）核心课程体系不能突出主体理财的要求

企业信息化环境可以为理财主体提供直接相关信息，但是目前的财务管理核心课程的内容安排却不能体现理财主体的目标要求，致使理财目标和理财方法之间出现矛盾。这就使得财务管理人才培养的目标界定成了最不容易明白的问题，为之后的课程体系设置、教学内容安排和教学方法选择埋下了隐患。学生很容易混淆自己所学理财方法的目的，不明白这些方法应该什么时候用，什么情况下用，自己担当什么角色时用。这样的课程体系安排问题在手工财务阶段并不是很突出，因为在手工财务阶段，财务信息的加工和披露是围绕企业的投资人进行的，为其他的理财主体提供信息只是附带进行，不可能进行专门的信息加工和披露。但是企业信息化以后，财务信息的加工效率极大提高，为各类理财主体提供针对性的

理财信息已经成为可能。在这样的环境下财务管理课程体系设置还是以所有者为主，还没有明确其他理财主体的理财要求，不发展针对性的理财方法，这就不能满足政府、债权人和管理者等的现实理财要求，整个社会理财环境就不完整，也就没有办法达到公平理财、和谐理财的目的。

这种情况在财务管理课程的教学过程中最为明显。在财务管理课程中一般将企业价值最大化界定为理财目标，并用长期的股票价格作为衡量标准。大家知道股票的价格是和每股收益及股利分配情况直接相关的，想提高股票价格就要不断提高每股收益，并保持合适的股利分配率。但是在各类财务管理教材的长期筹资决策中都采用了综合资金成本法计算综合资金成本，在计算时包括了各个渠道的资金，当然包括股权的资金，追求股权资金成本降低也成了综合资金成本降低的一条途径。可是普通股资金成本降低就标志着每股收益的降低，至少是股利分配率的降低，这和财务管理的目标描述自然是相矛盾的。这样的矛盾必然增加学生学习的难度，也使这些理财技能的实际使用效率极低。造成这样混淆的原因也在于，财务管理课程体系设置没有按照理财主体的理财目的进行，将所有的方法罗列在一门课程中，虽然在方法分类上做到了清晰明了，但是在实际理财技能培养方面却存在诸多问题。

通过多年财务管理专业的教学实践，我们逐渐找到了界定财务管理目标的方法，那就是不能从理财方法的角度解释财务管理目标，而要从理财主体的角度去解释财务管理目标，围绕各个理财主体的不同要求安排课程体系。这样既可以减少教学中的诸多矛盾，也可以为各类理财主体的理财方法的发展提供框架支撑，更重要的是可以更好地满足企业信息化对财务管理人才的要求。

（二）实践教学体系不能满足企业信息化后的理财要求

企业信息化后的财务管理人才培养问题也出现在实践教学环节，财务管理的实践要充分利用信息化提供的技术支撑，在竞争的环境中完成财务管理技能的培养，这就需要给学生呈现不同的决策环境，学生根据环境的变化进行决策，亲身体验财务管理的决策过程。

**1. 财务管理实践教学体系不完善**

财务管理实践教学体系应该包括课程实训、课程实验及课程实习等多种形式、多个环节，同时还包括大学生创业设计竞赛、大学生ERP竞赛等各种课外实践形式，然而，在目前多数高校的财务管理实践教学中往往只涉及了其中个别内容，使得财务管理实践教学应有的作用不能充分发挥，导致课程教学质量与效果、学生的综合素质与能力培养受到影响。

**2. 实践教学基础薄弱**

很多财务管理专业没有专门的实验室，多数实践仅以案例分析形式进行，有些甚至把习题课当作实践课，学生总是处于被动地位，不能激发学生的学习热情。因为企业没有对口财务管理机构，财务管理专业学生不容易找到对口的实习部门，企业不愿接受财务管理专业学生实习，即使有的单位愿意接受，也不知道给学生安排哪些实习内容，这都使得财务管理校外实习基地建设困难重重，实效很差。

## 二、信息化企业财务管理人才培养的基本内容

信息化是企业财务管理方面正在进行的革命，从企业内部控制设计到财务报告披露方式和内容都在发生着巨大的变化，这些变化和影响对目前的财务管理人才培养提出了许多新的要求。

### （一）要求教学模式强化理财主体的理财目的

信息化在企业内部可以实现采购、生产、销售、核算、报告和纳税等各类企业信息的无缝连接，达到资源的集中配置和数据的集中共享，避免产生"信息孤岛"。在企业外部可以通过互联网向其他理财主体发布针对性的理财信息，可提高政府部门、银行和股东等理财主体的财务管理效率，降低各自的财务管理成本。信息化为企业各类理财主体提供了一个公平理财的平台，在有关法律、制度的保障下，通过信息化，各类理财主体就可以实现公平理财，通过追求各自利益的最大化，最终达到企业价值的最大化，实现财务管理的最终目标。在这样的环境下，企业财务管理人才培养必须要适应信息化的要求，针对性地强化理财主体的理财目的，让学生体验各类理财角色，这是财务管理教学改革的主攻方向。

### （二）要求教学过程充分利用信息平台模拟技术

企业的信息化要求财务管理人才培养方式不断革新，将传统培养方式转变成信息化培养。信息化培养是指通过网络、ERP信息平台、模拟工具视频等进行的学习与教学活动。它充分利用现代信息技术所提供的、具有全新沟通机制与丰富

资源的学习环境，实现一种全新的学习方式。这种学习方式将改变传统教学中教师的作用及师生之间的关系，从而根本改变教学结构和教育本质。这就要求我们在教学过程中要充分利用信息平台模拟技术，首先分析各种先进的管理手段对财务数据加工过程的影响、财务数据加工速度和方式的变化，然后考虑怎样利用这些信息和方法，最后呈现这些变化过程，让学生进行决策。在现代化的信息环境中，企业的财务信息可以实现即时更新、存储、取用、分配和共享，在教学过程中可以让学生适时了解这些信息。

### 三、信息化环境下财务管理核心课程体系的内容

财务管理是组织财务活动，处理财务关系的一项经济管理工作。在财务管理的这个定义中没有明确财务管理主体，不同的人从事这项经济管理活动，其达到的目标显然是不一致的。因此进行财务管理核心课程改革首先要界定理财主体。现实中理财主体多种多样，每个人、每个企业和每个单位都是理财主体，都要主动或被动地从事理财活动，但如此界定理财主体就会使理财活动泛化，失去研究的重点。其实社会最主要的财富增值来自企业，企业是社会财富的创造者，绝大部分的理财活动都是围绕着企业进行的，所以我们将理财主体界定为和企业相关的理财主体，这些理财主体就包括所有者、经营者、债权人、政府、供货商、客户、员工和社会公众。不同的理财主体理财的目标是不同的，他们进行理财的内容和方法也是不一致的。在核心课程设置上可以围绕这些目标进行，在方法选择上满足不同理财主体的理财要求，这样可以使财务管理的课程体系清晰明了，便于理解。本节将财务管理基础、财务报表分析和贷款管理、公司财务管理、税务会计、集团财务管理、个人理财、财务管理法规作为财务管理专业的核心课程，并对这些课程讲授的内容进行了界定。

1. 财务管理基础是各类理财主体进行理财的理论基础，其讲授的内容包括财务管理概述、货币时间价值与证券估价、风险与报酬管理、成本核算和管理、变动成本法、作业成本法、经营预测、经营决策等内容。

2. 财务报表分析和贷款管理是各类理财主体理财数据基础，其讲授的内容包括财务分析理论、财务分析信息基础、财务分析程序与方法、资产负债表的编制及分析、所有者权益变动表的编制及分析、利润表的编制及分析、现金流量表的编制及分析、财务报表项目之间的关系分析、企业盈利指标的计算和分析、企业

营运指标的计算和分析、企业偿债指标的计算和分析、企业发展指标的计算和分析、综合分析和业绩评价、财务趋势和预测分析、财务指标及分析、财务综合分析等。因为债权人进行贷款管理也主要依靠财务报表数据，所以将商业银行进行贷款管理的内容放在这里讲解。

3. 公司财务管理是企业理财的理论和方法，其讲授的内容包括企业组织形式公司的所有权和控制权、资本成本和资本结构、企业筹资管理、企业投资管理、营运资金管理股利分配管理、企业成本管理、财务预算和控制及责任会计等。

4. 税务会计也是属于企业理财的理论和方法，因其内容具有相对独立性，所以单独设立课程，其讲授的内容主要包括税务会计概述、增值税会计、消费税会计、出口货物退免税会计、营业税会计、关税会计、企业所得税会计、个人所得税会计和其他税种会计以及纳税筹划等。

5. 集团财务管理是属于大股东所有者理财的理论和方法，其讲授的内容包括：集团财务理论、企业价值评估、企业集团的形成、企业集团治理机制和财务管理体制、企业集团财务公司、企业集团财务战略、企业集团预算管理、企业集团税收筹划、企业集团业绩评价、企业集团风险管理与财务预警、期权和金融衍生品管理、公司上市策划等。

6. 个人理财是属于社会公众个人理财的理论和方法，其讲授的内容包括个人理财概述、个人理财规划、个人储蓄和消费信贷计划、个人风险管理和保险计划、股票投资计划、证券投资基金投资计划、债权投资计划、房地产投资计划、外汇与黄金投资计划、个人税收规划和人生事件规划等。

7. 财务管理法规介绍除《经济法》和《税法》所讲内容之外的其他财务管理的法规制度和要求。

以上课程内容涵盖了各理财主体理财要求的每个方面，为各理财主体的理财提供了系统的理论支撑和操作方法。

**四、信息化环境下财务管理模拟试验内容**

完善信息化环境中的财务管理实践教学体系建设，首先要不断加强财务管理模拟实验室软硬件条件建设，建立能够进行市场模拟、情景演示和ERP平台数据的财务管理模拟环境。其次就是不断强化与企业的联系，获取企业信息化过程中的新数据、新成果来丰富教学内容。更主要的是做好实验教学内容的设计，体现信息化环境中的实验教学要求。

### （一）信息化环境下理财常规实验

**1. 企业经营角色沙盘模拟**

学生扮演不同的模拟企业 CEO、财务主管、销售主管等企业经营角色，模拟企业的投资、筹资、运营和利润分配等环节，结合实际案例进行讨论，切身感受企业的财务管理过程，熟练使用各类企业理财技术。

**2. 从个人投资和贷款管理角度进行上市公司报表分析、交流**

学生以 5～7 个人为一组，分别从个人投资和贷款管理两个角度，选择同一行业中的 3 个上市公司进行理财分析，提出理财意见，进行交流讨论，增加个人投资和贷款管理的才干。

**3. 大股东角色的集团财务模拟**

构建一个企业集团模拟环境，从资本运作角度，进行公司治理、并购、上市和利润分配等操作实验，感受大股东理财的理论和技术。

**4. ERP 信息平台数据录入和使用**

开发有利于各个理财主体进行理财的 ERP 信息平台，输入各类基础数据，各类理财人员都可以利用这个平台获取财务数据进行财务分析，这是一个和会计信息系统结合在一起的实验过程，是财务管理的一个发展方向。通过这种平台开发和利用，可以促进公平理财环境的构建，形成一个和谐的企业理财生态系统，保障各类理财主体的正当利益。

### （二）信息化环境下经济危机理财试验特例

针对目前的经济危机外部环境，利用市场模拟实验室模拟经济危机的形成过程，让学生体验和总结经济危机条件下的理财过程。

**1. 学生分组和数据准备**

参加市场模拟实验的学生是学习完 ERP 沙盘模拟，能够掌握 ERP 信息平台操作技术，学习了一些财务管理知识的学生。危机模拟以建筑企业为例，所以学生首先要参观几个建筑企业，对企业的生产经营情况有一个全面的认识。然后以 3 个同学为一组，分别担任公司主管、财务主管和生产主管，根据班级大小分成 20～30 个组，每一组在 ERP 平台下输入一个建筑企业的期初数据，其数值由教师根据市场情况设定，主要包括企业货币资产、债权、产成品、原材料、固定资产和无形资产的期初余额；短期负债、长期负债等负债余额；实收资本、资本公积和未分配利润等所有者权益金额。每个企业期初销售利润率设定为20%。商品房的成本分为材料成本和非材料成本两个部分，材料成本所占比重为70%。主讲教师担任政府和客户两个角色，指定两个助理教师分别担任银行和供应商的角色，具体设置过程参考ERP沙盘模拟课程，总共设计8～10年的经营数据。各组最后的成绩按照其模拟企业累计利润总额确定，如果企业倒闭，就只能退出竞争。

**2. 教师数据准备**

（1）原材料的期初供应量是现在所有企业生产消耗量的110%，以后在这个基础上每年增加8%的原材料供应量。如果原材料的需求数量超过了所能供应的数量，就由各组竞价进行调解。模拟企业所购原材料必须在一个经营年度消耗完，如果年末原材料的储备超过期初储备额的2%，将无偿收回其超过部分。

（2）商品房的购买数量期初为生产能力的110%，以后为所能购买到的所有商品房数量。当商品房销售价格停止上涨后，市场停止购买，销售数量归零。商品房的销售价格设定为逐年上涨的势头，第一年上涨比例为2%，第二年为3%，第三年为5%，以后分别为10%，20%，40%，80%。当贷款总额度用完以后，商品房价格停止上涨并迅速回归到初期的水平。贷款总额度设定为初期所有模拟企业资金总量的20倍。商品房的非材料成本部分保持不变。

（3）银行贷款的年利率为10%，前4年保持不变，4年以后，每两年提高一次利率，提高幅度为2%。每个企业的负债总额不能超过其所有者权益总额3倍，也就是不能超过75%的资产负债率。这些数据都是结合经济发展的一般规律设定的，老师在使用时可以根据实际情况进行调整，不必完全告诉学生，如果有学生询问可以讲趋势。

这是一个开放的实验环境，各组的经营策略是不一样的，大部分模拟企业在实验的第一年经营比较谨慎，会维持原有的生产能力和销售水平，生产平稳进行。当有的模拟企业感受到房屋的销售价格在不断提高后，就会投资基本建设，增加生产能力，获取的利润会明显增加，由于获利的示范作用，其他组也会效仿，生产进入高速发展期。由于扩张生产的组数增加，原材料供应出现紧张，有些因为是竞价所以原材料价格会逐步提升。有些组就会有囤积原材料的打算，因为规则限制，他们没有办法囤积原材料，就会增加贷款，缩减销售，囤积产品。到了这个时候原材料的价格和房屋的价格都进入了飞涨阶段，但是因为竞相囤积，市场中的商品供应量极度减少，随着贷款总额度用完，价格回归到了最初的水平，进行企业清算，大批企业倒闭。也有一些企业最初的时候就很谨慎，没有及时扩大生产能力，企业利润增加的速度很慢，当企业必须靠争夺原材料进行生存的时候，企业因为没有办法获取必需的材料而停产，甚至倒闭。还有极少数企业能够跟随经济形势的变化而调整自己的财务管理政策，在平稳发展的时候就开始增加生产的规模，积累利润，最大限度地获取贷款扩大生产的规模，在价格飞涨的时候减少商品的销售，囤积商品，在大部分企业都囤积商品的时候，将产品全部销售，将所有多余的生产能力进行了变现，最大限度地保留现金，并将生产规模缩小到了最初的规模。最后引导学生进行总结、提炼和交流，探索实际的经济危机理财措施。

## 第五节　财务管理专业人才培养模式的基本要素

大众创业，教育先行；万众创新，文化先行，深化创新创业教育改革是国家实施创新驱动发展战略、促进经济提质增效升级的迫切需要，是推进教育改革、促进创业就业的重要举措。很多高校、企业等都在积极创造有利条件，为创新创业营造良好环境。笔者在财务管理课程实践中创新创业人才培养模式，取得较好的效果。

### 一、创新创业财务管理人才培养模式基本要素

（一）创新创业财务管理人才培养模式

互联网极大降低了知识获取与信息复制成本，创新创业财务管理人才培养模式将课程、训练、实践融为一体，以课堂思辨、线上线下相结合、真实创新交易、人才评价、创业服务五项内容形成完整的培养体系。财务管理课程共计40学时，每周学习4学时，其中微课1学时，互动实践3学时。微课包括财务管理及创新

## 第三章 财务管理专业人才培养模式的基本思路、目的、原则、内容、要素

思维、财务战略与预算、筹资方式与机会等内容，互动实践包括团队组建、商业模式设计与开发、创业设计与企业开办等内容。课程以学生为中心，教师指导学生组建团队，开展微课案例故事学习、讨论、展示、活动、真实交易。每次课程必须有互动实践，每次实践必须有结果，以充分调动学生的创新精神与创业意识。

（二）创新创业财务管理人才培养教学组织流程

教师负责创新实践教学的全周期管理与服务，主要包括组织和引导学生完成7项重点工作：课前调研市场创新与人才需求，制作8个微课案例故事，介绍课程计划及真实交易规则，第一次课由学生发布擅长的服务，鼓励学生将想法付诸市场实践，互动实践后带团队现场讨论，课程结束组织项目评价与众融众筹。

（三）创新创业财务管理人才培养方法及实施

**1. 微课教学**

以财务管理的第一次课"财务管理及创新思维"的学习内容为例，课前教师根据市场调研及前期分析做出短小精悍的微课，讲述一个聪明的老人刊登广告，希望按"最好的出价"卖树。通过权衡卖柴者的想法50美元、现实主义者的考虑100美元、医生的投资观1500美元、会计的观点75美元、证券营业员的利润观250美元以及创业者的思维1500美元，老人通过比较分析和计算以250美元卖掉了苹果树。通过学习，学生能够正确理解企业的价值、如何为企业创造价值，以及财务管理在价值创造过程中发挥的作用、财务管理的内容、方法和目标等基础知识。

**2. 实践教学**

教师给每位学生准备创业基金20元，通过创新学堂系统平台，让学生在系统平台上领取（注：20元基金是真实的货币资金，日后可以转账到自己的银行卡或者微信、淘宝账户）。教师要求每位学生在平台发布"我能给大家提供的服务"并推销给其他同学。此外，还要指导学生查看别人的创新创业服务，引导学生分析和购买有价值的服务和项目，并查看"我的订单"及"我的账单"，随时了解自己资金的赚取情况。接下来教师不需要引导，学生自己可以在平台里发布问题、需求、活动等，设定悬赏金额来悬赏问题回答最好的同学，以此完成财务管理的各项交易。除了线上智能手机交易外，还要进行线下真实交易，教师就是

市场诚信的倡导者、创新秩序的维护者,职责在于建立良好的创新生态与市场规则,给予学生热心、公平、专业的指导。实践活动结束前,教师务必进行实践分析点评,以第一次课为例,除了点评发布、分享和购买的服务,盘点创业基金的余额,查看赚取的金币外,学生还要共同评价此次实践活动最有创意的发布,给学生以鼓励和引导,为下一个创业创新机会做铺垫,也为课程结束组织项目评价与众融众筹做准备。

**3. 游戏教学**

以最后一次课"团队汇报期末考核"为例,组织学生进行线上创新创业大赛。教师鼓励学生进行项目团队自由组合,也要引导学生跨学科、多元化组队,每组选出CEO(总经理)、CFO(财务经理)、CSO(销售经理)、COO(运营经理)、CMO(市场经理),要求每个团队讨论并完成一项创业项目,将财务战略、筹资方案、商业计划、决策方案、价值设计等发布在平台请大家投票,根据项目内容及票数高低分析创业项目的优势和弊端,总结创业项目的可行性。对于可行性项目,团队需完善产品和项目,在平台发布众筹众包,实现真实创业。

## 二、基于准职业人的人才培养要素

### (一)以职业能力培养为导向

准职业人的职业能力由专业能力和综合能力构成。财务管理准职业人应具备的专业能力:①职业技能,包括相应的资质水平、岗位技能。②管理技能,对人、财、物进行合理有效的计划、组织、控制和领导。③协调技能,与管理、生产、销售人员及其他相关人员形成良好的沟通配合。应具备的职业综合能力主要包括适应社会能力、动手操作能力、写作能力、语言表达能力、交际沟通能力、团队协作能力和开拓创新能力等。明确财务管理人员的职业能力要求是高等院校准职业人培养的首要目标,这对于财务管理专业人才培养模式的构建起着决定性作用。

### (二)专业培养与职业标准对接

准职业人人才培养模式面临的一个重要问题是培养规格与职业标准的对接。目前财务管理职业领域尚未有通用的职业标准体系,但是在财务管理专业毕业生的初次就业岗位和会计专业大致趋同的背景下,可使用会计领域的职业标准替代。

根据《会计法》要求，财会人员职业最低标准为会计从业资格，会计人员技术标准依次为初级会计师、中级会计师、高级会计师。职业资格是进入职业领域的门槛，以准职业人为目标的人才培养模式应以职业资格为基础。因此，基于上述职业标准和财会类岗位招聘需求的实际情况，要求学生在一年级考取会计从业资格，二年级获得初级会计师职称，凡是获得证书的学生可以申请抵扣相应课程学分，给予学生更大的学习自主空间。

（三）突出以学生为中心的教育理念

以准职业人为导向的人才培养不仅要满足用人单位的需求，还要满足学生的需求。高等教育市场化使得学生转变为知识的购买者，学生与高校之间的关系增加了消费者与教育服务提供者之间的经济关系，高等院校成为连接用人单位与学生之间的一座桥梁。以学生为中心符合平等教育和个性教育理念，有助于培养学生的实践动手能力和创新精神。这就要求财务管理人才培养模式要从学生的需求出发，促使学生学会独立思考，由被动学习向主动学习转变。

**五、准职业人的财务管理人才培养模式基本要素构建**

（一）建立职业导向的课程体系

课程体系是人才培养的核心内容，是培养准职业人职业能力的关键。高等职业院校课程体系始终要以培养学生的职业能力为宗旨。财务管理专业准职业人培养过程中，学生的岗位技能、职业素质、职业能力提升是一个循序渐进的过程，要从学生的实际需要出发，以职业能力为导向，强调职业教育的实践性、操作性和开放性，构建融理论知识、职业态度、价值观于一体的，符合学生身心发展规律的"平台+模块"的课程体系。

在通识教育模块强化职业道德、基本职业素质和通用商务技能的培养；在学科基础模块突出企业运营管理知识、技能等经管类通用专业能力的培养；专业主干课模块以财务管理职业领域的基本理论知识和业务流程为核心；专业方向课模块则突出财务管理职业领域由低到高各级岗位技能和综合素质能力的强化培养；专业任选课模块服务于学生的各类考证和个性发展需要，将职业理念认知、岗位技能单项训练、综合模拟实训和社会顶岗实习四类课程层层推进又紧密结合，通过以赛带训,把职业技能大赛有效植入课程体系,提升职业关键能力,从而形成一个兼顾学生初次就业和后续职业发展需要的课程体系,使学生成为实践能力强、发展潜力大的准职业人。

### (二)推行准职业人学习范式

高等职业教育不仅要重视实践操作技能的培养,还要重视理论知识的运用、心智技能的形成及实践经验的迁移。应将相应的专业知识融入技能训练中,避免学生陷入盲目的纯实践操作,从而导致知识运用能力的弱化。尤其是职业道德、职业意识作风、职业行为习惯和吃苦耐劳精神、团队合作精神等隐性职业素养的培养不可忽视。

根据学生的学习规律和职业化的要求,遵循"认识—实践—再认识—再实践"的路径模式,从校内校外两个层面推行准职业人的学习范式。对校内层面而言,将优秀的企业文化引入校园,让学生自新生开始从触觉、视觉、心理感觉等方面都能感受到职业氛围,从而对学生的职业素质养成产生潜移默化的影响。同时积极推进"教、学、做"一体化的教学模式,组织学生做中学、学中做、团队学、竞赛学,训练准职业人心智模式、养成准职业人行为方式,引导学生在思维模式上实现由学生向准职业人的转变,积极主动追求自我升值,在学习中通过自我认知发现问题,主动寻求解决问题的方法。校外层面则通过工学结合让学生深入企业,体验真实的职业环境,熟悉企业的操作规程和行为准则,形成职业的认同感、责任感和使命感,培养敬业、忠诚、爱岗、竞争拼搏、团队合作等职业精神,学会沟通与合作,达到理论与实践、教与学、学与用三者的有机结合。

### (三)建立多层次的梯级实践教学体系

实行"校企联合、双向互动"的实践教学运行机制,积极建立一个多维度、多层次的实践教学体系,包含校内实验实训、校外见习实习两大系统和课内、专业综合、跨专业综合三个层次。通过基础理论课与实践实训课相结合,单项岗位技能训练与综合职业素质训练相结合,校内实训与校外见习、顶岗实习相结合,培养学生的实际动手能力,提升学生的职业素养,使得毕业生既能胜任财会领域的基本岗位工作,又具有发展潜力和持续学习能力,从而把学生培养成有扎实的专业知识、熟练的实践操作技能、适应财务管理工作的综合应用型技术人才。

第一阶段为职业导学阶段，通过新生入学教育、职业导学和校外见习课程，加强学生对职业的认知和理解，解决专业认识不清、学习目标不明确等问题，为后续的专业课程学习和实训课程奠定基础。第二阶段为专业实践阶段，依托财务管理专业综合实训平台、跨专业企业运营综合实训平台和校企合作，开展多层次的财务管理见习和实训课程。第三阶段为顶岗实习和毕业论文阶段，按照岗位实习和就业一体化的思路，组织学生通过双向选择确定实习岗位，选择区域影响大、人才供需关系稳定的企业，实行订单式实习就业，与企业建立互惠互利、资源共享、共同发展的紧密合作关系。改变传统的论文形式，鼓励毕业论文真题真做，采用校内导师和企业导师相结合的"双导师制"。

（四）建立适合准职业人的考评激励机制

考评是影响准职业人才培养质量的一个重要环节，具有导向作用。准职业人的培养考核评价体系应坚持学校加企业的综合考核方法，校企联合制定考核标准，对照财务管理各级岗位标准，将职业能力和职业素质的评价目标分解成以基础理论课程、实践实训类课程、考证、技能竞赛等为载体的多个子目标，形成多维度的评价模型。

目前主流的课程教学评价依然是传统的终结性评价，采用以期末卷面考试成绩为核心的评价方式，忽视了学生的学习过程体验和职业素养。以准职业人为导向的人才培养着重学生的岗位技能、职业能力和综合素质养成，因此重过程的形成性评价相较于终结性评价更加切合基于准职业人理念的人才培养特征。专业核心课程特别是实训类课程考试可以采用参加相关企业的职业资格考试的方式进行，评价对象不仅包括基本理论知识的掌握运用情况和岗位技能的熟练程度，还包括职业态度与规范、表达书写能力、动手实践能力、分析解决问题能力和团队合作精神、敬业精神等方面，从而对学生的知识、技能和素养做出全方位的评价。对于率先获得会计从业资格证书和初级会计师职称的学生，或在各级财会技能大赛获奖的学生给予一定的奖金激励，同时可以申请抵扣相关课程学分。对于综合考评获得优秀的学生，除了在学校层面上给予奖学金，也要从企业层面给予奖励，如推荐去优质企业实习、优先考虑聘用等奖励机制。

# 第四章　财务管理专业应用型人才培养四位一体驱动模式

## 第一节  课程教学驱动

**一、慕课背景下财务管理课程教学驱动**

进入 21 世纪后，信息技术作为新世纪的产物，在社会方方面面中发挥着重要作用，为人们带来了巨大的便利和益处。信息技术渗透到医学、空防、教育、交通、文化、金融等各个行业，为提高各行业的工作效率和能力发挥了重要作用。所以，将信息技术融入现代教育事业具有举足轻重的作用，它可以从根本上改革当下教育事业的教学方式，为更多人提供丰富、系统的学科知识，提高社会整体人群的知识储备和素质，必然促进传统教学方式的重大变革。

（一）慕课的基本内涵和应用慕课教育的优势

**1.慕课的基本内容介绍**

慕课作为英文 MOOC 的英译名，它是英文单词 Massive Open Online Course 的缩写，代表的含义是大规模线上开放课程。它作为我国新兴的教学模式，为我国教育事业改革发挥着举足轻重的作用。它的优势在于利用现代网络的普遍性和发达性，让人们利用网络来学习先进的专业知识，传播前沿、最新的教学资源。慕课是 10 年前开始发展起来的，从美国迅速发展到世界各地，得到各国当地著名学府的积极引入，实现了教学方式的重要变革。

**2.应用慕课教育的优势所在**

慕课教育打破以往依赖传统教室的束缚，可以不受空间、时间的限制，建立一个大型教学课堂。它能够通过网络让每一名学生都可以进入慕课教学"课堂"

中进行学习，这样可以让需要这些知识的学生不再受到各种因素的限制，随时随地进行学习，并且它的教学内容更为先进科学，能够传播世界上最为前沿的知识，不但可以满足更多人对知识的需求，同时还可以实现世界上整体人群基本素质的提高，实现教育公平化的重要目标。慕课教育的重要特点就是在线人数多，一门优秀的课程动辄上万人进行学习。而且，慕课教育教学形式灵活，可以让每个人按照自己的方式进行学习，真正实现"一对一"的教育目标。同时，慕课教学内容都是通过视频方式来实现，学生可以根据自身的学习情况进行互动交流，实现对知识的充分掌握。因此，应用慕课教育对于发展我国教育事业至关重要，具有改革教学的重要作用。

当下，财务管理课程教学要求学生对财务知识有一个全面系统的了解和掌握，可以运用现代信息技术来解决这一难题，从而实现财务管理教学的科学化、信息化，对推动财务管理课程教学改革具有重大作用。因此应在财务管理课程教学当中渗透慕课教育，使之为推动教育发展做出重要贡献。

（二）当前财务管理课程教学存在的问题

**1. 财务管理课程教学安排不够科学合理，没有真正对接实际工作**

财务管理课程需要学生掌握企业资金筹集、企业资金流向安排、资金流转效率和投入产出比，并且还要懂财务比率运算法则。这些内容都需花费较多时间来进行学习，需要学生能够真正掌握，懂得其中的原理和知识。但是，当下财务管理教学课程教学安排不够科学合理，没有真正培养学生对于财务管理知识的理解运用的能力。许多学生在没有真正理解其中含义的情况下，就被动地进行深层次知识学习，从而导致学生学习困难，对财务管理课程缺乏足够的兴趣和动力。

**2. 财务管理课程的教学内容不能满足实际财务所需**

财务管理教学的主要目标是培养一批具有高素质的财务管理人才，让他们更好地到社会当中发挥自己的专业知识，解决各个行业财务管理中遇到的难题。所以，财务管理课程一定要和实际社会所需做好对接，培养出社会所需的财务人才。但是，当下我国财务管理的教学内容都是照搬西方财务管理理论，没有针对他们的理论进行实际分析和研究，没有充分考虑我国企业的实际情况。这就造成很多西方财务管理课程不适合当下我国企业的财务管理工作，不能很好解决所面临的问题和挑战。

**3. 财务管理课程的教学方式不能很好激发学生的学习动力**

财务管理课程教学，不但要让学生掌握足够丰富的财务知识，同时还要激发学生学习知识的动力，让学生自愿在这个专业领域得到长足发展。但是，当下我国财务管理课程教学方式仍旧采取以往模式，对学生教学内容传授只是停留在单纯的知识灌输上，师生之间没有形成良好的互动关系，学生在教学中只是被动学习，无法发挥主动性。

（三）面向慕课背景下财务管理教学改革的途径

**1. 合理划分教学内容和教材安排**

财务管理课程一定要合理划分教学内容，一定要让学生掌握最为全面的财务管理内容。这就需要将财务管理分为财务基本知识教学和企业实际应用教学。财务知识教学一定要让学生学习到全面的财务知识，理解财务管理的时间价值、风险价值的含义，掌握投资管理、筹资管理、资金营运管理、利润分配管理、财务分析的能力。对于这些内容的教学就需通过慕课教学来实现，通过慕课让学生利用课下时间完成对于财务管理基本知识的了解。同时，学生在学习过程中遇到不懂的问题时，积极通过慕课方式来进行问题求解，及时解决他们学习上遇到的难题。这样，慕课可以让学生在空闲时间来完成基本知识的掌握。同时，也需要学生在具体的企业财务管理实践当中去检验自己能力。利用慕课来获取企业财务管理的实际案例，这样学生就可以对现实企业财务管理问题进行分析，研究企业筹资活动、资金成本、流动资金、资金回笼等实际财务知识，同时还可让学生利用慕课实际案例来分析当下企业财务管理发展的现状，让学生真正在慕课上锻炼自己的分析能力，充分实现自我水平的提升。

**2. 利用慕课方式充分锻炼学生的实际应用能力**

传统的教学方式都是过分注重理论，轻实践，导致学生在实践当中应用专业知识能力欠缺，不能很好利用学过知识来解决实际问题。这就会让高等教育失去其实际的教学内涵，导致培养出来的学生不能满足社会所需。所以，利用慕课方式来充分锻炼学生实际应用能力势在必行。这就需要学生在慕课上，真正将Spss、Excel数据处理软件理解到位，充分掌握财务管理软件的基本内容，能够利用它们来解决实际问题。并且，还要利用MOOC实现知识的交流和学习，让学生充分交流在实际过程中所遇到的难题和不足之处，懂得如何在实际应用中解决难题，提高自己的实际应用能力。

**3. 建立慕课学习效率考核评价标准，真正实现学生综合能力的提升**

慕课财务管理课程可以为学生提供更为丰富的教学知识，让学生利用慕课平台随时随地进行知识的学习和完善，真正清晰掌握企业财务管理工作流程，有利于学生真正在实践当中发挥出自己的才能。这就需要在慕课学习平台下，建立符合慕课教学的考核评价体系，让学生随时随地对自己的学习情况进行检验。这样，学生在检验过程中了解自己在哪些方面比较欠缺，需要重点掌握哪些内容和技能。同时，还要积极鼓励教师在课堂上运用慕课教育，通过慕课平台让学生进行实际财务管理操作练习。通过慕课平台，教师就对学生知识掌握程度有了更为清晰的了解，可以更为科学合理地进行教学安排，懂得需要在哪些方面下大力度进行知识传授，在哪些内容上可以进行粗略教学，从而实现《财务管理》课程教学的精准化、针对化。如此一来，既节约了学生实际学习时间，为全面系统地安排教学提供了便利，同时也能真正实现学生综合能力的提升。

慕课为我国财务管理课程教学提供了一种全新的教学模式，能够更好地解决实际财务管理过程中所存在的问题和不足之处，能够让每一名学生利用慕课平台实现自我的发展，能够为我国培养出满足社会需求的财务管理专业人才，因此高校财务管理课程应积极推进慕课这种教学形式，促进我国财务教育的长足发展。

## 二、基于 PBL 教学模式的财务管理课程教学

财务管理是一门综合性、实践性和应用性都很强的课程。鉴于该课程的特点，以教师为主导的"填鸭式"教学模式，不利于学生独立思考、分析问题、解决问题能力的培养和财经类专业人才核心竞争力的提升。因此，需要积极改变教学模式和教学方法，努力探索和构建师生互动、学和用相结合的教学模式。本节拟引入 PBL 教学模式，探讨其在财务管理教学中的运用。

**（一）PBL 教学模式介绍**

PBL（Problem-Based Learning）是以专业知识领域的问题为导向，让学生通过自主学习和小组协作学习相结合的探究式学习，在解决问题过程中掌握隐含在问题背后的专业知识，最终完成知识体系的建构、能力的培养和学习习惯的养成。显然，以"问题为导向、学生为中心、老师为指导"的 PBL 教学模式，强调了

启发式和互动式的教学方法的运用，实现了对课堂讲授内容全灌输到问题参与的变换，教师由讲授角色到辅导角色的变换，学生由被动的学习者到主动解决问题的变换，最大限度地提高学生学习的主动性与教学过程的参与程度。

PBL教学模式下的教学流程可以分为以下三个阶段：①课程准备阶段；②课程实施阶段；③课程评价阶段。

（二）PBL教学模式在财务管理教学中的运用设计

**1. 课程准备阶段**

（1）整合教学内容。整合教学内容，就是先对财务管理的理论知识进行科学梳理，探索模块化教学，打破传统按教材章节顺序授课的模式，帮助学生宏观把握基本知识脉络，深入理解财务管理决策实质。以企业资金链为依托，可以将财务管理按财务分析、两个价值观念、筹资决策、投资决策、营运资本决策、股利分配决策分为六大模块，即"一个分析工具，两大价值观念和四个主要内容"，既有利于学生对财务管理研究内容的宏观把握，又为PBL教学模式下学生自主学习奠定基础。

（2）创设情境，设计问题。老师以整合后的教学模块为基础，结合现实中的热点问题来选择案例，创设情境，再根据所选案例设计相关的教学问题。"问题"的设计是PBL教学模式的核心，老师可以从财务管理课程需要学生掌握的基本概念和原理等知识点，作为切入点来设计教学问题。"案例"和"问题"的设计需要精心筛选并不断改进和优化，使其能体现知识体系，以确保教学质量和教学效果。例如，在讲述股利分配决策时，笔者引入佛山照明股利政策分析的案例，根据知识点设计了以下基本问题：①试分析佛山照明的股利政策及其特点；②在中国上市公司普遍不分红或少分红的情况下，佛山照明坚持高现金股利发放的原因是什么？③这个被称为"现金奶牛"的公司，股价在二级市场上却表现平平的原因是什么？④佛山照明的现金股利政策向市场传递了什么信号？⑤运用股利政策分析框架探讨佛山照明股利政策的合理性。⑥试探讨股利分配与公司财务管理最终目标——股东价值（财富）最大化的相关关系。精心设计的问题不仅涵盖了知识点，还能通过结合实际培养学生浓厚的学习兴趣，激发学生自主学习的积极性。

（3）学生分组。PBL教学法以学习小组为单位，合理分组有利于培养学生的自学能力和团队合作精神。在实践中，笔者一般按照学号对学生进行分组，因为学号相近的学生一般比较熟悉或同寝室的情况居多，这样在后续完成任务过程中沟通效果与执行效率较能得到保障。一个学习小组一般6~8人为宜，因为每组人数太多达不到实践效果，人数太少任务又太重。在长期讨论过程中，学生可以逐渐学会相互配合，从而提升讨论效果，同时也锻炼了人际沟通和团队合作的能力。此外，学习小组成员还可在讨论中取长补短，不同观点的碰撞还可能产生创新性思维，彰显集体智慧的力量。

### 2. 课程实施阶段

（1）老师引导启发，学生自主探究。即使在PBL教学模式下，老师仍然是知识点的引导者和启发者。教师把引入的案例和设计好的问题布置给学生，可以通过告诉学生完成这些问题应掌握的知识点，从何处可以获取理论知识，以及获取的方式和方法，从而引导学生来解决各个问题。

（2）小组成员讨论，汇报最终成果。在自主学习的基础上，通过学习小组组内互相讨论、互相启发，对自主学习中遇到的问题和疑惑进行解决，并在了解相应知识点和理论基础上讨论问题的解决方案，探索问题的答案。最终形成小组的问题解决方案或分析结果，由小组成员每次轮流作中心发言，其他同学补充或修正。学习小组成员间的讨论和发言，能使学生学习的自主性和互动性得以提高，促使学生将理论知识运用到实践案例中去，提高学生理论与实践相结合的能力，促使学生更深入地理解和整合知识点，并最终内化为自身的能力。在此过程中，老师的角色转换为指导者和监督者，对小组提出的疑惑予以解答，对论述错误的内容立即纠正，对各组之间形成的不同观点和意见予以引导。

### 3. 课程评价总结阶段

（1）自评、互评和老师评价相结合。在PBL教学模式下，具有调控导向激励功能的评价是不可或缺的重要环节。评价可以通过学生自评、互评和老师评价相结合的方式。评价的内容可包括对新知识的理解、掌握和应用程度；自主学习的能力；组内相互协作的能力；解决问题的能力；回答问题的情况；等等。通过评价，一方面可以激发学生学习的积极性，也可以促进学生反思，对自己的学习方法进行总结和改进。另一方面，可以让教师发现问题设置、教学编排、指导方法等方面的不足，还可以更好了解学生的素质和水平，从而更好地组织教学和因材施教。

（2）总结并梳理知识点和重点难点。在 PBL 教学课结束前，老师应该对设定问题的参考答案或分析重点做出小结；从理论的角度对学生的汇报成果进行逐项分析，对学生的分析视角和分析深度做出点评；对学生陈述模糊的问题和有疑惑的问题给予重点说明。鉴于财务管理课程的特点，老师还应该对隶属于该模块的知识点进行梳理，并强调重点难点，促使学习差的学生或学习有疏漏的学生，通过教师的回顾与总结，跟上教学进度并全面掌握知识点，顺利完成学习任务。

### 三、基于 B-Learning 的高职财务管理课程教学驱动

（一）高等职业院校财务管理课程混合教学必要性

财务管理是各高校财经类专业的统设课程。根据调查，各高职院校本课程一般安排在第三或第四学期，在学生学习了会计类课程后，通过本课程的学习，学生可以进一步掌握会计信息加工的能力，具备一定的财务分析和评价水平。

然而，高等职业院校财务管理课程教学普遍存在如下问题：教学方法单一，缺乏互动；理论与实践脱节严重，实训缺位；教学资源单一，等等。因此，对高职院校课程教学进行全新的设计就显得非常重要，教学中不能再单纯地采用传统的面授灌输模式，当然也不能一味强调在线学习（E-Learning），而应该将传统面授教学、小组讨论、基于网络在线学习紧密结合起来，构建成多维互动、多元交流的混合学习（Blending-Learning）教学体系，并形成一套教学支持与服务体系。只有将财务管理教学内容与生活实践紧密结合，学生才能清楚这门课程到底能学到什么知识和技能，从而激发他们的学习热情。

（二）基于 B-Learning 的财务管理课程教学保障体系构建

#### 1. 改变教学理念

B-Learning 学习模式下，教师首先要改革自身教学理念，跳出传统的微观层面的"课堂"视野，采取更加宏观全面的教学理念。改变教学理念还包括加强自身能力的培养，以及对自身理论和实践能力的塑造。随着学科实践和理论的不断发展，财务管理理论和方法也在不断地更新，因此每个教师都要不断从学科理论和教学技术上提高自己。

B-Learning 教学模式对教学艺术有更高的要求，教师除需要熟练掌握课程知识外，还要提前进行综合设计，灵活运用各类教学资源，有意识培养学生独立思考、分析问题、解决问题的能力。教学设计中要理论与实践充分结合，理想与现实充分结合，在实践中巩固理论，在理论学习中指导实践。要引导学生学会学习，通过在网络上查询资源解决问题，教师要经常在网络教学平台上和学生互动，通过混合学习方式提高教学效果。

**2. 加强团队保障**

B-Learning 教学模式下，教师需要有更高的教育技术应用能力。为了保证财务管理 B-Learning 教学质量，须打造一支由本课程教学人员、教学管理人员和教学辅助人员共同组成的课程教学资源建设和支持团队。其中，教学管理人员是对课程开课、资源管理和控制的人员，可由教学人员兼任，教学辅助主要包括网站建设、网络支持等。

**3. 课程资源建设**

课程资源建设是教学根本，B-Learning 教学离不开各类课程资源。基于 B-Learning 的财务管理课程教学资源建设要形成立体化的资源体系，该体系以学习者学习为中心，形成立体多维的学习资源支持体系。该支持体系包括主辅教材、线下音视频教材和网络课程三部分。主辅教材就是传统面授课使用的理论教材和其他配套文字资料，在高职财务管理课程教学中，一般采用模块化、项目化为基础，任务化驱动的理论教材，以便激发学生的学习兴趣。网络课程是开发的与教材资源配套的教学资源网站。授课教师可以利用课程网站进行线上或线下的教学、考核，实现与学生之间的交流互动，学生利用课程网站除和老师进行交流外，也可以和其他同学进行交流。

（三）基于 B-Learning 的财务管理课程教学设计策略

**1. 学习者特征分析**

通过对某学院 2011-2013 年的会计电算化和财务管理专业学生跟踪调查了解到，这些学生都能够熟练掌握网络浏览、资源查找技术，他们更喜欢形象生动的学习内容，更容易接受网络上推介的资源；由于接受了长期的传统教育，他们对于传统灌输式教学没有新鲜感，更喜欢参与式的学习方式。作为互联网时代后成长起来的一代人，这些学生对网络有很大的依赖，熟练掌握网上浏览等基本技术。

**2. 财务管理知识内容分析**

财务管理是财经类各专业主干课程，通过财务管理课程学习，要求学生懂得财务管理的基本理论、基本原则和预测、决策方法。这些内容多与生活实践紧密联系，因此学习这些内容，既要加强方法训练，又要联系生活实际。要结合实训、实践，使学生具有初步进行财务分析、风险评估、预测和决策等企业日常财务与经营管理的能力。

**3. 教学方法策略分析**

针对高职院校的学生，财务管理课程宜选择内容浅显易懂的教材，形式要更加活泼。在财务管理网络课程网站建设上，需以"学生为中心"，构建多维互动，多元交流的网上学习平台。教学中要鼓励学生积极参与到学习活动中来，让学生在不同的情境下成为学习主体。以财务管理课程为例，基于B-Learning教学设计策略可归纳如下：

（1）案例分析教学策略。财务管理项目化教材中，一般通过情境案例引出问题，分析问题，解决问题。引入情境案例后，提出问题，即可对学生进行分组，并指定组长；教师随后可进行理论和方法教学，讲授解决问题的思路和理论方法；展开案例讨论，由每组讨论出结果后指派一人进行发言，发言中老师要注意进行适当点评。对于案例分析或讨论来说，部分内容采用现实案例作为基础则更加具有吸引力，比如证券投资决策、财务分析等内容，可以结合财经类网站（如东方财富、和讯网）中部分代表性公司的实时资料展开，既能让学生体会到财务管理方法的重要性，又能对课程提高感性认识，那些枯燥的数字和公式就会变得鲜活。

（2）基于网络平台的情景创设策略。财务管理课程教学中，教师需要将网络课程及相关资料及时上网，引导和督促学生利用网络平台进行自主学习。面授结束后，老师可把相关的问题或案例放入网络教学平台上，并在网络平台上呈现与当前学习内容相关的背景资料、课程视频、文本资料等。教师可以要求学生在网络平台上提交答卷，可以有计划地在网络课程答疑平台上推进实时的师生互动，并把这些计划告诉学生，参与情况计入期末考核综合成绩。这种教学策略中，教师的引导至关重要，授课教师应当有计划的安排不同形式、基于网络课程平台的学习和交流，引导学生学习方法的改变。此策略可用于财务管理中理解财务管理目标、风险的计量、财务分析等。

需要说明的是，以上基于B-Learning思想的教学策略构建，是根据财务管理课程内容特点的教学策略，具体教学中，授课教师应灵活掌握具体教学策略。

**4. 教学媒体选择策略**

当代学生都成长在信息爆炸的时代，对学习媒体的选择有近乎苛刻的要求，传统的、单一的纸质媒体已无法满足他们的要求，因此，教学中需使用不同的媒体或媒体组合，并且将这些组合和传统教材有效融合才能达到更好的教学效果。财务管理的课程教学中，首先要制定每个教学任务的目标，然后根据教学内容、认知层次选择合适的教学策略和方法，最后选择最合适的媒体资源。教学媒体选择应按如下步骤进行。

（1）分析各种教学媒体的特点。在进行媒体选择之前，需要对教学媒体进行搜集整理，并掌握各类媒体的特点。这些特点包括媒体是静态的还是动态的，是文本的还是视频的，是图像还是文字的，等等，掌握媒体特征后，才能知道该如何应用这些媒体。

（2）确定不同教学媒体的使用目标。教学内容和教学媒体的选择有密切关系，它们围绕着同一个教学目标。因此，在选择教学媒体之前，首先要确定它们对应的教学内容和目标，比如主教材和案例分析的目标是呈现事实，电子和网络视频是为了提供示范，基于网络平台的在线支持则是为了创设情景。财务管理课程教学设计中，首先可建立一个"内容—目标—媒体"三维选择模型，然后对各部分教学内容和目标充分分析，最后根据各种媒体的特性确认教学目标。

（3）财务管理课程的媒体选择。根据上述分析，针对财务管理课程各部分教学目标和教学内容，结合各种教学媒体的特点、使用目标、传输渠道等进行媒体课程选择。

**5. 教学评价方法策略**

基于 B-Learning 的财务管理教学评价策略是检验教学质量的关键，也是改进教学方法的基础。学生的参与热情关系到财务管理的教学效果，因此教学质量评价既要对学习者最终学习成果予以评价，也要对学习者学习过程进行评价。以任务情境为教学单元的，要加大平时考核的比率，每一单元都要进行考核，以促进学生参与的热情。

从评价方法上看，进行学习单元考核可以通过展示学生优秀作品、分组发言等来刺激学生，学生感受到压力后，课堂教学氛围会发生很大的变化。当然，基于 B-Learning 的教学评价还应结合网络课程网站进行，学生可以深入课程讨论区，答疑 BBS 平台进行交流,也可以通过网络试题库和章节习题监测自身学习成果,进行学习反馈。

基于 B-Learning 的教学评价还包含对任课教师的评价,可以采取学生测评和任课教师自评、互评相结合的方式。通过自评和互评,可以促进授课教师认真反思教学中的不足,改进课堂教学设计,提高教学效果。

## 第二节　人工智能+课堂教学驱动

### 一、基于人工智能+财务管理课堂教学驱动

近年来,随着以计算机为代表的新信息技术在教育领域的大量运用,为创设以学习者学习为主体的教学方法提供了更多的可能,尤其是建构主义学习理论,提出应重视学生的主观能动性,强调学生面对具体情境进行意义的建构,从而使基于计算机和网络环境下的、强调学生问题解决能力培养的课堂教学设计得到普遍重视。

#### (一)基于网络环境的财务管理课堂教学设计指导原则

指导原则是整个"财务管理"课堂教学设计过程中的指导思想,它贯穿在课堂教学设计过程中的每一个环节。

**1. 一体化原则**

传统的"财务管理"课堂教学系统由教师、学生和教学内容三个要素构成,教师通过向学生讲授教学内容来达到知识传递的目的,这是一种相对松散的模式,而基于网络环境的财务管理教学加入了新的要素——教学媒体。教学媒体的介入,对教学内容来说,它是一种表现工具,可以实现更优化的内容表现;对于教师而言,它是一种教学组织与实施的工具,可代替教师做很多常规的工作;对于学生,它则是一个认知工具,不仅可以帮助获取知识,而且可以帮助发展认知能力。教学媒体的这三种主要作用,使得教学系统由松散变成紧密,大大提高了各要素之

间相互作用、相互联系的频率和强度，极大地提高了系统内部信息传递和转化的效率。因此，"财务管理"课堂教学设计一定要综合考虑这四个基本要素，实现教学要素的一体化。

**2. 以学生为中心原则**

基于网络环境的财务管理课堂教学是建立在"以学生为主体，教师为主导"的双主教育模式之下，其目的是要充分发挥学生的认知主体作用。因此，财务管理课堂教学设计要围绕着学生这一核心要素来进行。课堂教学设计要以优化学习过程、促进学生认知的获得为最终目标。

**3. 能力素质培养原则**

在课堂教学设计中，不仅要着眼于知识的传授和传递，更重要的是运用知识解决具体问题的能力培养，要注重学生思维品质的形成和认知技能的发展。就财务管理课堂而言，尽管其具体的知识可能更新换代很快，但学科的基本思想、基本方法是相对稳定的，如果学生具备良好的思维素质，就能在解决实际问题的过程中，快速学习新知识，接受新思想，从而以灵活的方式解决实际问题。

（二）财务管理课堂教学过程的设计

课堂教学过程的设计是教学内容的组织与安排、教学媒体的选择与应用及教学方法的实施的总和。课堂教学过程的设计是一堂课成功与否的先决条件。设计新颖，会激起学生潜在的学习热情及学习潜能，令学生迸发出智慧的光芒。设计不当，则可能成为知识的堆积或方法的罗列，达不到应有的教学效果。

值得注意的是，基于网络环境的财务管理课堂教学中，教师已不单是知识的传授者，更不是课堂教学的中心，而是教学的组织者、课堂的设计者、学生学习的引导者。教师应尝试运用研究学习、合作学习、社会实践活动等教学方法，培养学生的可持续发展能力和终身学习的能力。教师应通过各种媒体的应用，创设情境，激发学生的求知欲，培养学生的学习兴趣，使学生由被动接受转变为主动参与，把学习过程更多地变成学生发现问题、分析问题、解决问题的过程。

针对财务管理课堂教学的特点与需求，结合网络时代教学与学习理论的启示，我们在课堂教学过程的设计时，强调学生知识的主动建构，强调教师的引导作用，强调知识的应用与迁移，强调学习能力与协作能力的培养，在实践中进一步加深对已有知识的理解，并发现新问题，实现学用相长。基于此，我们对《财务管理》

课堂教学过程的设计基本流程归纳为网络导学、理论学习、模拟实验、课堂实践等四个基本环节。

**1. 网络导学**

笔者认为,在课堂学习活动开始之前,应对学生的学习进行适当引导,为课堂学习活动的开展做好各个方面(知识、方法、心理)的准备。可利用网络平台,向学生提供财务管理课堂导学信息,其内容可包括课程学习目标;本课程与其他课程的关联;课程知识框架;课程学习的重点与难点;课程学习的方法或建议;课程学习过程中应注意的问题;课程教学管理信息;等等。也可针对本堂课学习的重点、难点或热点,在网上组织课前研讨活动,使学生带着问题进行学习,提高学习兴趣。

**2. 理论学习**

财务管理课程的理论学习,以企业资金运动为核心,以资金时间价值、风险报酬为基本观念,以筹资、投资、资金营运和收益分配为主线,以财务管理的基本概念、原则、制度等理论问题以及财务预测、财务决策、财务预算、财务控制、财务分析等业务方法为主要内容。这些知识内容应用性强,与实际问题情景联系紧密,针对财务管理课程内容的主要特征,这里笔者强调案例教学与专题学习。教师应提供与课堂学习相关的文献或案例,通过网上交流平台,组织学生进行分析与评述;并针对重点、难点或热点,结合相关知识,组成专题,提供专题学习资源,设计专题学习活动。

**3. 模拟实验**

财务管理课程实验是以企业财务运作为核心,利用专业实验软件,模拟企业财务预测与决策过程。其目的在于给学生提供一种全新的、逼真的环境,使学生在模拟环境中受到专业教育和技能培训。它让学生(实验者)通过对若干财务政策与方法进行单因素实验或多因素实验,观察实验中的差异现象,分析产生差异的原因,检验某项财务活动的科学性。通过实验加深对财务管理理论与方法的认识。在该环节中,教师从虚拟企业现实的情景中设计实验案例,并提出有关财务管理问题;学生探究解决问题所需的条件,利用专业计算机软件分析、整理资料,提出问题解决方案并表达研究成果。

**4. 课程实践**

作为一个实践性学科,财务管理课程实践在课堂学习过程中至关重要,它是学生对所学财务管理的知识与方法的综合运用与深化理解,是培养学生应用能力、综合能力与创新能力的关键。在该环节中,教师应针对课程特色,设计与课程学习要求相关的、难度适中而具有一定开放性的项目或课题;组织学生组成项目工作小组,完成项目任务,提交作品或报告,利用网络多媒体技术,记录活动过程,组织与引导展示、反思、交流与研讨。

（三）基于网络环境的财务管理课堂教学设计的实践

广东商学院从 2003 年起实施教学信息化工程,该工程的实施一直秉承"研究—计划—实施—评价—反馈"的工作模式。经过多年的努力,该校的信息化教学环境发生了巨大的变化,信息化教学应用方面也取得了显著的成效,具备了进行网络辅助教学模式构建的资源和环境条件,在教学信息化建设方面迈出了扎实的一步。基于网络环境的财务管理课堂教学设计的实践也正是建立在学校的信息化建设的平台上开展的一项教学改革。为此,财务管理教研室的教师集中优势兵力,自行开发了财务管理网络辅助课程、财务管理实验教材及软件,并组织学生创建了"学生学习创新网站"等网络学习资源,实现了优质教学资源的共享,也为学生开展基于网络环境的财务管理课堂学习提供了丰富的学习资源。同时,还成立了研究小组,对财务管理课程如何利用网络环境促进理论知识向实践迁移进行研究,为普通高校通过教育教学信息化提高专业教学水平、促进教学改革的研究与实践提供参考与借鉴。以下以股票投资课堂教学为例,予以说明。

教案：对外投资管理

**1. 教学内容**

第八章 对外投资管理

第一节 股票投资

**2. 教学目的与要求**

（1）了解企业进行股票投资的内容

（2）熟悉股票的种类

（3）掌握股票的估价方法

**3. 教学重点及难点**

（1）股票价值的计算

（2）对外投资管理组合策略

**4. 教学学时**

课堂教学：6学时（其中，实验课2学时）

课后学习：4小时

**5. 教学过程设计**

（1）课前要求学生根据财务管理网络辅助课程中提供的相关导学的内容，对本章的学习目标、课堂学习的重点与难点、教学知识点不同层次的要求作初步了解。

（2）课前要求学生根据财务管理网络辅助课程中提供的相关网站查找感兴趣的上市公司，了解公司基本情况及相关财务信息。

（3）课堂在线展示上海证券交易所股票行情及相关资料，激发学生学习兴趣，进行理论讲授。

（4）实验课。综合实验六：企业投资价值分析

（5）课后网上讨论：你认为目前我国股票市场是非理性成长，还是价值回归？以目前的股价，你乐意进行长期投资吗？

（6）课后思考

1. 与债券投资相比较，股票投资有何特点？

2. 股票估价的方法有哪些？

3. 影响股票价格的因素有哪些？

4. 国内外主要的股票价格指数有哪些？

5. 你认为目前我国股票市场的监管措施到位吗？

（7）请参与"大学生理财网"创新学习网站的小组的成员根据本课的内容，完善网站内容。

## 二、基于大数据与云计算的财务管理教学驱动

在这个科技日新月异的时代，互联网技术以前所未有的速度迅猛发展。物联网技术方兴未艾，大数据时代又迎面而来。大数据与云计算技术的应用，使得远程及高负荷地进行数据处理成为可能，数据处理更加海量与多样化。除此之外，物联网、移动互联网等新兴技术，也助推着大数据革命，这些都将让大数据在企业财务管理领域发挥出更大的影响。大数据与云计算的出现使财务管理将不再局限于传统的财务领域，而是向企业内外部延伸和渗透，从企业外部的顾客到企业

内部研发、人力资源等多个领域成为财务管理人员关注的内容。以财务预测、决策、控制为主的财务工作内容将大大拓展。很多财务管理工作如预算管理、全成本核算等，之前由于信息收集与处理有难度，以后将不再存在技术上的障碍，对于一切跟企业业务和财务有关的数据的收集、处理和分析将成为公司财务的先导任务，一些原本不属于传统财务领域的工作将进入大数据时代的财务管理范畴，财务管理在改进管理流程、控制成本、寻找有价值的投资项目等方面发挥着重要作用。财务人员的管理理念、知识结构及财务管理决策流程、企业组织结构等也将发生颠覆性变革。

（一）大数据和云计算对财务管理人员的影响

**1. 企业财务管理人员观念的转变**

大数据和云计算时代，传统的管理型财务向价值型财务体系转型。企业财务活动中，其内外部形成的经济数据信息都要通过财务部门系统进行相应的处理，生成供管理者及企业利益相关者决策用的财务报表，其数据的处理量是巨大的。在大数据及云计算处理模式下，由于系统可控制在云端，其业务服务都是在云端进行。财务管理的云服务化，使财务部门可以实现无区域控制的管理。数据仓库、数据挖掘等技术的不断发展，为财务信息系统实现实时远程智能化管理提供了强有力的技术支撑。数据化管理已经成为推动提升企业价值最大化战略的重要杠杆，企业财务管理正在从管理型财务向价值型财务体系转型。在这个过程中，财务人员的工作重点在于价值管理和价值创造。以云计算为代表的新一轮技术创新，将会对价值创造型财务转型过程起决定性的催化作用，在迈向价值型财务的进程中，以大数据、云计算和共享中心为代表的计算机集成应用将成为价值创造型财务体系的重要技术支撑。

**2. 企业财务管理人员角色的转变**

大数据时代的财务管理，由于业务数据不断渗入到财务管理的各个环节，财务管理不断注入新的内涵，财务与业务的融合趋势日益明显。全面预算管理、全成本核算等成为企业财务管理重要内容。这些变化的最大挑战不在于技术和方法，而在于财务管理人员素质的提升。大数据下财务与业务的融合，要求数据分析结果必须在企业各部门间进行分享，从而促使公司能够制定出更明智的、有依据的决策。财务管理人员必须摒弃孤立工作的理念，更多地进行跨部门合作。传统的首席财务官和首席信息官角色界限将变得模糊，未来的会计师应兼具财务官与信息分析师这两种角色，职位将变得更具战略性和前瞻性。

（二）大数据和云计算对企业组织结构及财务管理决策流程的影响

大数据和云计算技术在财务管理中的应用，使企业组织结构及财务管理决策流程产生了巨大变革。

### 1. 企业的组织结构发生变革

传统的企业组织结构中，部门划分通常根据其职能，财务管理部门主要有会计部、财务部或资金部等，并且主要是有财务专业知识的人从事这些专业工作，而随着大数据与云计算的应用，企业的组织结构将发生改变。体现在：一是在财务部门内增设专门负责财务大数据处理与平台建设的部门；二是需要增加懂数据处理与分析的财务人员。未来的财务管理人员除了具备财务管理知识外还应具备数据分析能力，会运用统计分析、智能学习、分布式处理等技术进行数据分析，这样才能从大量数据中提取对财务决策有益的信息，供决策者使用。

### 2. 企业财务管理决策流程变革

大数据和云计算技术在财务管理中的应用使传统的管理模式与决策流程不再适应时代发展的要求，企业的财务决策流程将发生彻底改变。财务决策流程将由传统的"发现问题——查找原因——寻找解决问题的方法——制订解决方案"改变为"构建财务大数据收集平台收集大数据——通过云计算技术量化分析大数据——找出财务大数据背后的问题相关性——制订问题解决方案"。从决策流程的变化可以看出，传统的财务管理决策中，决策者往往依靠个人经验做决策，但大数据和云计算时代，决策者的决策会更广泛地利用大数据分析，建立起数据与决策的高度融合，其决策过程中最大的改变是重视各种问题之间的相关关系而放弃对因果关系的探寻。

（三）基于大数据与云计算的财务管理教学变革

大数据时代下，企业财务管理已经出现了数据导向、技术支撑的特征，改变了传统的财务管理理念与方式，冲击着传统的财务管理教学内容与教学方式，对财务管理人员的素质提出更高要求，作为财务管理人才培养的基地，高等学校财务管理专业教学改革势在必行。

**1. 树立"以人为本"的教育理念**

传统的财务管理教学较多地注重专业知识的传授而忽略对学生能力的培养及素质的提升。大数据时代的到来，需要从根本上改变这种传统的教育理念，更多地培养学生主动获取知识、灵活运用知识去创新、创造的能力；培养实践能力以及团队合作精神；培养他们对事物的观察分析习惯以及对信息的敏感度；培养他们如何从海量的信息中挖掘出对企业决策有用信息的能力，进而培养他们分析问题，解决问题的能力。从本质上看，大数据本身并没有太多价值，而基于大数据的挖掘和分析才能为企业带来价值增值。注重数据分析，挖掘大数据内在价值，已经成为当前财务管理一个新兴趋势。通过对大量财务数据的挖掘和分析，可以洞悉企业利润和成本来源，从而可以为如何改善企业内部管理流程提出意见和建议，为企业决策提供依据。注重培养学生的跨界意识，不能将自己的思维局限于自己专业领域，更多地需要与业务结合，这就要求学生有良好的沟通能力及团队合作意识。

**2. 改变以"教师传授知识为主体"的被动的教学方法**

传统的教学方式多是以"教师传授知识为主体，学生被动学习为受体"的教学方式，这不利于学生主动获取知识。大数据时代必须建立以"学生为主体"的教学理念，才能激发学生的学习潜能，培养学生的个性发展及创造性。这就要求教师在教学中多使用实验教学及案例教学方法，将学生置身于财务管理实践中，通过实验过程的检验及实验结果讨论，激发学生的创新意识及思辨能力，鼓励学生从不同路径尝试新的方法，让学生领会创新的本源。改变以往案例教学中以教师为主体介绍案例的教学模式，建立由学生上网自主查找答案的教学模式，实现学生由"接受学习"向"发现学习"转型。

**3. 优化课程设置**

课程设置是专业建设的基本单元，是实现人才培养目标的基础。高等学校财务管理专业的培养目标是"培养具备管理、经济、法律和理财、金融等方面知识和能力，富有创新精神，能胜任工商、金融企业、事业单位及政府部门财务管理工作的应用型专门人才"。而目前的财务管理专业教学计划中，实践类课程占总课程的比例不到30%，影响了学生实践能力的培养。因此，在财务管理专业课程体系中，应增加能够推动学生实践的课程，如科研项目实践课程、体验性课程、研究性实践课程，让学生所学真正能与实践相结合。给学生提出问题，让学生带着问题去搜索信息，寻找解决问题的途径。通过整个学习过程，学生的思维得到锻炼，能力得到提升。专业课程体系中，还应增加数据挖掘与分析课程，提高学生的数据分析能力，使学生兼具财务管理专业知识与大数据分析的能力。完善硬件设施，为学生学习大数据技术提供必要的技术支撑，如 Hadoop、HPCC 和 NOSQL 等工具和平台的建设。

大数据与云计算时代的来临，高校财务管理教学只有立足于可持续发展的理念，紧跟时代步伐，用创新的教学方式及顺应时代的教学内容，才能确保培养出时代发展需要的财务管理人才。

### 三、大数据时代财务管理专业翻转课堂教学驱动

随着翻转课堂的日益发展，工商管理学科应用翻转课堂在教学资源、技术条件、时效性等方面均具备了一定的可行性（张晓梅等，2014）。然而，在大数据时代，财务管理专业因其数据分析、预测评估、决策判断、职业道德等特性与其他工商管理学科存在一定的差异性。财务管理专业翻转课堂在教学手段、教学关注、教学理念、教学目的方面均应呈现出大数据时代的特色建构。鉴于此，本节从新媒体案例教学、时间管理、边缘学生、转识成智、实践教学以及价值观教育中的素养提升角度探讨大数据时代财务管理专业翻转课堂的构建问题。

#### （一）大数据时代翻转课堂的教学手段：大数据预测与新媒体教学

在大数据时代，财务管理专业翻转课堂的教学实质依然围绕课前知识讲授、课上知识内化、课后知识补救三个环节展开，但教学手段呈现出新媒体教学与大数据预测相结合的新特征。

随着大数据与新媒体的融合发展，财务管理专业翻转课堂的外延不断延伸。课前知识讲授不再局限于教师录制视频，还可以通过微信和 QQ 互动平台、手机移动终端等实现学生自助学习知识形式的多样化。凭借财务管理课程丰富的案例库，将商场上的实战财务决策与财务舞弊事件通过新媒体形象地展现给学生，有助于激发学生的学习热情。课上知识内化除了包括传统课堂上教师与学生、学生与学生之间的问答、交流、沟通过程之外，还可以借助新媒体开展与其他高校财务相关专业学生的观点争鸣，与实业界财务工作者进行沟通交流，让思想碰撞渗透在学生的知识内化过程，推动财务理论与实践的充分结合。课后知识补救以读

书笔记、评价反馈的形式展开，通过新媒体实现翻转课堂知识的共享以及反馈的公平性、实时性。

在新媒体与教学信息系统中详细记录学生观看视频的时长，在哪些环节反复或快进观看视频，互动平台上所关注问题的分布、观点争鸣与沟通交流中的意见发表、知识掌握程度以及反馈评价的情绪状态等，定期利用大数据预测分析学生的学习效果，实时跟进学生的思想状态，有针对性地展开翻转课堂的教学工作。

（二）大数据时代翻转课堂的教学关注：时间管理与边缘学生

在财务管理专业翻转课堂的开展过程中，教师应尤其关注时间管理与边缘学生，以发挥翻转课堂强化学生自主学习，增强学生学习兴趣的初衷。翻转课堂对教师的时间管理提出了全新的要求。课前知识讲授、课上知识内化、课后知识补救工作的时间分布与传统课堂截然不同。知识讲授的过程由学生自己在课下完成，理应给学生分配较多的自主学习时间。并且在翻转课堂推进时，学生的自主课下知识学习过程必然存在着一定的困难与低效。教师除了给学生分配足够多的时间进行课下自学之外，在课上知识内化与课后知识补救的过程中也需要分配较多的时间，以弥补学生课下自主学习可能存在的懒惰、知识消化不充分等问题。通过教师在课上与课后对知识的巩固、强化，以期优化学生的学习效果。在翻转课堂开展的时间管理方面，课前知识讲授、课上知识内化与课后知识补救的时间安排最好各占三分之一。

在翻转课堂上，教师对边缘学生的关注也尤为重要。与传统课堂不同，翻转课堂尽管不一定能够避免大班授课的现状，但在学生已经自学知识的前提下，教师与学生的沟通机会极大增加。在翻转课堂上，教师可以针对学生的学习问题进行针对性的答疑，并切实关注、积极引导边缘学生，使边缘学生融入交流讨论中来，进一步激发边缘学生的学习热情。在大数据时代，除了在课堂上重点关注边缘学生外，教师还可以利用信息平台、平板电脑、视频过程中储存的大数据，分析边缘学生的学习困难，帮助边缘学生树立正确的学习观念，改变边缘学生在课堂上的消极心理状态。

（三）大数据时代翻转课堂的教学理念：转识成智

在大数据时代，财务管理专业翻转课堂的教学理念强调案例教学与实践教学相融合的"转识成智",旨在推动财务管理基本理论内化为学生的财务智慧,在案例教学与实践教学中培养学生的职业素养。教学过程中"转识成智"的实现,需要经过"知识习得——主动内化——实践运用——理性反思——智慧生成"等转化过程(徐祖胜,2014)。在翻转课堂的推进过程中,课前视频引入财经界的各类实战案例,课上知识内化时进行商业案例的决策模拟与情境演练,课后知识反馈时评价学生在案例分析与模拟中的表现,总结财经理论的实际应用过程,实现知识向智慧的内化转型。在案例讨论与分析推动实践教学的基础上,建立健全学科人才培养基地,保证学生在实习实训基地接受培训的时间,推动教师科研、教学与企业实践的紧密结合。在实践教学过程中,注重培养学生在财务、会计实务中的操作能力,巩固学生在案例模拟培训中沉淀的经验与智慧,帮助学生将财务理论与企业财务实践结合起来思考问题,凝练学生在知识内化为智慧过程中的潜在困难,有针对性地提高学生的专业素养。在大数据时代,在信息操作平台的帮助下,教师可以收集学生翻转课堂中案例教学与实践教学过程中的大数据,定期分析学生的知识接受水平、知识内化水平以及智慧提高水平的发展情况,专业定制学生的培养方案,切实提高学生的实践应用能力。

(四)大数据时代翻转课堂的教学目的:价值观教育中的素质提升

大数据时代翻转课堂的教学目的不再单一强调专业素养和应试能力,而是关注价值观教育中的素质提升,旨在塑造学生高尚的道德素养,打造专业与职业相融合,智商与情商相依存,创造性与稳健性兼具的高素质财务管理专业人才。

教学中的价值观目标。公司财务在商业运转中被视为商业语言,因与业绩评价、股价表现、职务晋升相连,在商业组织中的地位不言而喻。朱镕基同志对全国会计工作者的要求凝练在"不做假账"这四个字上,可见财务工作者道德教育的重要性。大数据时代的翻转课堂在一定程度上有助于塑造学生正确的价值观。价值观教育与道德教育非一朝一夕之功,需要教师在翻转课堂上在教学视频中融入丰富的财务道德案例,在课堂讨论中深入探讨财务舞弊及其后果,利用大数据密切跟踪学生心理动态,切实将价值观教育融入翻转课堂中,培养出高品德的财务专业学生。

教学中的专业与职业目标。财务管理专业学生的培养以数据处理、数据分析为基础,要求学生具备过硬的与数字打交道的能力。在翻转课堂中,通过财经案例分析、财务实习实训、新媒体教学、边缘学生关注、大数据考核等方式，注重财务理论与财务实践的结合，致力于培养专业水平高、职业素养高的财务专业学生。

教学中的智商与情商目标。传统教育强调学生智商的培养，因教与学的固有教学关系导致教师对学生情商培养的困难性。在翻转课堂上，教师与学生之间的沟通机会增多。教师可以通过智能教学平台随时记录学生在沟通中的表现，通过大数据分析预测学生在情商中的优点与缺陷，针对性地为学生定制情商培养计划，打造高智商、高情商的现代财务专业学生。

教学中的创造性与稳健性目标。财务管理专业学生在具备会计基本素养的基础上，需要分析商业组织的财务运转，甄别财务漏洞，制定财务策略。创新性对于财务专业学生而言，是其职业规划中需要重点培养的技能。在翻转课堂中，教师通过情境演练、模拟案例等实战方式，在充分沟通与交流的基础上，激发学生的创造性。但是，在强调创造性的同时，仍需不断提醒学生注意财务中的稳健性原则。

基于财务管理专业的培养特色，本节以大数据时代背景为研究前提，从教学手段、教学关注、教学理念、教学目标角度阐述财务管理专业翻转课堂的构建。大数据时代财务管理翻转课堂的建设应充分采取新媒体教学与大数据预测相结合的教学手段，进行与时俱进的时间管理，关注边缘学生，树立案例教学与实践教学相融合的"转识成智"的教学理念，强调价值观教育中财务管理专业学生在专业技能、商业技能、职业技能中的全方位素质培养。大数据时代财务管理翻转课堂需充分发挥师生互动与个性化沟通，推动建议式学习模式，采集教师教学、学生学习、师生沟通的大数据进行预测分析，优化教学结构，不断推进教学效果，提升价值观教育下财务管理学生的道德与才能素养。

# 第三节　实践教学驱动

财务管理专业教学目标是旨在培养具有较强实践应用能力的复合型专业人才，其实践教学在整体教学中具有相当重要的作用。应用型财务管理专业是实现该教学目标的必要措施，实践证明，通过应用型财务管理教学能够有效地提高学生的专业素质与综合能力。然而，当前在财务管理专业的实践教学过程中仍存在着一定的不足，需要有待进一步的提高。广大教师应加强对实践教学的认识，加强对学生技能的培养。本节通过对当前财务管理专业中实践教学存在的问题进行分析，并且提出相应的对策。

财务管理专业具有较强的应用性、操作性与实践性，其教学目标为培养应用型的专业管理人才。实践教学作为提高学生实践能力与创新能力的直接手段，在学生专业知识牢固的基础上以提高其专业应用能力为导向，对其专业能力进行培养，以满足当前快速发展的经济社会对实践能力强且具有高素质、高能力的应用型人才的需求。因此，各院校应从财务管理专业的培养目标出发，将培养学生的实践能力作为核心内容，不断地完善培养应用型创新人才的教学体系，从教学内容、教学质量等各个环节深入贯彻应用型实践教学的要求。

## 一、当前财务管理专业在实践教学方面存在的不足

### （一）实践教学体系不够完整化、系统化

当前大部分高校的财务管理专业在设置实践教学课程时，未与理论基础知识的教学进行恰当衔接。在教育设置上主要以教师专业教学能力以及专业特长为教学导向，而未能够从培养具有应用能力、创新能力的专业人才出发，因此使得教

学目标的定位不够清晰，实践教学体系不够完善，没有将专业基础理论知识与实践教学内容合理、科学地融合在一起。同时，实践教学内容体系的设置受限于传统财务管理专业教学模式，学术性特征较强，在教学过程中体现出重理论教学、轻实践应用的情况，导致实践教学内容得不到更新和充实，师生双方对实践教学的结果重视不足。

（二）实践教学环节设置不够合理

部分高校在设置实践教学环节的过程中，采取参考学术性财务管理专业人才培养方案的方式，未以实践教学培养应用型人才的目标作为导向，使得实践教学的培养方案及教学体系设置操作性、实践性与应用性较弱。实践教学环节的安排与组织体现出松散性，各环节的衔接性较差，与当前社会及企业对专业人才的需求不符，未体现出自身专业特色。

（三）实践教学实训基地的利用效率较低

实训基地的建设是为培养具有实践能力与应用能力的专业人才而服务的，以促使学生熟悉企业环境、掌握工作流程以及加强理论基础知识及方法的实际应用能力为目标。因此，各高校在开展实践教学时积极通过多渠道建立实训教学基地。然而在其实际应用中仍存在很多问题。

（四）教师的实践教学能力有待提高

目前，各高校普遍对财务管理专业教师实践教学能力及专业技能水平的培养不够重视，岗位实践训练等内容较为缺乏，部分教师毕业后直接上岗，其自身工作经验、教学经验以及会计财务管理实践经验的缺失导致其实践教学能力较低，对教学细节不能很好把握，导致教学过程体现出形式化、表面化与理论化特征，专业应用型实践教学教师的欠缺成为财务管理专业应用型人才培养的瓶颈。

## 二、财务管理实践教学模式

（一）以模块化的设计原则重组实践教学内容体系

教学内容体系是否完善合理直接决定着教学水平，以应用创新型人才为培养目标的财务管理实践教学首先应对教学内容进行重组和优化，以"模块化"原则对实践教学内容进行梳理，并结合相关学科基础理论知识对教学内容体系的逻辑性、顺序性以及各内容板块的比例进行合理排列和组合。目前，大部分高校在设置应用实践教学课程的内容时均以理论基础知识的章节为依据，对实践教学内容进行安排，这种做法未能完全体现出应用型人才的培养要求。随着市场经济的发展以及现代企业对应用专业人才提出的新要求，财务管理专业在提高实践教学质量时应树立"模块化"的教学理念，以有目的性、有针对性地培养具有实践应用能力及创新能力的专业人才为目标，从素质培养、知识丰富、能力提高三方面设计教学内容模块，如投资实践教学模块、资本运营教学模块、融资实践教学模块以及现金流量管理与计量教学模块等，并以应用性、实践性作为基本原则对各教学模块进行集成。以模块化设计原则组织教学内容不仅能够体现出较强的技术性、专业性与实用性，对提升教学质量与实现应用实践人才培养目标也具有十分有效的作用。

**1. 组织逻辑清晰、层次分明的实践教学环节**

教学环节的合理组织是构建和完善财务管理专业实践教学体系的重要内容，应以培养应用型人才的目标为导向，结合现代企业对专业人才的基本要求，重新构建具有集成化特征的实践教学环节整体流程。现代企业的内部组织与管理逐渐体现出集成化趋势，实践教学环节的设计可以借鉴这种模式，构建层次分明、衔接性良好以及逻辑清晰的教学流程，改善以往教学环节松散的情况，在利用计算机网络信息技术平台的基础上，将模拟实训教学作为基础环节，突出认知实习环节的重要性，并结合职业技能培训课程，在考核学生学习成果时从毕业论文和专业实习成绩两方面进行。

**2. 利用网络管理确保实践教学基地有效运行**

实践教学的开展需要以实训基地为依托，实践教学基地的组织与建设直接影响实践教学的效果。当前各高校虽然已加强对实训基地的建设并投入相当的人力与财力，但由于组织与管理工作能力欠缺，导致实训基地的实际利用情况不够理想，未能发挥出其应有的作用。因此，各高校应结合现代企业网络组织管理的模式，利用网络对与学校合作的企业进行统一组织和管理，提高信息交流的及时性与共享性，并对学校与企业双方所承担的权利、责任及利益等各方面进行明确，签订规范的合作协议，以先进科学的管理机制保证实训基地的有效运行，从而提高实践教学的整体水平。

**3. 以校企合作的形式提高教师的专业技能水平**

财务管理专业教师的实践能力与专业水平对实践教学的整体质量具有决定性影响作用，为满足应用型实践人才的培养要求，校方应采取相应措施继续提升教师的实践教学能力及专业技能水平。可以利用校企合作的形式鼓励教师积极参加职中培训，通过对当前企业的岗位需求进行把握、更新教学模式与内容，并通过在企业中学习提升个人的实践教学能力。

综上所述，实践教学作为财务管理专业的重要教学环节，对整体教学质量与学生专业实践能力的培养具有直接的影响作用。各高校在开展实践教学的过程中，应以社会经济发展以及外部环境变化情况为依据，对应用实践教学体系进行不断完善和更新，通过深入探索和研究实践教学的规律与要求，以满足企业对财务管理应用型人才的需求。

**（二）VBSE实训平台的财务管理实践教学**

十八届三中全会为我国的职业教育改革指明了方向，会议确定了加快发展现代职业教育的任务措施。李克强总理指出："提升人才培养质量需要大力推动专业设置与专业需求、课程内容与职业标准、教学过程与生产过程'三对接'，积极进行学历证书和职业资格证书'双证书'制度，做到学以致用。"

财务管理专业学生的人才培养目标为围绕实践能力强、综合素质高、发展潜力大，培养系统掌握管理学、经济学相关理论知识，掌握财务、金融管理方法，具备分析和解决财务问题的专业能力，能够在各类企事业单位、证券和金融机构从事财务管理与咨询、财务分析、证券投资、会计核算等工作的财务管理应用型专门人才。

为了更好地落实李克强总理提出的"三对接"与"双证书"制度，培养符合社会需求的复合型管理类人才，必须加强对财务管理专业学生实践能力的培养，积极探索适合专业培养目标需要的、以职业能力培养为主线的、体现高职本科教育特色的财务管理专业实践教学模式。

**1.VBSE实训平台对财务管理专业学生实践教学的影响**

（1）VBSE实训平台简介。管理类学科跨专业综合实训平台（VBSE）是在仿真的、复杂的、动态的商业社会环境、部门机构环境中，以真实的工作任务模拟、真实的角色人物和相应高仿真的办公设备及文档资料等来训练学生的专业业务处理能力、交际沟通能力、组织协调能力、创新能力，综合运用多种管理分析工具及模拟技术，将理论知识和操作技能融为一体，实现教与学的有机结合，形成教师与学生的良性互动，完成知识到技能的转化，完成培养学生与企业无缝对接的实战技能的专业综合实训平台。该平台为财务管理专业学生提供了丰富而实际的财务管理业务，从公司的组建、运营以及经营成果的分配等过程均贯穿着财务思维和理财活动，这为财务管理专业学生提升专业实践能力起到重要作用，为本专业学生"锻炼思维，实践智慧，提高素质"奠定了坚实的基础。

（2）基于岗位胜任能力模型的财务管理专业核心竞争能力分析

①财务管理专业学生的岗位胜任能力。岗位胜任能力素质模型指的是担任某一特定任务角色所需要具备的胜任力的总和，它是胜任力的结构形式。财务管理的专业素质要求从业者在掌握财务管理专业基础知识和基本技能的基础上，以企业价值最大化理财目标，组织好企业的投资、筹资、资金运营与利润分配等各环节的财务活动，处理好与股东、客户、供应商、债权人、债务人等的财务关系。财务管理的核心素质要求从业者具备良好的职业道德操守和对工作的强烈责任感以及自我学习的能力。财务管理的综合素质要求从业者具备积极的心态，良好的写作能力、组织与协调能力、人际交往能力与团队合作能力，成为一个实践能力强，综合素质高，全面发展的经管类综合人才。

②财务管理专业学生的核心竞争能力分析。通过对近三年来用人单位对财务管理专业学生的要求来看，财务管理专业学生在就业市场上的核心竞争能力主要体现在专业能力和综合能力两方面。专业能力为掌握财务管理、会计的基本理论和基本方法，了解管理学、经济学以及本专业的理论前沿和发展趋势，具备分析和解决财会与金融问题等方面的工作能力。综合能力为具备较强的语言与文字表达能力和人际沟通能力；具备较强的英语听、说、读、写、译能力和熟练应用计算机的能力，并能进行业务处理；掌握文献检索、资料查询的基本方法，具有一定的科学研究能力；接受实践教学的系统训练，具有良好的职业精神，较强的实践能力和创新能力。

③VBSE实训平台对财务管理实践教学的促进作用。通过以上对财务管理专业岗位胜任能力和就业核心竞争能力的分析，我们发现在财务管理实训教学过程中，VBSE实训平台对培养学生的专业能力和综合素质起到了非常重要的促进作用。

基于 VBSE 平台的财务管理实践教学是以学生职业能力为导向而构建的，以分小组建立公司而进行企业运营活动的经管类综合课程。由于企业的运营过程中离不开资金的支持，该平台为财务管理专业学生提供了全面而真实的经济业务，学生针对不同的企业（如制造业、供应商、物流商、外贸公司、银行等）进行融资、投资、资金运营、利润分配等财务管理活动。学生在学习财务管理专业理论课程的基础上，通过利用该平台的财务管理实践操作，提升了学生的财务管理专业素质与核心素质。另外，VBSE 实训平台作为校内专业综合实训平台，弥补了财务管理专业学生在校外实习与见习过程中，较少接触到财务管理专业核心业务，实践能力得不到真正的提升等缺点，为学生将来就业奠定了坚实的基础。

**2. 基于 VBSE 实训平台的财务管理实践教学体系的构建**

（1）财务管理专业实践教学的设计。VBSE 实训平台的引入打破了传统财务管理教学模式，真正做到了"将企业搬进课堂"，将实际业务和理论知识紧密结合，实现了课程内容与职业标准的无缝对接。财务管理专业实践教学的设计如下：

①基于"准职业人"标准的财务管理实践教学。所谓"准职业人"标准是指用人单位对员工在岗位胜任能力方面的标准，它包括知识、技能、态度、经验等层面。在互联网思维和大数据的背景之下，用人单位对经管类专业毕业学生的"准职业人"标准更加严格，相对于培养理论与实践相结合的高职本科来说是机会与挑战并存。从云南省就业市场对高职本科经管类专业学生"准职业人"标准可以看出，用人单位青睐于道德素质高，知识覆盖全面，实践能力强的全面发展的学生，而基于 VBSE 平台的财务管理专业的实践教学对学生提升道德素质、知识水平、实践能力有较大的促进作用，所以财务管理专业实践教学紧扣"准职业人"标准进行实践教学，以工作项目与任务为中心组织课程内容，以企业现实的财务管理活动为主线，体现基于职业岗位分析和具体工作过程的课程设计理念，实施"教、学、做"相结合的课程教学新模式。围绕企业的真实财务活动将本课程设计为财务管理基础和财务管理实务两大主线，使获得对财务管理工作的理性认识，并能够将理论知识运用于实践。

②采用"模拟公司制"进行实践教学。首先，在班级授课过程中以小组为单位划分模拟公司，要求学生以"准职业人"的标准要求自己，包括遵守上班秩序、衣着职业装上课、小组成员的个人绩效和公司财务绩效有密切关系、期末的考核

依据小组成员的贡献大小进行考核等。其次，为了使模拟公司的业务和授课内容有机结合在一起，财务管理实践教学中的每一次作业如财务管理目标、财务管理环境、财务风险与收益、资本结构、企业筹资、企业投资、营运资金管理等都是公司的业务。最后，每个小组的成员除了自己遵守"准职业人"标准以外，还需要对本小组其他成员遵守"准职业人"标准进行相互比分，教师根据每个小组成员的表现酌情增减分数。

（2）财务管理专业实践教学内容

①基于企业内部环境仿真环境下的财务管理技能实践教学。在VBSE平台设置下，学生以小组为单位组建公司，分别设置总经理、财务总监、销售总监、生产总监、研发总监、财务会计等岗位，在企业环境、人员配置、管理模式、企业文化等方面与现实企业设置基本一致。财务管理专业的学生身临其境地依据公司的战略制定相关的财务战略，处理与经济活动相关的财务活动。基于企业内部环境仿真环境下的财务管理技能实践教学内容主要分为八个模块，以企业运营流程为主线，对资金运营全过程进行审核，注重对财务管理技能的培养。

具体财务管理技能的主要实践内容：a.财务战略制定。在企业组建公司后，要求依据企业战略制定财务战略，撰写财务战略报告，并在企业资金运营过程中执行该财务战略。b.财务规划与预算。在企业运营之前，编制财务预算报表，每一期运营结束后进行，编制预算执行情况表，并对超出预算过多部分进行分析与总结，撰写报告。c.筹集经营资金。要求撰写筹资方案，依据筹资方案进行筹资，对所采取的筹资的优缺点进行评价。d.投资项目管理。要求从财务管理方面对投资项目的可行性进行分析并选择适当的投资项目和投资方式。e.应收账款管理。制定应收账款管理制度，并在企业运营管理过程中执行应收账款管理办法，并对应收账款管理的结果进行评价。f.成本费用控制与管理。要求生产成本、相关费用进行控制与管理，要求每一期结束后对成本费用的使用情况进行分析总结，为更好地进行下一期的成本控制奠定基础。g.业绩评价。运用合理的业绩评价方法对企业的业绩进行分析和评价。h.结算经营成果。制订企业的经营成果分配方案，如制定股利政策等。

②基于企业外部商业社会全仿真情境下的财务思维训练的实践教学。在VBSE平台设置了企业外部商业社会的全仿真情境，如政府（工商局、税务局、财政局、管委会等）、银行以及供应商、制造商、物流商、外贸商等同类竞争者，

不同的经济主体之间存在不同的经济关系，各企业在这样一个高仿真商业社会下进行博弈。财务管理专业的学生在这样复杂多变的财务管理外部环境中，需要随机应变地根据不同情况和不同企业迅速进行财务决策，同时需要和不同的经济主体进行沟通，这样的实践教学充分发挥了学生的主观能动性，在 VBSE 平台提供的企业模拟运营的过程中，学生获得了对财务活动、资金流运转的全面认识，体会财务管理内容的主要模块和相关流程，帮助学生掌握应对在现实中可能碰到的各种管理问题的有效办法，在失败中吸取教训，在成功中领悟真谛，培养学生的战略思维、管理能力及团队精神。

（3）财务管理专业实践教学方法。VBSE 平台提供载体，使课堂组织体现"做中学、学中做、团队学、赛中学"的特点，课程开始时就进行学习小组的划分（每组 6 人），整个教学过程都以小组为单位进行。秉持"以学生为本"的理念，教学过程充分体现以教师引导，学生为主体的教学方式，使教学由"知识灌输型"转变为融合"教、学、做"为一体的互动式教学，使学生成为学习的真正主体，以提高学生的学习兴趣和主观能动性。通过情景模拟、角色体验、案例分析、实训操作、视频观摩等多种手段，使学生体验仿真理财情景，强调学生做中学、学中做，注重对学生实际操作能力的训练。

**3. 基于 VBSE 实训平台的财务管理实践教学效果反馈**

云南财经大学中华职业学院对财务管理专业实践课程经过了近五年的教学实践，2014 年 6 月至 2016 年 10 月期间，共有 1200 多名财务管理专业的学生参加学院基于 VBSE 实训平台的财务管理专业综合实训课程，通过建立和完善财务管理实训室、建设校外实训基地、打造"双师型"教师队伍，加强实践型教材建设。该课程每一轮教学结束，都会对学生进行问卷调查，近三年来，共发放问卷 1008 份，收回问卷 911 份，有效率为 90.37%，问卷内容包括学生对教学方法、教学内容、教学效果、教学组织、教学考核等几个方面，学生对教学方法的满意度为 92.32%，学生对教学内容的满意度为 91.48%，学生对教学效果的满意度为 90.26%，学生对教学组织的满意度为 94.06%，学生对教学考核的满意度为 90.25%。问卷显示 88% 以上的学生认为自我管理能力、专业实践能力以及沟通能力等有较大提升，达到财务管理专业"准职业人"标准，89% 以上的财务管理学生认为通过基于 VBSE 平台的财务管理专业实践教学，自身的财务管理专业水平有较大提升。

### 三、基于提升就业质量的应用型财务管理专业实践教学

（一）实践教学在高校应用型人才培养中的重要性

实践教学是高等教育教学活动的重要组成部分，是对理论知识的验证和拓展，具有较强的直观性、实际性和操作性。实践教学在应用型人才培养中占有重要的地位，实践教学的重点应放在学生加深所学理论知识，培养学生在社会实践中的动手操作能力，利用专业视角发现问题、分析问题、解决问题的能力以及对外交流、文字表达等能力。学生专业技能的形成，实际能力的提高离不开实践教学的顺利开展，因此，实践教学就成为应用型本科教育必须突出的教学环节。

财务管理工作是一项具有较强的应变性和实践性的复杂工作。目前由于企业间的竞争愈来愈激烈，对人才的需求也更加"实用化"，如何能够培养出社会需要的人才成为目前高校发展的一大难题。大部分财务管理专业毕业的学生走上工作岗位后都需要从具体工作做起。通过实践教学可以固化学生的专业理论知识，培养学生运用知识、创造知识的能力和参与社会实践的必备技能，为学生走进社会步入工作岗位提供坚实的基础。

（二）应用型高校本科财务管理专业实践教学现状

实践教学是实现人才培养目标的重要途径。实践教学在高等院校教学中与理论教学居于同等重要地位，它既是理论教学学习的继续、补充和深化，也是传授学习方法、技能与经验的教与学的过程；它对提高学生的综合素质，培养创新精神与实践能力有着理论教学不可替代的特殊作用。

目前，部分高校实践教学环节安排不尽合理，基本上都是先上理论课程，再上实践课程，实践课程仅作为理论课程的补充和验证，学时少，内容老，多数安排在理论课之中，大多是以实训室、教室为主要场所进行的实训、操作。在实践教学中认知实验、验证实验过多，体现知识综合和问题解决能力的综合性、设计性实验偏少。考核方法往往只重视学生的实践操作结果，而忽视了学生的主动性与创造性，使学生无法真正掌握实践知识，也达不到培养学生能力的目的。在实习、实训方面，我国尚未形成社会力量参与高校人才培养的氛围和机制，实践教学条件尚不充足，通过关系依托少数企业来安排学生的实习，难以满足学生实习的需要。

作为财务管理专业的学生,动手能力强被认为是衡量人才培养质量好坏的关键要素。应用型本科院校的财务管理专业的学生,只有以就业为导向,以未来的职业岗位能力培养为目标,才能保证就业渠道的畅通。

（三）高校财务管理专业实践教学中存在的问题

随着国际国内经济环境的变化以及竞争的加剧,企业对财务管理专业人才的知识结构、能力素质要求越来越高,而大学期间学生所学习的专业知识比较有限,实践锻炼的机会较少,导致学生动手能力较差,在毕业找工作时不被录用的现象屡见不鲜。

**1. 实践教学质量不高**

由于现代企业之间的竞争,对高校的实践教学产生了重大影响,企业更加重视经济效益,导致企业对高校的学生实习和实训积极性不高,多数企业不愿让学生真正深入生产一线,介入企业生产运行的核心过程。尤其是近几年财务管理专业的学生招生数量迅速增长,对实践教学场所和条件提出了更高的要求,一般企业不愿接纳学生去实习。另外生产实习、毕业实习大都安排在大四年级进行,学生由于考研、就业等多种因素的影响,造成部分学生对实习投入缩水,实践能力培养效果受到影响。

**2. 实践教学效果不理想**

财务管理专业实践实习是通过深入生产企业实际进行观察和学习,了解企业生产经营的各个环节来完成的。由于财务管理专业学生人数较多,教师很难及时准确地对所指导的学生逐一跟踪检查,学生实践成绩的评定一般根据出勤情况、实习中的表现,最后上交实训报告或小论文判断,无法发挥学生的主观性和创造性,同时也忽视了实践过程中创新能力、协调能力的培养。

**3. "双师型"的师资队伍不足**

实践教学质量的高低,很大程度上取决于实践教学师资队伍的整体素质与结构。财务管理实践教学对指导教师要求要有扎实的理论知识,又要有丰富的实践经验。而各高校从事财务管理专业的教师过去绝大部分都是从学校毕业后直接从事教学和研究工作的,从校门进校门,没有参加过企业财务管理实践,对企业实际工作中存在的财务问题认识不足,缺乏解决实际问题的能力。

**4. 案例教学方法应用不足**

案例教学是一种双向互动式的教学模式，要求教师有深厚的理论知识和丰厚的实践经验，并具备充分调动学生积极性及完成课堂教学任务的能力。而大部分高校教师都没有在企业真正从事财务管理工作的经验，因此对案例的现实性缺乏把握，在指导实践实习过程中显得力不从心。

**（四）财务管理专业应用型人才培养实践教学体系的构建**

应用型财务管理专业实践教学内容主要包括实习（认识实习、生产实习、毕业实习）、专业实训（财务基本技能实训、纳税筹划模拟实训、公司理财综合模拟）、ERP综合模拟实训及毕业论文四大块。财务管理专业应构建以现场形式进行的实习与实训，以财务信息技术为主要手段实现的模拟实训，以目标实现形式进行的毕业论文等形式的实践教学体系。

**1. 校内基础实训**

为了提高学生就业的竞争力，校内基础实训一般安排在大一、大二学年相关课程结束后进行。具体包括以下内容。

（1）会计基本技能实训。安排在初级会计课程结束后。实训内容有账户的设置方法，借贷记账法的应用，会计凭证的填制与审核，登记会计账簿和基本的财务报表编制等。

通过实训，培养学生的基本实际操作能力和严谨的科学态度，加深学生对会计核算基本原则和方法的理解；熟练掌握财务工作的基本技能；掌握有关企业基本的账务处理和报表的编制，为学生走上工作岗位奠定坚实的基础。

（2）财务管理基本技能实训。安排在财务管理原理课程结束后2周时间。实训内容主要是财务管理的基本观念、货币时间价值和风险价值的衡量以及财务基本函数的计算机操作。通过实训，使学生能利用电脑系统地掌握EXCEL的基本操作和财务计划模型设计、财务预测模型设计、财务分析模型设计等操作，从而提高学生的动手操作能力。

（3）财务分析实训。安排在财务分析课程结束后或在课程中进行。分析内容有资产负债表分析、偿债能力分析、营运能力分析、获利能力分析、现金流量分析、持续发展能力分析、业绩评价等。通过实训，使学生更好地理解报表中的各项数据所代表的意义，用全面正确的财务分析方法来评价企业财务状况的好坏、经营能力的高低及企业发展前景,找出企业管理中存在的问题,从而做出正确的决策。

(4)财务信息系统操作实训。安排在会计信息系统课程结束后。通过本实训,使学生能熟练使用财务软件和网络工具,熟练利用计算机网络进行单位财务日常业务工作,并能结合企业实际,进行财务信息的录入、信息存储、财务数据分析和报表编制等。

2. 专业模拟实训

(1)纳税筹划模拟实训。安排在税法、税收筹划等课程结束后进行。通过本项实训,使学生掌握各税种的税法规定,应纳税额的计算以及纳税申报的全过程。站在纳税筹划师的角度,为指定的企业进行纳税筹划,使学生对纳税筹划的全过程有亲身的感受和了解,具备一个企业的纳税申报与涉税事物的处理能力。

(2)公司理财实训。公司理财实训是一个综合性较强的实训,主要包括资本结构决策、筹资决策、项目投资决策、证券投资分析、营运资金、利润分配、全面预算、财务分析、并购与重组等内容。通过该实训,使学生将已学过的理财理论知识融会贯通于财务管理实际工作,巩固已学知识,增强学生解决实际问题的操作能力。

(3)ERP沙盘模拟综合实训。ERP沙盘模拟融角色扮演、情景分析和决策判断于一体,实训的内容模拟企业实战,会遇到企业经营中常出现的各种典型问题。通过实训,学生可以利用所学专业知识,从专业角度发现问题、分析问题、制订方案、组织实施,扮演一个财务管理师的角色,独立提出解决各种问题的对策,从而提高学生对财务信息的分析判断与应用能力。

3. 校外实习及毕业论文

校外实习主要有生产实习和毕业实习。生产实习,是学生对课堂所学的基本理论、基本方法和基本技能通过实践来检验、巩固、深化的过程。通过生产实习,学生了解财务管理工作的具体操作程序和方法;掌握正确处理财务管理业务的能力和技巧;以扩大视野、增强认识,为今后较顺利地走上工作岗位打下一定的基础。

毕业实习是学生在完成教学计划所规定的全部理论课程和规定的教学环节的基础上进行的总结性实习,是培养学生综合运用所学专业的基本理论、基本方法、基本技能,理论联系实际,独立地分析问题、解决问题能力的重要环节。毕业实习是拓展学生的专业知识,强化学生的专业意识,目的是培养学生对知识的应用能力和独立思考问题的能力，以增强学生对社会的认识能力、适应能力。

毕业论文是学生在校期间必须完成的重要教学和实践环节，是学生专业知识、实践能力的综合体现。通过毕业论文让学生结合企业在经营管理方面出现的问题，综合运用所学知识进行分析、研究、评价，探讨提高企业经营管理水平，提出改进建议和方案，特别是培养学生独立分析问题和解决问题的能力以及语言表达和沟通能力。

**4. 社会调研和实践**

通过社会调研和实践，可以加深理解有关专业课的基本概念和基本理论，了解财务领域的研究动态和理论发展前沿，巩固所学的专业知识，锻炼学生的综合分析能力和写作能力，培养学生综述能力、表达能力、沟通能力及解答问题的能力。

（五）财务管理专业实践教学体系实施的具体做法

1. 树立新的实践教学理念

应用型本科院校财务管理专业主要是为企事业单位和政府机关培养财务管理专门人才。一个合格的企业财务管理人员，应熟练掌握企业财务核算的基本程序和方法，具有娴熟的业务操作技能，精通企业理财之道，具有较强的运筹帷幄能力。实践教学作为培养学生技能的主要途径，需要按照学生技能形成与发展的自身规律，并根据技能形成不同阶段的特点，科学安排实践教学的形式和内容，构建一个有利于学生能力发展和技能逐步养成的实践教学体系。

**2. 重视对实践成果的考评**

学生实践能力的形成是量的积累过程，实践教学环节的考核不仅要重视学生运用专业知识解决实际问题的能力，而且要让学生在实践及实习的过程中培养各方面的能力。对学生既要有量化考核，如实践报告或小论文的字数，是否准时完成实践项目等；又要有质的考核，如实践内容的真实性、实践报告或小论文的完成质量等。考评可以多种方式进行，如可以采用自评与互评相结合的方式；也可以采用小组形式进行；可采用以学生取得的一些职业资格证书、国家及省级证书折算成学分，代替相关课程；也可采用现场演示、让学生进行实践成果的介绍及现场答辩等方式，全面考查实践教学的情况。

**3. 提高实践教学师资队伍质量**

财务管理专业的教师要求较高，既应具有丰富的财务理论知识，又应具有较强的实践能力，因此必须加强财务管理教师队伍建设，提高实践教学质量。为了更好地解决实践教学师资问题，学校应有计划地安排教师定期到企业进行调研或挂职锻炼，提高教师的专业水平和业务能力；或在相关上市公司、会计师事务所、税务师事务所、证券公司等兼职；建立实践教学激励和约束机制，充分调动教师参与实践教学的主动性、积极性和创造性。通过多种方式，提高实践教学师资队伍质量和水平。

**4. 充分、恰当地利用案例教学**

财务管理是一门实践性和综合性较强的学科，财务管理专业毕业的学生大部分都是做具体的财务实务工作，新环境下企业主要关注的是财务管理人员综合管理型、决策型及创新型三个方面的综合技能，所以教学的主要目的是指导学生在今后的实务工作中进行财务决策。案例教学法有利于激发学生学习的积极性和主动性；有利于学生站在企业财务决策者的角度，运用所掌握的财务管理理论和方法自主发现和提出问题，找到解决问题的方案，从而做出科学决策，也有助于学生语言表达能力和人际沟通能力的提高。

在高等教育过程中，学生的专业技能及实践能力的培养在很大程度上是通过实践教学活动来实现的。加强实践教学改革，推进学生专业技能发展是学校实践教学改革的一贯追求，也是提高人才培养质量的重要途径。要完善财务管理本科专业应用型人才培养模式，就必须在实践教学中探索出一套合理的实践教学体系。

**（六）新常态经济下财务管理实践教学长效机制的构建**

新常态经济从传统模式下投资驱动的粗放型经济发展模式向以创新驱动的精益型经济发展模式转换，财务管理出现严格、精细、智能、大数据、凸显价值管理、强化管理会计等新特点，同时对财务管理人才培养提出了全新的能力标准，也对财务管理实践教学构成了严峻的挑战。然而，传统财务管理实践教学过于注重财务软件应用技能，轻视财务管理迁移能力；偏重于财务管理的规则性，忽视了财务管理权变能力；过分强调验证性实验的操作规程，弱化了适应特定环境及不确定因素的财务管理决策能力。为此，构建以创新能力培养为导向的"三层次、四模块、五平台、六要素、实创结合"财务管理实践教学长效机制不仅是学科建设的关键环节，也是专业实践性特征的客观要求，更是新常态经济对财务管理人才培养质量的内在要求。

**1. 理顺实践教学目标**

财务管理专业以应用型、创新型人才培养为根本出发点，紧扣新型财务管理人才培养目标定位与主要就业岗位群分布，以及对应岗位典型工作任务与工作流程、职业能力要求，在顶层设计、实验条件、教学模式、实验项目、培训课程、配套资源、功能定位、内涵建设、共建共享机制、运维与管理等方面进行创新突破。

财务管理实践教学整体目标表现为现代、科学、智慧、生态、可持续。现代：契合行业发展最新潮流，有效吸纳和汲取国际高等财务教育先进理念、办学模式及实践教学管理模式精髓，巧妙融入财务管理专业实践教学各个环节。科学：紧扣专业人才培养核心出发点，贴合区域相关产业链行人才需求，根据专业人才培养目标确定实践教学内容体系。智慧：合理运用云技术、虚拟现实技术等行业前沿科技，在技术、环境、资源、管理、服务等不同建设层面，科学融入信息化、智能化等现代技术手段，整体提升实践教学智慧技术、教育信息化技术应用水平与层次。生态：依托实验中心"技术应用实验"核心功能，强化现代实验与职业体验感、产教融合及校企共建机制、科研水平、校政联动机制、社会功能等内涵同步配套建设，形成"联动—辐射—反哺—共促"实践教学体系生态圈。可持续：秉承"建好、用好、动态更新"的宗旨，针对实践教学运营、维护、管理方面，注重设备动态更新、内涵体系化演变、管理机制日臻完善、整体效益提升等工作常态推进，最终促进财务管理实践教学的可持续发展。

**2. 优化实践课程体系**

"高起点，厚基础，严要求，重实践"，按照社会对高素质财务管理人才的需求，避免实验内容的重复，对实验按内容进行整合，摆脱课程的局限。首先，在项目设置方面，应体现科学性、开放性和先进性，将科研成果转化为教学实验；其次，在实验教学的比例上，应体现综合性、设计性、应用性及研究创新性的特点，使实验教学体系更加系统完整和科学；最后，在对学生的培养上面，应注重学生的科学作风、实验技能和综合分析，提高学生发现并解决问题的能力，促进学生的综合素质和创新实践能力的提高。

财务管理专业实践教学以"集中实践教学模块、实习实践模块、毕业论文（设计）模块、科技创新模块"四大模块的实验教学为支柱，以"校内实验室平台、校外实习基地平台、科研项目平台、创新创业平台、学科竞赛平台"五大平台建设为结合点，形成"财务认知实训、财务单项实训、财务综合实训"三个依次递进的实训层次的开放性实践教学体系，制定实践教学大纲，优化实践教学计划，改革实践课程结构，提高学生的创新意识和实践能力，使实践教学环节在时间上从课内延伸到课外、在空间上从校内拓展到校外、在组织方式上从老师为主转变为多方参与。同时，加强创新实践教学，鼓励和选拔学生进入实训中心参与开发设计，通过参加财务决策大赛、企业模拟经营竞赛、会计应用型技能大赛等，以提高学生的设计创新能力，对学生参加竞赛，设立优秀实践教学奖。

### 3. 丰富实践教学方法

实验教学方法是开展实践教学改革与创新的重要手段，根据财务管理学科特点建立以学生为中心，采用以学生自我训练为主的教学方法，充分调动学生的主动性；推广运用现代技术及实验手段，如对于会计学原理实训、会计综合实训等课程充分运用凭证、账簿、报表等教学仿真实物工具进行仿真教学演示；对于财税一体化实训、企业纳税筹划实训、审计实训、企业模拟经营实训等课程可以采用案例引导分析法和项目工作组法。此外，结合财务管理业务操作过程具有很好的可移植性与模拟性特点，可以积极尝试开放式教学法，多练习开放性实验和设计性实验。

### 4. 提升实践师资队伍

新常态经济与财务管理人才培养目标对财务管理专业实践教师提出了更高的要求，建设一支"师德高尚、业务精湛、结构合理、充满活力"的高素质专兼职实践教学教师队伍是财务管理专业实践教学改革与创新的根本。

一方面，鼓励专职实验教师利用业余时间、寒暑假期间相关企事业单位、事务所挂职锻炼，或到财政、税务、审计、银行等单位进行调研，了解实务，搜集各种原始数据和财务资料，提高执业能力；同时鼓励其参加中级会计师、注册会计师、税务师、资产评估师、ACCA、CMA等财会类执业资格考试，提高业务素质。另一方面，聘请企业有丰富实战管理经验的专业人士担任实习指导导师，为财务管理专业学生提供实践专业的指导，推动实践课程的改革与建设。

### 5. 完善实践教学环境

（1）建立完善的校内实践教学条件。校内实践应以课题研究带动教学模式为基础，改革以往的"计算机+软件"模式，重点关注"综合实战模拟"，来提高学生实践动手能力，这就要求，一方面，要充分利用现有的校内实践教学资源，如实验室、实习基地等，完善校内的实验教学条件和环境，提高学校实验室整体建设水平；另一方面，充分利用ERP沙盘模拟，教师应该鼓励学生参与科学研究、国家大学生创新实验计划、学校大学生科研训练计划等各种比赛和活动，相关学科实验室和研究项目等资源也应共享，为更多本科生提供一个实践平台。实践教学内容和课程体系的不断完善，在提高实践教学对工程项目实践能力培养方面有着重要地位和作用，既能培养学生理论联系实际的优良学风和严谨科学的态度，又能培养学生发现问题、分析问题和解决问题的能力。此外，实践教学体系的有效运行应以内容丰富、精彩纷呈、特色鲜明的第二课堂为支撑。第二课堂课程以其专业性、组织性、计划性让学生以更趣味化、更仿真化、更艺术化的方式来拓展和深化专业素质和职业技能。

（2）加强校外实训基地建设。对学生来说，校外实践基地能提高学生的动手能力和创新意识，为了实现这一目标，学校应加强与企事业单位合作，实现双方共赢。企业提供实习平台和经费支持，学校为企业提供人才支持，对企业进行一些技术咨询和培训，建立起一个共赢的合作机制，在为学校解决就业问题的同时，也能为企业储备一些精英人才。对财务管理专业而言，根据专业特色和企业需要，创新人才培养模式，如校内专业教学+订单+企业实训+企业与学校联合教学+就业。校企合作的订单式培养模式，可以使学校不断改革教学体系和模式，使校内外优质教学资源得到充分发挥，提升学生的学习实践能力，最大限度满足企业事业单位的需要，提高财务管理专业毕业生的就业率。

（3）强化实践教学内涵建设。科学合理的实践教学内容体系，包括实践教学体系改革方案和实践教学环节改革方案。要适应经济发展新常态，必须化被动为主动，从根本上转变传统实践教学理念，在财务管理创新能力培养范畴内，对实践教学目标层次、模块构成、平台搭建、影响因素等方面进行深层剖析，以人才培养目标、专业发展与社会需求为宗旨，优化实践教学资源，全面系统地培养学生的实践能力，使学生的财务管理创新能力得到充分展现，促进财务管理专业人才培养模式创新和提升专业服务地方经济发展的能力。

**6. 改革实践管理监控**

（1）构建科学的实践教学质量评价与反馈体系。传统的教学质量评价体系，是以学生的成绩作为考核目标，这在很大程度上不能反映学生的实际能力，也没有完善的教学质量反馈体系，因此，在增加实践元素的同时，也要完善反馈机制。完善保障机制，邀请业界专家参与实践教学、课程考核等教学活动，把学科竞赛、社会实践等第二课堂放在实践教学质量评价的重中之重；完善实践教师教学质量评价制度，形成自我评价、同行评价和学生评价相结合，重视评价反馈，形成更加科学合理的考评体系，确保实践教学各项工作的有序、规范和高效。

（2）建立激励与约束相结合的实践教学管理制度。学校应大力开展实践教学管理研究，以实践教学管理过程中所出现的问题为基础，来设立实践教学研究课题，组织教师对其进行研究，从而找到一个科学合理的实践教学管理制度，并运用于教学中；实施老师指导、学生参与科研活动的激励制度，如教师遴选、学生选拔、激励约束等，这些活动可以增强学生的创新意识和提高学生应用能力；建立健全实践教学座谈会制度，发现教学问题，总结教学经验，研究改进建议和解决措施等。完善实践教学日常监控，监控点覆盖教学全过程，有检查，有反馈，形成管理闭环。做到实践教学文件审核有程序、教学实施有督导、结果评价有考核。

**四、基于任务驱动型的财务管理实践教学驱动**

财务管理作为工商管理类专业的一门核心课程，在我国高等教育的课程体系中已经存在和发展了多年，其在理论知识体系上较为完善和成熟。然而，财务管理作为应用性很强的一门课程，不仅要求学生能够理解和掌握财务管理的理论知识，还要求学生能够将所学的理论知识应用到企业管理的实务工作之中。这就要求高校教师必须注重实践教学，并尽可能地将企业实务案例贯穿于财务管理的课程教学之中。但现实的情况是，教师往往将大部分教学时间耗费在理论知识的讲解上，实践教学环节不足，缺乏理论联系实际的指导，导致学生学习积极性不高，教学效果不好。

如何为财务管理课程教学提供大量的理论结合实践、具有较强的实践能力的实践型财务管理人才，如何加快财务管理实践教学模式的构建并开展实验课程，以完善财务管理课程教学、培养出高质量、符合社会需要的财务管理专业人才，已成为高等教育面临的一个崭新课题。鉴于此，本节提出构建基于任务驱动型的财务管理实践教学模式，就是希望在充分体现现代财务管理理念的基础上，通过与现实企业管理层的交流和财务理论知识点相结合设计实践任务，让学生在完成任务的过程中提升分析问题、解决问题的能力，同时能够身临其境，了解企业现实决策场景和过程，使有关技术和课程结合为一个密切的有机整体。

### （一）任务驱动型财务管理实践教学模式的特征

任务驱动型财务管理实践教学模式是建立在建构主义学习理论上的教学模式，它以解决问题、完成任务为主，让学生能够根据自己对现实问题的理解和任务的复杂程度提出设想和解决方案，并运用所学的理论知识去分析执行任务过程中碰到的各种财务问题，最终在完成任务的同时达到提升学生分析问题、解决问题能力的目的，相对于传统的财务管理课程教学模式，具有明显的特征与优势。

**1. 学生由被动学习变为主动学习**

"任务驱动法"作为一种实践型教学方法，打破了传统的"粉笔＋讲授"的教学方式，从传统的以"教师授课为中心"转变为"学生主动学习为中心"，通过任务的设计与分配，让学生能够亲自参与任务的执行过程，充分体验分析和解决任务中的各种现实问题，既发挥了教师的主导作用，又体现了学生认知的主体作用，形成了鲜明的"双主模式"，实现了学生由被动学习向主动积极学习的转变。

**2. 情境由零碎虚构变为系统真实**

任务驱动型财务管理实践教学模式中的任务情境来源于教师与企业管理层的交流和访谈，特别是与经验丰富的企业高管的访谈，将他们在现实工作中遇到过的重要财务问题经过教师的加工提炼，转变为课堂教学中的任务，尽量将企业现实财务问题的前因后果、解决步骤与财务管理理论各个知识点结合起来，使得零碎虚构的任务情境变得系统真实，使得各个学生任务小组在执行任务的过程中能够很好地了解和掌握企业现实的决策过程和方法。

**3. 充分考虑学生差异的任务分工**

在设计任务的过程中，通常会考虑学生在认知能力、表达能力以及性格特征等方面的差异，有的放矢地设计出每一部分的具体任务，让每个学生都能够根据自己的兴趣和个性特征去选择扮演合适的角色、接受恰当的任务，这样使得每个学生都有成功完成任务的机会，都能经过自己的努力完成任务，从而增强对课程学习的兴趣和自信心。

**4. 培养学生全局观念和创新意识**

由于任务驱动型教学模式考虑了各个具体任务之间的相互配合、前后因果关系，扮演不同角色的任务接受者在执行自己任务的同时，必须充分考虑其他任务对自己的干扰或支持，考虑任务实施的具体条件和后果，如在分配资金时采购经理的扮演者就必须顾及生产经理、财务经理以及成本控制角色的任务执行情况。

这样，让学生在执行任务的过程中充分感受相互合作、共生共赢的理念，从而能够较好地培养学生的全局观念和创新意识。

### （二）任务驱动型财务管理教学模式的构建

#### 1. 基于教学目标的任务设定

基于教学目标的任务设定，作为任务驱动型财务管理教学模式的第一步，也是难度最大而最为关键的一步。这里首先要明确财务管理课程的实践教学目标，即要区分理论教学目标和实践教学目标，前者应该更多地注重财务理论知识的学习和理解，后者则应该注重将理论知识与现实问题的分析相结合，努力提高学生分析现实问题、解决问题的能力。其次，要根据实践教学目标设定具体的任务环节。譬如，在讲解筹资管理的知识点时，将其对应的实践教学目标设定为让学生掌握企业实际的筹资方式，让学生能够通过比较和分析各种筹资方式在成本和风险上的差异，最终选择最优的资本结构。这就要求实践环节的教师通过深入企业访谈，从管理层那里把握企业在现实环境中是如何筹集资金和选择筹资方式的，可以将这一企业筹资前后的过程转为一个详细的任务，其目标就是要通过比较与分析帮助这家企业选择合理的筹资方案。这样的任务设定既因直接来源于现实企业活动显得形象逼真，又因考虑全局而能够引导学生全方位思考和分析问题。

#### 2. 任务分配与学生角色定位

在总体任务设定好之后，需要按照一定的标准将总体任务化解为可供多个学生接受的具体任务。这里的标准既要考虑到任务本身的复杂程度，又要考虑到学生各自的能力特征。单从任务的复杂性来看，如果任务的细节过于烦琐，任务的执行过程难度过大，受限条件过多，或者对其他相关任务依赖程度过大，则需要将复杂任务简单化、具体化，使得分解后的具体任务能够让执行者明确任务意图、容易具体操作；单从学生能力的角度来看，因每个学生各自的性格特征、学习态度、认知能力、兴趣以及接受知识的能力水平等情况不同，这就需要"任务"的设计体现出层次性，做到深浅不一、难易有别。在具体分配任务时，需要将任务本身的差异性与学生自身的特征结合起来，即让能力相当的学生去接受难度相当的任务，这样使得每个层次的学生都圆满地完成学习任务，而且他们也会因学习能力得到完美体现而获得很强的成就感和自信心。

### 3. 任务的实施与执行情况的汇报

将任务分配给学生后，就需要让学生在给定的时间和场景下执行自己所分担的任务。这一过程中，学生是主体，让学生充分扮演好自己在任务执行过程中的角色，这需要事先做好准备工作，如事先将任务相关资料分发给学生，让他们熟悉任务的基本情况，并在现有资料的基础上通过网页、报纸、博客、微信等途径扩展任务资料中涉及的相关细节信息，并启发他们从各自扮演的角色角度去思考财务管理中相关的理论知识点，考虑如何将这些知识点与自己分配的任务实施过程结合起来，如何应用于任务的执行过程中。当然，正如前面所述，由于每项任务被人为地分解为多个具体任务环节，各个环节之间实际上是前后联系、互为因果的关系，这就要求学生在执行自己具体任务的同时，要关注与自己同属一个总体任务场景中的其他学生的任务执行情况，使得学生逐渐培养自己的观察力、协作能力以及全局观念。此外，任务执行过程中要求各个任务小组及时汇报任务实施阶段和出现的新问题，各种角色对于发现的新问题要共同讨论商定解决措施，这样能够较好地培养学生的团队合作精神和随机应变的能力。

### 4. 任务完成情况的自我评价

完成按照财务管理教学目标设定的任务后，首先要求各个任务小组的学生对自己的任务完成情况进行自我评价，其目的主要有两个：一是让学生在自我评价过程中对任务执行过程中涉及的财务管理知识点进行回顾和温习，通过反思自己在理解任务、分析问题以及解决问题的过程中碰到的难点和重点，加深学生对财务管理实际运作过程中关键环节的认识，让学生熟练掌握其所涉及的财务活动程序，同时使其体会到现实情境与理论知识的差距，使其意识到团队合作、随机应变能力的重要性。二是通过学生自我评价，让学生明确自己在理论上理解的误区和知识上的缺陷，使其明确自己今后努力的方向，帮助其进一步复习和巩固学过的知识。

### 5. 教师的点评与学生角色的考核

这个环节需要根据学生完成任务的情况建立一套科学、完整的学生评价体系。对学生参加实验、实习的各个实践教学环节的效果提出严格要求，加强学生综合实验能力的考评，制订综合实验能力考评方案，确定考评内容与方法，提出考评成绩的学分比重，通过笔试、口试、操作考试及实验论文等多种形式考评学生的综合实验能力。对于实习考核可通过实习报告、现场操作、理论考试、设计和答辩等形式进行，可以由学校实验室和校外实践基地联合考核，不仅考核学生的素质和能力水平，而且考核学生的工作实绩。

财务管理专业是一个理论水平较深、实践操作要求较强的专业，基于任务驱动型的财务管理实践教学模式正是顺应了这一特点，财务管理的教学实验在于通过模拟财务管理活动的过程和观察实际财务管理活动来重复财务管理知识，了解财务管理理论的具体运用，体会财务管理知识的作用，同时，任务的设计与分配也为学生提供了参与财务管理活动的机会，使学生能够直接感受到财务管理活动的规律，促使学生运用财务管理理论知识完成财务预算、财务决策、财务评价等系列活动。本节希望通过基于任务驱动型的财务管理实践教学模式的构建，加强理论教学，使学生具备坚实的专业理论知识，并掌握财务管理学科的方法论；使学生把本学科知识同实际相结合；使学生具备实际操作能力，解决实际问题的能力；使教师改善教学方式，采取多种探究式教学模式，进行实践教学，弥补分科教学的不足；使学生接近实际、学会交流和交际，学会合作，训练学生的动手能力，激发学生的好奇心和求知欲，培养学生的独立人格个性，训练学生的顽强毅力和抗挫折能力；也为培养与市场需求相吻合的具有扎实的财务管理理论基础，具备实际操作能力，能够分析并解决问题的复合型、应用型人才提供强有力保证。

## 第四节　合作开放教学驱动

通过对现有专业实践教学体系的分析，我们不难发现：实践教学体系的开放性与创新性不够，没有体现共享时代专业教育的特点，没有体现与互联网、信息技术、移动客户端等的深度结合，需要进行创造性的变革设计。

### 一、开放式与立体化的本质

基于对财务管理专业属性和应用型人才培养目标要求的综合考虑，实践教学的好坏是决定人才培养目标实现与否的关键因素。要搞好财务管理专业的实践教学，必须以合理且科学的实践教学体系做支撑与保证。广西大学率先构建多元化开放式实践教学体系，探索培养大学生"四种能力"的一些成功经验和做法，给财务管理专业开放式立体化实践教学体系的构建提供了宝贵的可借鉴经验。这一尝试可能会成为突破财务管理专业人才培养瓶颈的基础一环，其影响是不可小觑的。总体上来看，开放式立体化的实践教学体系要体现出人才培养中"官、产、学、研"的四位一体，突出产、学、研与教育和高层次科研训练的深度融合，体现出开放性、多元化、一体化、多模块、多层次、校内与校外、线上与线下、课内与课外有机结合的兼具创新与实用的新型体系。"开放式"和"立体化"是该体系两大重要特征。

开放式，强调的是整合资源，以资源共享为基础的人才培养的合作。高校，作为高等教育服务的主要提供者，要以开放、兼容并包的思想吸纳社会中有生的实践教学力量服务于财务管理专业实践教学发展的现实需要，在人才培养的理念、培养方式、培养主体、培养内容、培养形式、培养时间等方面都有不同程度的创新，清除高校与社会之间在人才培养方面继续存在的固有屏障，打通合作办学的最后一公里。"开放式"要求以包容的方式积极引导与促成实践教学资源的跨界融合，"借船出海""借鸡下蛋"。通过跨界资源整合，不仅可以解决现有高校财务管理专业实践教学资源相对不足的现实问题，也可以深化应用型人才的联合培养与协同育人，从整体上提升全社会资源的配置与利用效率。所以，从本质上看，开放式要打破传统实践教育的思维边界，对人才培养的主体、人才培养的方式、人才培养所需的资源、形式、时间等方面进行内容的扩充与丰富，提升实践教学体系构建的层次与社会适应性。

立体化，强调的是实践教学资源整合过程中的实现形式，是资源整合效率得以实现的保障。在整合资源的前提下，如何对现有资源的使用结构及组合进行配置，通过结构化的组合使资源的利用效率达到最大化是要解决的关键问题。具体来说，在打造立体化的实践教学体系的过程中，第一，依托成熟的互联网教育信息技术、移动教育客户端等载体，做好线上与线下、课堂内与课堂外、校内与校外、国内与国外等实践教学资源的整合，相辅相成；第二，实践教学要体现"以学生为中心"，基于学生差异化的需求，依据分层设计的理念，在实践的内容、学习的层次要求、考评的维度与指标等方面进行层次化与差异化的设计。根据学习认知的基本规律，各种各样的实践活动既遵循从易到难、从简到繁的层次化设计规律，还要保障各实践活动的衔接性与内在统一，凸显出立体化与层级化，满足学习主体阶段性、层次化的需求，保证实践教学体系的弹性与可扩展性，凸显出立体化实践教学体系的优势。所以，从本质上看，立体化强调的是实践教学资源整合与使用过程中的结构化，在实践体系中，所有实训资源的配置与利用都有的放矢，恰到好处。

## 二、财务管理专业开放式与立体化实践教学体系的构建要点

### （一）跨界融合，协同育人是本质

财务管理专业开放式立体化实践教学体系的设计着重凸显跨界的融合，积极实践"官、产、学、研"四位一体的多方协同育人机制。在跨界与融合的过程中，各个主体在统一认识、统一目标的前提下明确定位，各司其职。高等学校作为财务管理专业人才培养的主体，发挥主要作用，是第一责任主体；在人才培养的过程中，充分发挥阵地作用，同时要积极加强与各企业主体、科研机构和政府部门之间的联系、交流与合作，在联合育人的机制、方式、内容上标新立异、有的放矢。各级政府及相关职能部门作为深化教育改革的引导者与推动者，要充分发挥引导、推动与监督的作用，要为行业、企业参与高校合作育人提供法律、法规和机制保障，积极促成高校与社会各界对专业人才的联合培养：一是制定法律法规或相关政策，引导或要求企业进入高校，强化企业与高校合作育人的意识和社会责任，同时促进校企双赢；二是转变地方教育行政部门职能，更多服务学校和企业，成为学校与行业企业之间合作的桥梁纽带。各企业主体是人才培养质量检验的终端，聘用人员的质量高低直接关系企业的未来与发展。各企业主体与高校联合育人，实现了从"接受者"到"培养参与者+接受者"的身份转变，不仅仅是积极承担企业社会责任的最佳表现，更在人才培养、人员选择上占有先机与争取了主动权，为专业人才向行业人才转型打下了基础。

### （二）结构层次化，能力多元化是体系设计关键

财务管理专业立体化实践教学体系的打造，要根据专业属性、学生特点和社会需求的综合考虑进行针对性的设计。作为该专业所培养的人才，应该具备适应社会发展需要的基本能力、专业能力、综合能力及创新能力。基本能力和专业能力是基础能力，综合能力与创新能力是高级能力，既有联系也体现了层次与培养

差异，满足了学习者不同阶段的学习需求和社会多样化的能力要求，体现出了多元化与层次性的结构特征。在多元化能力培养目标的导向下，实践体系必须进行层次化和结构化的设计，各实训内容之间既要有机融合，相互交叉，还要循序渐进，错落有致。具体来看：

第一，从实施时间上看，各种能力的培养虽然没有严格的时间界限，但是也有一定的内在规律性。对基本能力的培养虽然在四年学制中都可以进行，但是根据能力培养的规律及各年级学习的特点，最好将培养期放在大一学年为主，大二、大三、大四学年为辅。随着大二学年专业课程的逐步开设，培养重心逐步向专业能力和综合能力转移，黄金的培养期主要集中在大二与大三学年，少部分放在大四学年上学期，比如毕业实习、校外学科竞赛等。对于创新能力，培养将是一个持续工程，从大一贯穿大四始终，从创新思维的启发到创新能力的形成，从非专业创新、专业创新到综合创新循序渐进。各种能力的培养在整个四年学制中既有交叉与重叠，但也泾渭分明。

第二，从实现手段上看，要把握几个结合。①实施主体方面，"官、产、学、研"四位要有机融合，责任明晰，相得益彰；②实践途径方面，做好校内与校外，课堂内与课堂外，教学、科研与社团活动、文化活动、竞赛活动、创新创业活动等，线上实践活动与线下实践活动等有机融合；③实践组织模式方面，做好自主式实践教学模式、参与式实践教学模式、基于工作过程的实践教学模式、校企联合培养教学模式的灵活选择与具体结合。

（三）完善制度，科学评价是保障

在开放式立体化财务管理专业实践教学体系的实施过程中，涉及校外与课堂外实践活动的评价问题，这是直接影响实践教学体系实施效果的关键因素之一。通过完善协同育人制度可以保障四位一体的实施主体在目标统一的情况下明确责任，分工协作，各司其职；通过完善评价制度，开展科学的评价活动，不仅可以对校外与课堂外的实践活动进行量化考核，还有助于完善以课堂、教学为主导的实践教学评价体系，形成课堂内外兼具的"双轨"机制。与此同时，在科学评价的保障下，不仅可以调动学生参与各种各样实践活动的积极性，也有助于学生在参与活动中得到锻炼，形成能力，真正释放出开放式立体化实践教学体系的活力与效果。

信息技术时代，传统的教育思维、模式与方法面临着巨大的挑战。开放式立体化实践教学体系的构建是顺应共享时代的理性选择，是整合了信息技术与知识共享理念的实践体系的创新性重构，对提高财务管理专业实践教学水平将有一定的促进作用。

### 三、应用型本科院校管理类专业开放式、立体化实践教学

建立开放式、立体化实践教学体系，对管理类专业实践教学有所突破和拓展。

首先，开放式实践教学体系表现在，实践教学中通过与科研院所、行业、企业、社会有关部门建立密切的、广泛的、多层次的长期合作，大力建设学生校外实践教育基地，实现实践教学环境的全面开放，并通过深化改革实现实践教学内容的开放，通过教师自身实践能力的提升实现实践教学师资开放的教育方式。

立体化实践教学体系表现在，针对专业培养所对应的社会具体的特定岗位，比如市场、营销等岗位要纳入市场营销专业范畴；会计、出纳、理财等岗位要纳入财务管理专业范畴；订单处理、出入库管理、配送管理等岗位要纳入物流管理专业范畴；凡此种种，都是为了对学生开展针对性很强的岗位立体化、系统化、综合化有效训练，从而尽快增强他们在新形势下对现代企业管理认知的新理念、新思维与执行能力。

（一）有效地建立应用型本科院校管理专业开放式、立体化的实践教学体系

**1. 建设校内跨专业开放式共享型实训综合中心，满足各专业人才的培养要求**

一方面，很多实训课都是单专业实习实训，并没有把每个专业所涉及的岗位和岗位群衔接起来，导致学生的学习没有形成系统性、立体化与全方位的能力训练与知识应用。另一方面，建设实验室时考虑得也多是每个专业的需求，没有对经管类相关专业的整体规划与设计，欠缺完整、全面、多层次考虑实践教学与实验室众多的构成因素；每一专业的实践资料也大多处于彼此分割、孤立的状态，对整个实验室没有进行有效的集约与整合；实训的形式比较单调，"只见树木不见森林"，脱离了经济管理的实际工作职业环境，没有对学生综合素质的提高产生有效的推动力。因此在开放式实践教学体系建设上，必须建设校内开放式综合性实训示范中心。

将已有的实践教学资源进行整合，建设校内开放的跨专业综合实验中心。要

积极建设模拟经营教学工具系统与相关教学环境，通过模拟企业运营，让学生在仿真的环境不同的工作岗位上运用所学到的知识开展"工作"，处理各种可能遇到的问题，从而提高他们从事经济管理的水平，训练他们的执行能力、创新能力与决策能力，举一反三，在具体实践中切实提高自己的整体素质。需要特别注意的是，对跨专业综合实验中心的教学活动，不能仅仅是针对某一个专业，而是要对行业、企业、工种、岗位、任务的全过程的分解训练。不但要体验具体工作环境，而且要执行决策，更重要的是完成各种经验管理岗位的任务，最终达到决策、执行、体验"三位一体"目标的全部实现，从而达到培养学生综合能力、建立崭新教学模式的目的。

**2. 开展立体式综合性实训，把实训课程进一步细化落实到职业岗位**

专业目标的培养与社会以及每一家企事业单位的具体工作岗位都有着非常紧密的关系，比如财务管理专业对应会计、出纳、理财等岗位；物流专业对应订单处理、出入库管理、配送管理等岗位，等等。因此，必须要将所开设的各实训课程与所针对的每一个具体的岗位进行立体式、开放式、系统化、综合性的训练，只有这样，才能使学生在较短的时间内迅速提高自己对新的职业、新的岗位的任职与执行能力。同时，由于每一个人在社会中，必须学会与其他人协同工作的技巧，必须能够正确地理解社会中每一个环节中的其他组织、其他人的相互管理，因此才能在社会中更好地生存，做出自己的贡献。

**3. 建立密切的、广泛的、多层次的校外实践教育基地**

实践教学的前提是要建设一流的、高质量的校内外实践教学基地，这是开展实践教学的基本条件，从而为培养高水平人才提供重要的平台。所以，建设实践教学基地的过程中，必须始终坚持覆盖面广、技术含量水平高的理念，尽可能多地让全体学生都得到锻炼，使其素质、能力与知识都能得到全面协调发展。

一所学校有无可靠、稳固的校外实习基地，对学生的培养质量有着很大的影响。具有一定规模的校外实习基地可以为学生提供企业的真实环境，使他们更多地了解诸多的管理流程中的每一个环节，为今后走向新的岗位打下牢固的基础。但是目前有一些企业不愿意让大学生到他们的企业中实习实训，一些企业与学校本来就有合作关系，可是出于安全等各种因素的考虑，都不愿意接受大学生的实践活动，即便接受了，也是尽可能地不让学生进入生产岗位，实习时也不愿意让学生动手。因此，要采取多种方式建立稳固的校内外实习基地，提供给学生更多的实践机会，把在实习中解决不了的难题带回学校，在校内实习基地进行实践操作，寻找解决问题的良策，形成校外、校内相结合的模式。

**4. 依托大学科技产业园，实现学生实训、创业一体化模式**

依托大学科技产业园中企业，可以确定实习实训课程体系。同时，依据企业管理流程，优化实训教学内容，编写实训教材，能够弥补校内教学实训中心偏少的状况，组织学生到园区中更多的企业实习实训，实现校园与企业、企业与课堂的一体化。根据企业所提供的实习实训岗位不同的要求，学校与企业一起完成对学生的考核，并以企业奖学金、企业工作经历证书等激励方式鼓励学生的参与热情。综合学生的自我评价、团队评价、指导老师评价、企业绩效考核等，形成公正、公平、客观、准确的评价结果。同时，可以引导教师进入大学科技产业园，教师参与企业工作和课题研发，教师与企业技术人员同步上课，逐步形成稳定高水平的"双师"型教学团队。更为重要的是，可以在实训过程中为学生营造企业创业环境，将实践教学与创新教育、创业实践有机结合，增强学生"创新、创业"意识。

**（二）如何建立开放式、立体化的实践教学体系**

**1. 注重实践教学内容的立体化**

财务管理专业的实践教学主要分为4个环节——课内实验、顶岗实训（包括认识实习、校外参观、顶岗实训）、企业综合案例实践训练、PPT讲演。从多个维度进行立体化教学，形成专业内部的立体化实验体系。

实践教学是课堂教学的继续，课内实验是学生获得本课程专业实战经验和技能的关键；参观实习（含认识实习、校外参观、实训）能"开阔眼界，积累经验，激发学习动力"；案例实践训练是学生从理论到实践对本课程所学内容进行综合运用的重要途径；PPT讲演是加强师生、同学之间的互动交流，培养学生在变化的环境中运用知识、技能和职业价值观来分析问题和解决问题的能力，从而培养专业学生的团队协作精神、实践与应用能力、综合分析与判断能力、商务沟通及创造能力的重要途径。

（1）课内实训。与课堂教学内容相对应，在相关课程重要的教学章节中以知识点案例作为教学内容的主要载体；课堂教学侧重讲解该知识点"案例"的实践操作步骤和关键问题，为后期集中性实训阶段企业综合案例的实训做好充分准备。

（2）顶岗实训。深入校外实训基地进行认识实习、校外参观、顶岗实训，使学生完成企业筹资、投资、利润分配决策的多个实习内容，是比较难得的现场教学资源。通过顶岗实训，不但可以使学生消化与吸收书本上学到的知识，而且可以使他们发现新的未知问题。

（3）企业综合案例实践训练是课堂教学的延续，是获得本课程专业实战经验和技能的关键环节。通过综合案例的实训，指导学生亲自动手把纸上的案例，变成实际财务决策，使学生从中获得专业实战经验和技能，初步形成财务决策能力，促进对课堂教学内容的理解，激发学习兴趣，坚定学习信心。形式是使用ERP沙盘，通过体验式的方式——"体验—分享—提升—应用"的系统方式学习，为学生们模拟出一个现实的场景，使其设身处地通过扮演企业管理、生产、财务、营销、物流、计划、统计等各种经营、管理人员，对所遇到的实际问题进行拍板、决策。这样一个真实的、直观的企业沙盘，模拟了企业存在的各种实际运营情况，能够让参加实训的全体学生在沙盘模拟对抗中，真正体会完整的企业经营理念、管理方法、财务内部控制、营销手段等一系列的实务。可以使其迅速地提高自己对企业的整体认识。由于我们坚持了这种训练，我校学生在近几年的全国ERP沙盘模拟技能大赛上多次取得了比赛佳绩。

（4）PPT讲演是结合一学期的学习内容，不限选题，通过小组学习的方式，可以进一步培养大家的团队协作精神、分析与判断能力、实践与应用能力、商务沟通及创造能力。通过制作PPT，对某一财务问题进行剖析，以团队形式在全班大会上进行演讲和展示，由学生组成专家组，邀请教研室老师参加评价共同给出实训成绩。这种方式极大地激发了学生探究问题、相互协作、快乐学习的兴趣，收到很好的实训效果。

### 2. 注重实践教学内容的开放性

实践教学是巩固理论知识和加深对理论认识的有效途径，是培养具有创新意识的高素质财务人员的重要环节，是培养学生掌握科学方法和提高动手能力的重要平台，有助于学生素养的提高和正确价值观的形成；注重培养学生的创新精神，挖掘学生的创新潜力。天健、岳华等4家会计师事务所、辽宁曙光汽车集团股份有限公司、红阳能源等7家企业作为校外实习基地，使学生的专业实务操作流程综合能力全面提高，同时也培养了学生不断进取的创新思维，充分挖掘他们的创新潜力，以及发现问题、分析问题、解决问题的能力。因此，我们多次带领学生深入企业去参观生产流程，到企业财务部门，请财务部门的老师结合企业实际介绍财务管理、成本管理的主要内容，学生顶岗实训。学生在企业财务部门学习两周后再回到学校来上课，学生边学习边实践，能在实际工作中发现问题，回到学校后引起他们思考，培养了学生将理论与实践相结合，发现问题、解决问题的能力，挖掘了学生的创新潜力。2008级的三名同学在丹东曙光车桥厂实训过程中，与该厂财务人员进行了研究和探讨，并成功申报了沈阳工程学院大学生创新实验项目——辽宁曙光汽车集团股份有限公司作业成本法实施方案的设计研究，该项目是理论教学与实训教学相结合、开放式实践教学的典型案例。

# 第五章　财务管理专业应用型人才培养实施路径

# 第一节　财务管理专业应用型人才培养课程教学

**一、高级财务管理课程教学**

高级财务课程是普通高校财务管理专业学生的必修课程，此门课程应该是在掌握了财务管理的基本理论和通用方法，能够处理财务管理的常规业务的基础上，进一步掌握涉及专门领域的、难度较高的财务管理的内容和方法。对于高年级的学生来说，学习这门课程对于他们的实习和工作都大有裨益，因此本节针对高级财务管理教学中存在的问题，提出的相应的改革策略，对于今后的教学有着重要的理论和实践意义。

（一）高级财务管理与中级财务管理教学的区别

**1. 教学的内容不同**

在教学内容上，高级财务管理和中级财务管理有很大的区别。首先，中级研究对象是单个企业，高级研究的对象是企业集团。其次，中级是着眼于具体财务活动的日常性的技术操作，高级是着眼于一体化的财务战略规划、财务政策指引与基本财务制度规范。再次，中级研究的是日常现象，高级研究的是企业合并、兼并等重大复杂事项。最后，中级的管理主体是企业的财务部门，高级的管理主体是集团总部的最高决策层。

**2. 学生知识积累不同**

在中级财务管理的教学中，学生还未接触过任何与财务管理相关的理论基础，因此所学习到的都是基本的财务管理理论，包括现金流量、企业融资、投资、分配等经济决策。但是在高级财务管理的教学中，学生已经有了中级财务管理的学习基础，已经有了财务管理的知识积累与专业思维，因此对《高级财务管理》的教学方法应有所不同。

**3. 教学难度不同**

中级财务管理是高级财务管理的基础，而高级财务管理是中级财务管理的提升，因此高级财务管理的教学更加有难度，尤其是对于一些专业基础没有打牢，中级财务管理及其他专业课程没有学好的学生而言，接触高级财务管理课程会更加难以理解。

**（二）高级财务管理的难点**

高级财务管理课程的教学是每个财务管理学生必修的一门课程，但是在许多高校中，由于课程时间设置、教材选择、教学方法不同等原因，导致这门课在实际教学中存在各种问题，主要如下：

**1. 教学内容不合理**

高级财务管理应该是安排在中级财务管理、统计学、财务分析、中级财务会计等专业课程之后，但是有很多高校在这些课程没有学完之前就开始了高级财务管理课程的教学，这是很不合理的现象，这会导致学生理解起来更加困难，学习难度更大，因此高级财务管理应该放在学生将其他专业课程学完，并且最好是实习之前的一个学期进行比较合理。

由于高级财务管理的很多内容需要用到中级财务管理甚至是一些其他学科的知识，因此许多高校在教学中默认学生已经掌握了所有的专业基础知识，以此并没有设置复习的环节，实际上如果学生之前的专业基础没有学好，那将导致出现上课听不懂、题目不会做等种种问题，从而丧失学习的兴趣。

**2. 教学方法不合理**

许多高校在高级财务管理的教学中，仍然采用传统的满堂灌的方式，老师从头讲到尾，学生上课睡觉或者刷手机，因此在教学中要注意改进教学方法，让学生参与进来，通过实践、讨论等环节提高学生学习的兴趣。

**3. 考试方法不合理**

大部分的高校在高级财务管理的考试中仍然采用普遍的试卷的形式，并且较少有学校将学生的课堂表现考虑进去，尤其是缺乏实践环节的成绩，这个一方面是由于学校对学生实践能力的不重视造成的，还有一方面是由于高校在教学中缺乏实践环节，因此只能通过考试成绩考评学生。

（三）高级财务管理的教学改革方法

**1. 教学内容的改革**

（1）企业集团的层次性问题。企业的层次性是企业集团这一章中比较重要的内容，将企业集团划分成四类公司，分别是核心层、紧密层、半紧密层、松散层。四个层次的划分有利于学生理解在何种情况下适合采用集权制，以及在何种情况下适合采用分权制。但是教材并没有相关的理论内容，因此应该补充进去并且重点讲解。

（2）企业集团的资金运筹。在中级财务管理中就曾涉及企业融资的方式的内容，但是企业的筹资方式与单个公司的融资方式又有不同，比如企业集团可以设立专门的财务公司，这种融资方式就是集团独有的，而在教材中并未体现这一点，仍然是按照传统的融资方式——债务融资和股权融资进行分析，因此应该重点讲解中级财务管理中没有涉及的一些融资方式。

（3）跨国并购的决策。随着中国与世界的贸易关系更加密切，随着中国企业前后开始了海外扩张之路，跨国并购便成为管理学中比较前沿和重要的问题，但是课本中还是沿用了过去的传统理论，并未随着时代的发展进行革新，因此造成在企业并购的内容中，没有出现跨国并购的决策方法，实际上跨国并购和本国国内并购是有很大不同的，外汇因素、政治因素、文化因素都是需要考虑的方面，因此教材以及教师应当根据经济的发展讲解一些前沿和核心的问题。

**2. 教学方法的改革**

（1）启发式教学法。启发式教学法的目的是提高学生对问题的思考能力和对已掌握知识的运用能力。采用该教学方法比较灵活，可随时在授课过程中根据学生的听课情况，就某方面提出问题让学生思考，学生思考后即可讲出自己的看法。这种方法有利于引导学生听课，跟随老师的授课内容积极思考，并且有助于老师知道学生对知识点的掌握程度，以此确定教学难点，且有利于活跃课堂气氛。

（2）案例教学法。高级财务管理课程有许多专业性词语的定义、分类，以及财务管理方法的优点与缺点，比如在讲到企业并购这一章中，纯理论和概念的内容会使学生觉得十分枯燥，因此可以引入联想收购IBM的案例来进行研究，比如在讲到企业集团这一章中，可以引入雅戈尔集团以及万达集团等公司的发展过程和业务范围，这样既吸引了学生的兴趣，又增长了专业知识积累，了解了企业实际运转的模式。

（3）分组讨论法。由于学生已经掌握了中级财务管理、统计学、财务分析等专业知识，因此对于一些简单的财务管理知识可以由学生分组讨论，得出自己的看法，比如企业并购中目标企业的选择，可以由学生自己找出想要并购的目标公司并给出相应的理由，这样可以加深学生对知识的理解，也有助于提高学习的主动性。

### 3. 考试内容的改革

过去通常采用应试考试的方法，给出考卷进行测试，但是高级财务管理课程采用多种授课方式并存的情况下，只通过一张试卷考核学生的成绩显然有些失之偏颇。对高级财务管理的测试方式，可以在学期内同步进行，每堂课或者每个内容学习结束之后，可以采用实习报告、学习心得、案例分析报告、问题论述等形式对学生的学习加以考核并计入平时成绩和期末成绩的综合计算，最后得出学生这门课的总成绩，该种课程考试方式和成绩计入方式不仅是检查学生掌握知识程度的手段，更是促进教学、提高听课率和提高学生课堂学习认真程度的一种有效方法。

高级财务管理的教学应当随着时代的进步而进步。首先在教学方法上，既要多样化又要聆听学生的诉求，通过观察学生的表现做出适当的选择。在教学内容上也应顺应时代的发展，与前沿问题接轨，在大数据时代许多信息可以通过网络获得，教师应当培养学生获取专业知识的能力，以及专业思维的形成。在最后的考试中，也要注意考试只是手段，不是目的，要避免应试考试的种种缺陷。经济在进步，时代在发展，对于高级财务管理课程的改革也应该时刻进行，不断推陈出新，探索出最科学的教学方法，才能培养出最适应社会的财务管理人员。

## 二、中职财务管理课程教学

会计专业作为一个完整的体系，随着企业现代化管理模式及内部管理工作的具体化，导致会计行业也随之进行着革新。通常，企业当中的会计多是相对外部来讲的，而财务管理却更加偏向于企业内部财务经济行为的计划和管理。财务管理工作随着时代的发展而不断地做出相应的调整，适应现代管理模式需求和理念。在企业内部通过有效的财务管理来实现对企业全部经济行为活动的有效规划和管理。财务管理是会计专业体系当中的主要学科,现阶段已发展成为一个单独行业。

(一)引导和教育学生建立起理财意识,充分调动起学生对财务管理的学习兴趣

在中职学校的财务管理实践教学中发现很多学生都不喜欢该门课程,重要原因就是学生从思想方面没有将财务管理这门学科充分地重视起来。由于中职学校学生年龄较小、自主学习能力较差,没有对将来发展有一个明确的认识和规划,主观地以为在毕业之后只要不从事财务管理工作就不用认真学习该门学科,在学习过程中得过且过。要提升财务管理课程的教学有效性,首先就要从学生的思想方面来着手,教师应采取适当的教学方法引导学生能够在思想上重视财务管理,调动起学生对于该门学科的学习热情。

**1. 向学生讲授财务管理相关小故事,激发学生对该学科的学习兴趣**

教师在课前利用信息网络技术,搜集和课堂所讲内容相关的趣味性较强的故事,在课堂当中使学生在收听故事的时候潜移默化地感受到,在日常生活当中的很多方面都会运用到财务管理相关知识和方法,使学生从思想上充分认识到财务管理课程的重要性,在实际生活当中有着重要的作用和意义,继而充分激发学生对财务管理学科的学习兴趣。

**2. 分析合理理财的重要性**

教师可以通过生活当中进行合理理财和不进行理财的实际例子,向学生证明掌握财务管理知识进行有效的理财能够使人变得富有,而不懂得理财的人将会变穷,继而使学生将财务管理学科从心理和思想上真正重视起来。

(二)不断改进和创新财务管理课程教学方法,提高教学有效性

**1. 将财务管理理论知识充分联系生活实际对学生进行启发式教学**

由于中职学校当中的学生文化底子相对较为薄弱,在财务管理学科当中涉及数学计算和公式概念理解等内容较多,导致学生产生惧怕心理。以往教学模式为教师先向学生讲解公式,然后就让学生运用公式来解决问题,实践表明教学效果并不理想。运用理论知识与生活实际问题互相融合的启发式教学,能够有效地解决学生惧怕该门课程学习的心理问题。专业课教师在实践教学当中应善于发现生活当中与财务管理相关联的实际例子,并进行总结和归纳,将生活当中简单易懂

的经济想象当作实际教学案例，由浅入深地向学生讲解较难理解的知识内容，再进行各种类型公式的讲解和归纳。通过启发式教学让学生对财务管理教学当中比较抽象的知识内容产生一定的感性认知。例如，在向学生讲解财务杠杆原理的时候就完全可以将其与物理学科当中的杠杆原理相结合……需要注意的是，在向学生讲授知识前，应对课堂当中所列举的实际例子进行认真考量和准备，要求例子当中的内容通俗易懂，能够起到有利于学生对财务管理知识的深入理解和强化，继而有效提升财务管理教学有效性。通过启发式教学能够有效调动学生学习兴趣，不但能够让学生更好地学习和理解财务管理知识内容，还能够使学生在该教学模式当中培养良好的学习习惯和探索出适当的学习方法，从而全面提升学生素质。

### 2. 教材讲解和案例教学互相配合运用的教学方法

在财务管理教学当中运用案例教学的方法，能够有效激发学生对该学科的学习欲望和积极性，能够加强学生对所学知识的理解和记忆。想要在财务管理教学当中充分发挥出案例教学的优势，应选择好案例，对案例具体细节和内容进行充分的分析和讨论，再对讨论进行总结和评价。例如，在向学生讲解财务分析相关内容的时候，采用案例教学模式进行讲授。一是教师先将财务分析相关知识内容向学生进行仔细讲解，使学生有一个初步的了解和掌握，再给学生发放某企业年资产负债表、现金流量表及利润报表，将学生分成各个小组，利用刚才所讲授的财务分析知识对这些财务报表当中的信息数据进行讨论和分析，并对该企业的实际财务情况和运营状况及资金流向等进行总结和评价。二是对案例的计算分析结果进行分组探讨。将学生分组后对案例进行讨论和分析，引导学生踊跃地参加到案例分析和探讨当中，每个小组选出一名小组长对讨论结果进行表达。学生们在小组当中进行分工合作，利用所学习的财务分析知识将该企业的生产运营、偿还能力及经济效益和长远发展指标分别进行计算，获得结果后指派各组小组长评价这些指标是否合理，如不合理该怎样进行改良，学生再互相进行讨论。三是对案例进行最后的总结和评价。教师应对在案例教学当中思路新颖、具有独到见解并表现突出的给予适当的赞扬继而激励学生，这也正是案例教学法的特点和优势之处，使学生建立起勇于探究，敢于创新的学习态度，让学生能够有所学有所用，在财务管理学习当中获得满满的成就感。

## （三）解决高职院校财务管理专业人才培养存在问题的对策

### 1. 细化人才培养目标

人才培养目标的设定可以遵循以下原则：①属校原则。根据学校的定位来细化财务管理专业的培养目标，主要适用于非综合性职业院校。例如，青岛酒店管理职业技术学院，其财务管理专业培养的学生重点应满足酒店、宾馆类企业的人才需要，即打造酒店财务管理方向的财务管理专业，培养掌握以酒店业务为主的服务业财务人员应知应会的系统性财务理念、知识和技能的财务管理人才，使学生既具备酒店财务人员的基本从业素质，又具有从事酒店企业财务工作的实践能力和资金运作业务处理能力。②属地原则。根据学校所在地区的行业发展状况来细化专业培养目标，主要适用于综合性职业院校。例如，临沂市的商业和物流业比较发达，临沂职业技术学院的财务管理专业就可以设置商业、物流业等不同的培养方向，培养能够掌握相关方向的财务管理理论、技能和素质的应用型财务管理人才。

### 2. 成立校外专家小组，参与专业课课程体系构建

根据细化的人才培养目标，邀请相关行业的校外专家根据用人单位需要以及社会经济的发展趋势进行课程设置的改革。例如，酒店财务管理专业可以邀请知名酒店的CFO、HR以及相关行业协会的会员组成校外专家小组，参与课程体系的构建和优化，弱化甚至删掉一些对于该行业财务管理来讲不必要的专业课程，重点学习与该行业相关的课程，提高课程设置的针对性和教学效率。

### 3. 校内外专家集思广益，改革教学内容

根据校外专家小组与校内专家领导集体讨论的结果，进行教学内容的改革。例如，对于酒店财务管理专业的财务管理课程来讲，可以弱化投融资、利润分配等内容的学习，增加酒店资产管理、酒店财务分析等内容的学习。而财务会计学则应在考虑酒店类企业实际工作需求的基础上，结合中小企业会计核算的特点，主要介绍小企业会计制度，并抓住中小服务性企业日常核算的经济业务细讲，讲透；对于平时很少发生的业务则予以简化。

### 4. 校企合作，构建独立的财务管理专业实训体系

校内实训方面，建立财务管理模拟实验室是财务管理专业建设的当务之急。目前有很多财务软件（如用友等）供应商和高校合作，共建实验室。这种校企联合的方式值得借鉴。还可以根据实验需要，购置一些其他应用软件如证券投资模

拟系统、ERP沙盘模拟系统等，酒店财务管理专业还可购置酒店信息管理模拟系统等。

校外实训主要存在两个难题：①学生身在校外，学校管理难度较大；②财务管理涉及企业财务隐私，企业对学生进入企业实习存在抵触心理。笔者提出以下解决方案：①建立实习质量监控体系。召开实习动员会，使学生明确实习的重要性；学生落实实习单位，向学校提交实习单位及指导教师信息；发放实习派遣证；学生报到后，派遣证由实习单位签字并寄回学院；学校实习指导教师定期走访实习单位，了解实习情况；实习结束后，学生进行个人总结，实习单位指导教师评价；学校指导教师写实习评语，评定实习成绩。②学生与实习单位签订包含保密条款的劳动合同。若实习单位因学生泄露商业机密造成损失，可依法追究学生的法律责任。这样既能打消实习单位的顾虑，又能保障学生的权益。

### 三、非财会专业财务管理课程教学

（一）非财会专业财务管理课程教学

**1. 教学内容选择存在困难**

对于财务管理课程的教学目标，国内权威教材给出的基本上是针对财会类专业学生的教学目标，如王化成所编写的《财务管理学》就指出，本教材教学的目标主要体现在，"知识点上尽可能满足注册会计师考试的需要，在此基础上培养学生发现分析和解决财务问题的能力"。很显然将这个教学目标用于非财会专业类财务管理课程教学显然存在一定的困难，因为对于大部分非财会类专业，特别是地方本科院校，这个教学目标显然是不合适的。但是目前市面上的教材对于非财会类专业的财务管理课程的教学目标尚未形成共识，从而使得非财会专业财务管理课程教学目标不明确，授课教师也存在一定的疑惑。现行市面上财务管理教材基本上都按照财务管理课程固有的逻辑体系设计教学内容，进行相关的教材编写，绝大部分教材都沿袭：筹资—投资—营运—分配这一财务循环设计课程内容。这一体系是没有任何问题的，但是作为非财会专业，由于受课时限制的影响，很难将这一体系的内容全部讲完，怎样取舍教学内容成为很多老师的困惑。特别是对于教学经验欠缺的教师，这更是一个很大的困惑，在没有丰富的教学经验情况下，很难做到授课内容的选择。

### 2. 教学手段存在误区

大部分教师在教授财务管理课程时，都是以多媒体课件的形式展现，这样确实使学生看得更清楚，也有利于老师教学，特别是相关的多媒体教学课件配有视频和相关的图片时，更能增强学生的直观感受。但由此也带来了另一个比较严峻的问题，在财务管理课程教学中涉及大量公式需要教师向学生进行讲授推导过程，而在多媒体教学环境下，教师基本上是以图片的形式展开，而板书的却非常少，虽然节省了时间，但教学效果并不是非常好。以笔者所在学校为例，每个月学生信息员反馈上来都有一点"那就是希望教师在讲授的过程当中，适当增加板书，而不是一味依赖多媒体课件"。其实就财务管理这类课程的教学手段上，板书是必不可少的，因为只有教师在讲授内容的过程中进行板书，才能留有足够的时间让学生自己动笔演算相关数据，理解才会更为深刻。但在实际教学中，很多老师很少板书，甚至一个学期下来也不写板书，这是教授财务管理这类课程教学手段上存在的误区。

### (二) 非财会专业财务管理课程教学改革思路

#### 1. 根据专业特点选择教学内容

在非财会类专业财务管理课程教学改革中，应当在明确非财会专业财务管理课程教学目标的基础上，根据非财会专业自身的特点设计教学内容，进行模块化教学。以国际贸易专业为例，在教学内容上，并没有必要将财务管理整个框架都讲解完毕，在教学内容上，应当根据国际贸易专业人才培养方案，重点讲解财务时间价值观念、财务分析、筹资方式、投资决策等相关内容即可，对这部分内容进行模块化设计，采取项目化教学。而对于诸如财务战略与预算、公司股利政策以及公司破产清算等章节可以略讲，甚至不讲，因为这些知识点对于国贸专业的学生来讲，在未来的工作中很难遇到，或者根本遇不到，因此没必要为了财务管理课程框架的完整性而每章都采取蜻蜓点水式的教学，这样将会导致学生没有学到自己想要学习和应该学习的内容。教师由于长期采取蜻蜓点水式的教学，不利于自身专业水平的提高，长期下去对学生和教师都不利。

#### 2. 注重案例教学法在财务管理课程教学中的运用

对于非财会专业的学生来讲，财务管理课程并非其核心课，由于综合性较强，计算公式多，很多非财会类专业学生学习财务管理课程的积极性较差，这就需要授课教师在讲授该课程的时候，适当增加案例教学。与此同时，教师在选择案例的过程中，应当选择最新的，与非财会专业相关的案例进行授课。比如，在向国际贸易专业学生讲解筹资方式时，可以选取无锡尚德的案例作为讲解内容，因为其筹资方式最终出现问题，与国家的产业政策和光伏企业遭受"双反"调查具有密切的关系。这样的案例，既结合了国贸专业的特点，又符合财务管理课程教学素材的需要，学生的兴趣自然会比较高。因此，在针对非财会专业财务管理课程的教学过程中，授课教师要巧妙地运用案例，用活案例，既满足财务管理课程教学的需要，又应当具有非财会专业的专业背景。

### 3. 加强对教师资源的开发力度，努力培养合格的双师型教师

课程教学改革归根结底需要有专业的师资作为保障，然而对于大部分院校，这个确实存在一定的难度。特别是财会类专业教师紧缺，并且大部分教师都是硕士或者博士毕业直接进入高校任教，而缺乏财务实践操作能力，理论水平虽然能够满足教学要求，但是实务操作和解决具体的财务问题能力有待进一步提高。这就需要高校加强对教师资源的开发，如鼓励财会类专业教师到企业挂职锻炼，增长其实践能力，与此同时，鼓励财会类专业教师考取行业比较权威的证书，如注册会计师职业资格证书，培养既懂实务操作，理论水平又强，行业认可度高的双师型教师，从而为非财会类专业财务管理课程教学改革奠定坚实的基础。

### （三）财务管理课程教学改革过程中应注意的问题

#### 1. 切忌教学手段过于多样化

随着科技的发展和传播媒介的日新月异，课程教学可借助的媒介越来越多，多媒体课件、微课、慕课等新型授课方式层出不穷，这也给财务管理课程教学手段多样化提供了更多的媒介手段。然而在现实的教学过程中，部分院校在课程教学过程中，不仅要求老师制作微课课件、慕课课件，甚至还需要录制相关的教学视频，把这些手段的运用作为相关课程教学改革的重要评价指标，笔者认为这是财务管理课程教学改革的误区之一。新的授课形式如微课、慕课确实可以增强学生的直观感受，但是对于一门需要大量演算数据的课程，在财务管理课程教学改革中运用微课和慕课授课方式的话，可能教学效果并不会十分突出，反而会使老师为了满足指标，制作微课课件、慕课课件甚至录制教学视频，偏离了财务管理课程教学改革的初衷。非财会类专业财务管理课程教学改革的根本目的在于根据

非财会专业的人才培养的需要，重构财务管理课程授课体系，使其更能满足非财会专业本身的需要，在这个过程中如果能够适当运用相关的新的教学媒介，效果将会不错。但是如果将新的教学媒介的使用作为改课程教学改革的重要考核指标，就存在因噎废食的偏差，教学改革将不是服务于学生，而是折磨老师学习新的传播媒介，这在一定程度上并不利于财务管理课程教学改革的开展。

### 2. 切忌陷入完全重实践轻理论的改革误区

在应用型本科院校改革的背景下，高校开始注重实践教学，特别是很多地方性高校在谋求转型发展，在这一背景下，很多学校非财会专业在财务管理课程教学课时设计上开始出现将财务管理课程分为理论和实践教学两个部分，以凸显实践教学的重要性，满足应用型人才培养的需要。这种改革思路确实不错，也符合应用型发展的需要，但是在实际的操作过程中，却存在一些问题。部分教师在授课的过程中完全放弃财务管理理论教学或者对于财务理论知识只是点到为止，并不做深入的讲授，而把大量的时间放在实训平台的操作上，教学生如何操作实训平台，这种做法又从一个极端走向了另一个极端。财务管理课程教学过程中，理论教学是非常重要的，只有在掌握基础知识和基础理论的基础上，进行实践教学，才能使实践教学走得更远，实践教学有了理论的支撑，才能更顺利地开展，但目前在部分高校财务管理课程教学过程中却出现了"理论无用论，实践操作才是培养学生能力的最直接手段"的观点。这种观点显然是有问题的，也是我们在财务管理课程教学改革过程中应当引起注意的。

## 四、应用型本科院校财务管理课程教学

### （一）应用型本科院校财务管理课程的教学目标

目前，培养动手能力强、符合社会现实需要的应用型财务管理人才是本科院校承担的首要任务。财务管理主要是解决企业筹资、投资、营运资金管理等问题，是一门综合性很强的学科，在教学中除要求掌握基本理论外，更重要的是培养学生解决实际问题的能力。所以，财务管理课程的教学目标应立足于基础知识之上，提高学生的应用能力，培养应用型本科人才。通过日常教学，使学生掌握财务管理几个模块的专业基础知识并提高学生财务数据分析能力。

### （二）财务管理课程教学改革

财务管理是企业管理的重要组成部分，关系着企业健康有序的发展。要培养合格的财务管理人员必须对财务管理课程存在的问题进行改革，可以从以下几个方面着手。

**1. 明确人才培养目标，转变教学观念**

本科院校财务管理教学的目标不是培养一般的财务人员，而是培养一批适应社会需要，高素质、应用型的高级财务人员。高素质应用型人才要有宽阔的知识面，较强的实践动手能力，并且要求有较高的专业素养。高校要按照树立的教学目标，转变教育教学观念，改革教学课程体系，全面培养学生的实践能力与综合素质，使学生拥有独立思考问题、解决问题的能力。

**2. 加强学生实践教学**

强化实践教学是培养创新型、应用型财务管理人才的必然要求。实践教学是把理论知识和实践相结合的重要手段，能够提高学生解决实际问题的能力。因此，财务管理教学过程中应增设实践教学时间，以适应社会经济发展的需要。要达到这一目标，具体途径有：首先，应该重视实践教学，增加实践教学的课时比例，使教师有更多的时间投入到实践教学当中。其次，要加强校内外基础设施建设，建立校内财务管理模拟仿真实验室和校外实训基地。这些校内外的实训基地尽可能模仿企业真实的运营环境，使学生扮演成企业的财务管理人员，参与到企业财务活动过程中。再次，实行理论教学与实践教学人员的分离，培养一批专业能力较强的实践指导老师。最后，加强与校外企业的合作，拓宽企业的实训基地，可以选取一些大四学生到合作企业实习，由工作经验丰富的企业人员对学生进行指导，实习成绩优秀者可以转为企业正式员工。

**3. 提倡引导式教学**

引导式教学有利于发挥学生的主观能动性，培养创新思维。在引导式教学中，学生既是学习者，又是参与讨论者，由被动地接受学习到主动学习。为了实现引导式教学，首先，要搞清楚为什么这样做，主要讲清楚财务管理的理论依据、执行条件和所要达到的目的。其次，要讲清怎样做，提高学生发现问题，解决问题的能力，主要讲授执行过程和法律依据等。最后，探讨如何做得更好，主要是对现有理论的修正和实践内容的完善，有利于培养学生的探索精神。同时，引导式教学是衡量教师教学水平的一把标尺，而教学水平的提高又是推进引导式教学的关键,所以必须加强教师综合素质的培养。

**4. 提高教师队伍的综合素质**

提高教师队伍的综合素质是推动财务管理课程教学改革的关键。教师可以从教学思想方面和自身素质方面来提升自己。传统的教学思维模式是教师在课堂上教,学生被动地听,根本无法引起学生的兴趣,达不到预期的教学效果。新的教学思维模式应该培养学生对这门课的兴趣,教师只起引导作用,学生是整个课堂的主体。实践能力较强的教师才能培养出具有实践能力的学生,高校应鼓励教师积极参加企业实践。所以,培养"双语、双师"型教师非常必要。为了实现这一目标,具体的做法是,高校应招聘一批有海外留学背景的财务管理教师,或培养一批专业素质高且外语水平扎实的教师组成教学团队,共同参与备课与教学。另外,还可以每学期选派一部分教师去企业实习来提高教师的综合素质。

**5. 进行针对化的课程设置**

课程设置是构建财务管理专业课程体系的保障,合理的课程设置应调整课程结构,合理安排课时,并满足学生的实际工作需要,避免核心课程之间的不衔接和重复现象。各大高校也应该重视专业选修课。专业选修课可以开阔学生的专业视野,拓宽知识面,改善知识结构,满足市场对人才的需求。专业选修课具体可分为研究型和应用型,前者主要满足部分从事理论研究工作的学生需要;后者主要满足直接从事实务工作的学生需要。具体课程设置可根据目前市场需求方向来设计,如果学生日后从事审计方面的职业,可开设与审计相关的课程;若从事金融方面的工作,可开设与金融相关的课程。

**6. 加强实践教学环节**

实践教学环节是培养学生财务管理能力的关键,培养学生的实际工作能力。各高校都应该强化实践教学,提高实践教学的效果。因为财务管理可能涉及企业的相关财务秘密,属于企业高层次管理岗位,很难让实习生参与企业的财务管理过程。因此,学生在实习的过程中,只能学到会计核算的过程,难以接触到实际财务管理问题,必须通过加强校内的实习来弥补,具体方式有案例教学法和ERP沙盘模拟实验。这两种方式如果能很好得到实施的话,能够达到学生到校外实习基地实习的效果。

丰富的案例教学能让学生接触到各行业各类企业的实际财务管理工作,学生可以扮演财务管理角色对案例分析,提出自己的意见,解决相应的问题,并可以相互间进行讨论，取长补短。通过案例教学，让学生身临其境地感受到企业的财务管理工作，锻炼学生在面对复杂的财务管理问题，能综合运用自身的知识，做出合理决策的能力。同时，大量丰富的案例可以使学生分析失败的原因，汲取教训，避免将来工作中重蹈覆辙，也能帮助学生学习到成功的财务管理经验，更好地为将来的工作服务。

各高校要加大经费的投入，建立财务管理专业的实验室，不能简单地把财务管理专业的实验课程安排到会计模拟实验室进行。ERP沙盘仿真实验通过模拟企业生产经营的过程，创建仿真的企业氛围。将实物沙盘和ERP软件全面结合运用，在这样的实验教学中，让学生直接运用ERP软件对仿真企业整个生产经营过程进行全面的控制，ERP软件将仿真企业的所有经济活动融为一体，实现全过程动态管理，实现企业财务与经济业务的一体化，实现企业资金、人才、物流和信息的有效配置。整个实验是从财务方面透视企业的运营过程，更加生动形象地让学生了解企业财务管理的过程。

**7. 打造结构合理的"双师型"师资队伍**

"双师型"教师是指既具备一定的专业理论和教学艺术，又具有扎实的专业技能和丰富的实践经验，胜任教学科研和生产实践双重职责的复合型教师。高校迫切需求"双师型"教师。打造一支结构合理的"双师型"教师队伍，是高校保障教学质量的需要，是实现人才培养目标的保障。

（1）加大对教师的培训力度。高校应建立良好的培训制度，加大对教师的培训力度，充分利用已有资源进行"双师型"人才培养。每年可选派教师参加相关职业技能的培训，选派教师去进修学习，聘请高素质高层次的实践人才为教师开讲座或者授课，也可通过科研、技术服务、产学结合等方式组织教师参与工作实践和科技开发活动，提高教师的实践技能。

（2）实施教师到企业实践制度。学校积极鼓励教师到企业进行调研或者挂职锻炼，积累教学需要的技能和实践经验。学校应规范相应的教师到企业实践的规章制度，形成长期的良性的教师到企业实践的机制。学校每年可以利用暑假、寒假等时间，安排教师到专业对口的企业，财务管理专业的教师也可以到一些会计师事务所、审计师事务所、财务公司等兼职，这样能丰富教师的实践经验，强化实践技能，打造"双师型"教师。

（3）拓宽人才引进渠道，积极从企事业单位引进实践能力强的高层次人才。

高校应拓宽专业教师的引进渠道，可以从有关学校引进"双师型"教师，同时更应从企事业单位引进有实际经验、实践能力强的高层次人才。根据财务管理应用型人才对学生实践能力的需要，可以多与各单位的财务部门联系，加大与会计师事务所、审计师事务所的联系力度，引入优秀人才。同时，也可以聘请这些有丰富实践经验的人员担任兼职教师，优化教师结构，培养学生的实践能力。

（4）培养自己的中年骨干教师。高校师资队伍结构"两头大、中间小"，缺乏中年骨干教师。伴随着各高校成长的这批教师，现在基本上已经是教学的中坚力量，拥有丰富的教学经验，学校要加以重任。同时，在引进兼职教师的时候，可以多引入有丰富经验的中年教师。中年教师既有教学经验，又有良好的体力和精神状态，充分发挥中年教师在师资队伍中的主体作用。

### 8. 加强高校的教材建设

高校的教材选用要与应用型人才培养目标相适应，与职业资格标准相衔接，在选用时务必由一线教学老师自选，并组织专家审核，避免选用侧重于理论研究的教材。针对目前市场上适合高校的教材比较少的情况，各高校要加大与出版社的联系力度，搭建教师与出版社之间的桥梁，搜集关于应用型教材的信息，积极组织自己的教师编写教材。高校的教师由于长期从事教学，与学生打交道，所以更能了解高校学生的实际情况。高校的教材建设是一项长期艰巨的任务，各高校要高度重视加强应用型人才培养的教材建设，满足应用型人才培养的要求。

## 第二节　信息智能化教学与实践

### 一、移动信息化的 PDSEIP 教学模式

PDSIPE 教学模式是由多俊岗提出的"职业场景项目行动教学理论"，依据组织领导的四年大规模教育教学试验总结得出。项目教学是结合职业情境中的实践教学活动过程，以项目实施为载体，全面实施项目课程的职业行动能力为目标，教师成为教学的组织者、引导者、咨询者和评价者，而学生成为主动建构知识的

主体，不再是知识的被动接受者。

"财务管理"课程是财会类专业的核心课程，针对90后学生学习容易倦怠、手机重度依赖的现状，提出利用移动信息化的教学手段，同时结合PDSIPE项目教学的特征，充分发挥该模式下学生的学习效果。

（一）财务管理职业意义认知

把启发学习动力放在首位是项目教学的主旨，对于职业意义认知是项目教学的根基。教师要在此环节进行职业生涯规划教育、行业展望教育等。学生需要进行个人职业生涯规划设计和职业就业、创业方向设计，目的是深入提升对职业意义的认识。

（二）项目创置

**1. 利用云班课进行课前任务推送**

教师和学生均在手机上下载安装云班课APP，由教师创建班课，生成邀请码，学生进入班课。项目创置为课前活动，项目创置的环节中，教师为核心角色。教师要进行的工作是项目主题确定、项目设计、组建课程体系、项目布置落实。以上工作借助于手机中的云班课，进行课件和微视频的推送、课程通知。学生在此环节主要的工作是接受项目任务分配、自主创设项目方案、课程学习目标设定。同时针对学习中的问题展开讨论，借助云班课中的活动实现。

**2. 教师进行项目创置**

关于"财务管理"课程理财项目教学设计：房贷月供、汽车贷款、投资理财项目。教师布置活动：章节内容讲述完成后，教师运用蓝墨云班课平台，打造情境设计教学。首先在云班课中上传"投资理财"资源，让学生了解身边实际的理财知识。

布置活动：

活动1：假如你有10万元，你将会：（请选择）

买股票□ 购房产□ 存银行□ 开公司□ 娱乐消费□

活动2：假如你想毕业5年后买一部价值20万元的汽车，利率5%的情况下，从现在起你每年要存入银行多少钱？

活动3：一套住房价值30万元，现有10万元现金打算购买该住房，可通过两种方式支付现金不足部分：第一，向建设银行按揭贷款，按揭时间分别为 10 年、20 年，采用每期等额还款支付的形式，请计算这套住房最终支付的金额分别为多少。第二，向建设银行按揭贷款，按揭时间分别为 10 年、20 年，采用逐月递减还款支付形式，请计算这套住房最终支付的金额分别为多少。

### （三）创设项目情境

#### 1. 项目情境的设置

项目教学的特点是创设真实的职场环境，教师的任务是创设出职场的工作环境，包括布置项目小组成员的角色，根据主题设定工作场景；成员间的协作、交流。学生的任务是按照所设环境开展工作，包括自主角色承担、小组角色分工、团队规则制定与遵守等。

#### 2. 学生参与的理财项目情境

学生以小组为单位，开展实践调查，组员之间各有分工去调研，到售楼中心了解房贷的程序，到银行去调查目前贷款还本付息的方式。通过调研，深入到项目情境中，学生对要解决的问题有初步的了解和解决思路。学生经实地调查，结束后设计银行信息反馈表、购房计算表，每小组通过云班课提交，作为平时考核的构成部分。

### （四）项目实施

#### 1. 项目实施的内容

项目实施在课上环节展现，教师在本环节提出项目的产品表现形式，同时以项目管理者的角色提出项目要求，包括质量标准和时间标准，以项目导师角色提供帮助。学生自主与小组合作进行项目，要进行方案选择并明确项目要求，进行项目操作，最终形成项目产品。

#### 2. 项目实施的教学环节模式

分小组设计银行贷款解决方案，将小组成员头脑风暴的成果呈现在纸上。课上小组成员与大家分享成果，体现以学生为中心的教学模式，学生可通过情景剧展现学习成果，调动学生积极性。汇报后各组讨论交流，课堂氛围活跃。教师通过学生演绎进行总结评价，引出理论知识点，使理论和实践相结合。

### （五）项目产品

根据教师的布置，学生参与制作和展现，教师引导学生完善和修改作品，形成最后产品。

### （六）项目评估

教师评价工作主要是对项目成果——产品的评价，结合学习过程表现评价，结合项目实施策略与方法评价、态度形成与转变评价，还要反思教学目的是否达成。教师通过云班课作业推送进行课后活动：教师在班课发布"作业/任务"，学生按作业任务在规定时间内提交项目报告电子版，由教师进行评价，教师也可指定学生评价或开展互评学生自评。

作者提出的以学生为中心的PDSEIP教学法，通过现代教学手段，扩展和延伸了教学空间，由课堂、教室延伸到手机、网络的无限空间，手机终端成为学生灵活便捷的学习工具。教学模式的关键和核心是"以能力为本位"，课堂教学使学生掌握学习技能，突出学生的主体和核心地位，学生主动学习的能动性被大大激发，从而真正达到培养学生创造思维和自主意识的教学目的。

## 二、信息化环境下中职财务管理教学模式

随着信息化时代的到来，人们的学习、生活、工作都发生了翻天覆地的变化，中职学校的财务管理教学模式也受到了很大影响。作为经济管理类的核心科目，财务管理要求学生具有更强的操作性和技能性。如今在中职学校中，很多财务管理课程仅仅停留在表面，并没有将该学科与信息化环境相融合的部分在教学中重点体现。因此，现阶段中职财务管理教学模式还不够系统化。如今越来越多的学校认识到在信息化环境下改革财务管理教学模式的重要性，在当前的教学改革中，应当将如何在信息化环境下创新中职财务管理教学模式作为一项重要课题进行研究。

### （一）财务管理课题研究传统模式的弊端及信息化环境下财务管理教学的优势

过去的财务管理教学课堂中，教学工具主要是黑板、粉笔，教师在课堂中占主导地位，学生则被迫接受"填鸭式"的教学内容，整个课堂气氛非常沉闷枯燥，

教学内容也以课本为主,很多学生会在这样的环境下失去对财务管理课程的兴趣,学生的发散思维及创造性在这样的环境中被扼杀,这样的教学方式显然不利于提高学生的综合素质。学生所学课程往往偏重理论化,与今后实践脱节现象严重,学生在走出校园步入社会后,会发现学到的知识不能直接应用到工作岗位中,因此传统的财务管理教学模式已经不符合当今社会的发展需求。

信息化环境下,财务管理应当重视实践能力的培养,中职学校也应当对财务管理教学资源给予足够的重视。在教学中,要摆脱过去以教师为主体的师生关系,将教师作为课堂内容的引导者,将学生看作是课堂的主体,这样的现代化财务管理教学模式,有助于实现教学改革,将财务管理的理论知识与实践内容实现有机结合。教师还应当结合不同的教学方式和思想观念,运用更加个性化、情景化、协作式的学习理念,让学生在学习的过程中将理论知识与实践相结合,提高学生的创造性和主动性。信息化环境下的中职财务管理教学模式有效弥补了传统教学模式的弊端,可以有效提升教学质量,提高教学效率。

### (二)信息化环境下中职财务管理教学模式的创新策略

**1. 构建混合式的教学模式**

在信息化环境下,我国中职学校要想开展财务管理教学模式,可主要围绕3种教学模式进行,即协作式、任务驱动式、探究式。协作式教学模式,主要是将课堂中的学生分成不同的学习小组,在教师的指导下,为不同的小组设置不同的财务管理问题,经过小组间学生共同协商,最终提出解决方法。在这样的教学模式下,学生在课堂上可以与同学进行有效沟通,提升协作能力,并且经过协商讨论可以带动学生的创造性思维。任务驱动式教学,教师可以为学生自学提供空间,教师为学生布置好接下来的学习任务,学生要带着任务去学习,在完成任务的过程中,学生可以培养创新能力与合作能力。探索式教学,教师可以将课堂建立在网络教学的环境下,主要学习形式为自主学习。这三种模式在实际教学中应当混合开展,根据教学内容的真实需求,不断变换教学模式,激发学生的学习兴趣,实现学生全面发展。

**2. 强化现代化教学理念**

中职学校应当将现代化的教学理念作为开展教学活动的宗旨,从根本上转变教学思想,将财务管理尽可能与信息化环境相融合,促进教学的改革创新。除此之外，教师还要充分认识到财务管理教学模式在信息化环境下的特点，从教学资源、环境、要素等多个方面，将理论教学与实践教学有机结合，突出教学重点和难点，让学生掌握更具有使用价值和操作价值的财务管理知识。

### 3. 强化学生的主体地位

学生在课堂中占主体地位，这是信息化环境下，中职学校开展财务管理教学模式的重要思想。在教学中为了培养和提高学生的综合素质，应当尊重学生的学习需求。特别是在网络信息普及的今天，互联网中的海量信息使教学内容发生了巨大的改变。过去被动学习的模式已经成为历史，取而代之的是自主学习和探索式学习。教师在教学过程中要突出学生的主体地位，调动起学生的积极性和创造性，鼓励学生及时掌握财务管理的操作技能，实现自身综合素质的提升。

信息化环境下，创新中职财务管理教学模式具有十分重要的现实意义，在教学过程中教师要有意识地开展混合式的教学模式，将更多理论知识与实践有机结合，强化学生的主体地位，通过理论与实践相结合的形式，巩固课堂知识，提升综合素质，全面促进学生的发展。

### （三）信息化技术的应用

信息化在技术层面上指的是多种技术综合的产物。它整合了半导体技术、信息传输技术、多媒体技术、数据库技术和数据压缩技术等；在更高的层次上它是政治、经济、社会、文化等诸多领域的整合。信息化特征的主要表现概括起来有四个方面：虚拟性、全球性、交互性与开放性。基于信息化的教学是属于现代教育范畴的一种新的教学方式。它不只是一种新的教育工具，不只是一种新的教育方法，不只是一种新的教育内容传递形态，不只是一种新的教育组织形式，而是所有这些的综合。它是一种人机协作，人为主，机为辅的信息时代特有的教育方式。根据信息化技术的特征，在财务管理的教与学过程中拟进行如下探索。

### 1. 培养和提高学生和教师的信息能力

信息能力主要包括八种能力：运用信息工具、获取信息、处理信息、生成信息、创造信息、发挥信息效益、信息协作和信息免疫能力。信息能力贯穿整个财务管理教与学的过程中，对学生学好这门课程，教师教好这门课程起到重要的作用。实践也证明，信息能力高的学生在学习过程中往往比较容易地解决遇到的问题，信息能力高的老师其课堂教学效果也比较好，整个课堂生动活泼，师生互动融洽，课下辅导答疑及时，学生学习兴趣较高。

**2. 倡导学生利用先进的信息化技术提高自学能力，改变以前的学习模式**

财务管理课程有其自身的特点，在学习本课程之前，教师事先给出各种电子信息资料，包括课程教学大纲、课程教学计划以及课程电子教案；学生可以按照自己的情况合理安排预习时间，制定各章节的学习目的，主动通过网络技术查阅相关的文献及实际案例，积极和其他同学就课程中的疑难点进行探讨，在课堂上可以和教师就某个专题进行互动，由以前的被动式学习转变为主动式学习。学生将学习结果进行展示、评价，进行及时总结，学生通过QQ平台、微信群或校园局域网平台进行交流、评价，可以使学生获得一定的成就感，对自己的学习也会增强学习兴趣。同时通过交流、展示、评价，可以促成学生之间进行竞争，形成一定的争优创先的学习氛围。

**3. 教师充分利用各种信息化手段来提高教学效果**

目前的教学资源的主要形式包括电子课件、电子教案、参考文献等。为了达到较好的教学效果，教研室中同门课程的教师可以对重点章节制作微课，微课的核心组成内容是课堂教学视频，同时还包含与该教学主题相关的教学设计、素材课件、教学反思、练习测试及学生反馈、教师点评等辅助性教学资源，它们以一定的组织关系和呈现方式共同营造了一个半结构化、主题式的资源单元应用小环境。因此，这种形式既有别于传统单一资源类型的教学资源，又是在其基础上继承和发展起来的一种新型教学资源。另外，教研室也要积极搭建信息化平台，构建财务管理专业网站，网站上有本课程的专业资料，行业最新发展，实际案例，优秀的专业人士，在线答疑平台，实现互联网空间的零距离交流。利用信息化手段建立课程评价平台，让学生对所学内容及时评价并反馈掌握情况，使教师能够动态了解学生学习状况并随时调整教学内容。利用信息化手段建立财务管理课程实例平台，具体实例与实际公司操作直接接轨，让每个学生都能亲身经历管理过程，积累实践经验，为走上社会做好铺垫。

总之，在通信技术和网络技术高度发达的时代，财务管理的教学也应该与时俱进，充分利用信息化技术，也即现代媒体技术、现代传媒技术和教学系统设计技术，激发学生的学习兴趣，提高学生的学习效率，提高财务管理教学的教学质量。

## 第三节 完善实践教学

### 一、面向中小企业财务管理实践教学

我国一直以来奉行的经济政策是,以公有制为主体,多种所有制经济制度共同发展。市场经济条件下,中小企业类型,因具有经营规模小,经营方式灵活的特点,在拉动经济增长,稳定国民经济,促进就业等方面发挥着重要作用。特别是在促进大学生就业方面,有着突出的贡献。但是,目前我国的大学教育中,财务管理专业的教学实践更倾向于大企业财务管理方向。对于中小企业的财务管理学习上相对隐蔽。而从学生就业角度来看,大部分的毕业生更多流向中小企业。学校内的专业学习并不能满足学生未来就业的知识储备需求。所以,需要对面向中小企业财务管理的实践教学进行深刻研究。

(一) 中小企业财务管理特点

我国的中小企业主要是以城乡集体企业和个体私营企业为主。因为其经营规模有限,资金的流动量不大,所以财务决策权相对比较集中。这也决定了中小企业的财务管理方式和大型企业有重大区别。其主要表现在筹资方面、投资方面以及利润分配三个方面。

**1. 筹资方面**

中小企业的筹资渠道比较单一,与大型企业不同,不能通过股票、债券等方式进行融资。中小企业一般依赖企业之间的商业信用,银行小型贷款等方式筹集资金。所以,中小企业一般将财务管理和会计核算制度合并在一起,不会单独设立财务管理机构。

### 2. 投资方面

中小企业以对内投资为主。对于中小企业，因为业务总量有限，资金紧张，所以，企业的资金多用于企业的设备更新，产品研发上。投资方式也呈现一元化的结构，不具有大型企业多元化投资取得收益的优势，资金回收周期较短。

### 3. 利润分配方面

对于中小企业，特别是合伙企业制度，所有者与经营者之间没有清晰的产权。企业资金和每个合伙人之间的债权关系并不清晰，也没有必要去设立独立设置的财务管理机构。所以，中小企业所呈现的利润分配方式和大型企业明显不同。中小企业更注重企业的短期利益分配，而且财务决策权相对集中。

## （二）面向中小企业财务管理实践教学探索

### 1. 引入项目教学法

项目教学法是一种新型的教学手法，它有利于解决现代大学教育中，学生缺乏团队合作以及社会实践经验的问题。在教学实践中，应该针对中小型企业的财务管理的特点，设计项目课程，将学生采取分组等方式组成一个团队，学生通过采取实际调研的方式，或者到企业实地考察等方式，通过团队合作，解决好每一个不懂的问题。最后，学生要书写调研讨论报告，将理论知识和实践结合起来。通过这种方式，在整个完成项目的过程中，不仅可以使学生学会团队协作，还可以通过初步的社会实践，积累学生企业工作经验。在教学实践中，尽可能地将中小企业融入教学实践中，可以通过组织中小企业责任人到校演讲的方式，增加学生对企业文化的了解，快速融入企业文化。还可以通过提供学生假期到中小企业实习的方式，增强学生的社会实践能力，为中小企业财务管理培养优秀的人才。

### 2. 教学评价多元化

财务管理的实践教学，也是国家课程改革的一个重要方面。在面向中小企业的财务管理教学实践中，需要摒弃传统的单一式教学考核制度，实现教学评价多元化制度。学校不能仅仅通过考试等单一方式，来考核学生的专业学习能力。高校应该逐步建立起多元的教学评价机制，增加学生社会实践机会，培养学生实践创新能力。以团队小组合作式教学手法，增强学生的团队合作精神，使其更能适应中小企业的发展模式，为培养出适应中小企业发展的专业财务人才发挥作用。

总之，财务管理实践教学中，要以中小企业的财务管理学习为重点展开，积极创新教学方式，培养学生适应社会发展的需要。通过采用项目教学等方式，结合多元的教学评价机制。从而有效地提升学生的自主学习，分析问题，解决问题的能力，同时增加学生社会实践经验，为中小企业提供适应其发展的优秀财务人才。

**二、能力提升视角下的财务管理实践教学**

地方高校人才培养目标大多是培养面向区域经济发展需要的应用型人才，更多地需要学生掌握基础专业知识，具有实践创新的能力，以更好地适应社会经济建设实际需要。但调查发现，不少地方高校培养的财务管理专业毕业生与用人单位之间的需求存在着很大的差距，无法满足用人单位的需要，导致想招人的招不到，想就业的却不能就业的局面。而造成这一局面的主要原因在于，不少高校的财务管理专业建设时间较短，实践教学体系不健全，存在实践教学目标不明确、内容不合理、方式形式化、保障体系不到位等问题。因此，对财务管理专业实践教学体系问题进行分析，并提出优化措施，具有重要的理论和现实意义。

安徽省目前共有12所本科高校开设了财务管理专业，通过对安徽省5所地方高校财务管理专业建设的调研，发现这些地方高校财务管理专业理论教学体系已经比较完善，但在实践教学体系建设方面相对比较滞后，依然存在许多问题，严重制约了教学质量的进一步提高。

实践教学目标是实践教学改革的航向标，它对于深化实践教学改革，增强进行实践教学的自觉性，保障实践教学的效果，提高实践教学质量都具有很重要的意义。由于高校财务管理专业建设时间较短，一直以来，地方高校普遍缺乏财务管理专业方面的高水平教师，对财务管理专业的目标定位不太明确，对财务管理专业培养目标的设置甚至直接沿袭会计学专业的培养目标，导致会计和财务管理专业培养目标部分重叠。根据调查发现：现有财务管理专业进行的实践教学，大多以"验证性"实践教学为主，直接检验一下上课的内容，目标层次比较低，不注重现实财务问题的分析和研究，更谈不上追求实践能力和创新能力的提高，无法满足社会对财务管理人才的需求。

实践教学内容体系是实践教学体系的主体。目前，财务管理专业毕业生供需存在偏差，主要原因之一在于高校对实践教学环节的课程体系设置不合理，实践课程的内容不能与社会需求接轨。学生专业实践能力提升和企业要求严重脱节，无法与用人单位的需求衔接。现阶段，地方普通高校财务管理专业学生就业的方向大多进入中小企业从事会计工作，而中小企业财务管理的特点及技能需求与课本上所说的财务制度比较完善的大型企业的情况存在很大差异。针对这种现状，财务管理专业应该开设哪些课程实习（实验）和综合性实验、这些实习（实验）的内容是什么等问题不能得到有效解决，是无法开展好实践教学的。根据系统理论，财务管理的实践教学内容是个系统，实践教学内容应遵循由简单到复杂、由基础到综合的规律进行合理设计，忽视任何一方面的内容建设都会影响实践教学的效果。

  据调查，目前地方高校财务管理专业实践教学的形式主要为章节作业实训（在课程某章节内容结束后进行）、课程综合实验（某专业课程结束后进行）、校内专业综合实训（毕业实习前进行）、毕业实习和毕业论文设计。其中，章节作业实训和课程综合实验这两种形式的实践内容简单，在实际执行过程中变成了检验习题答案。由于这部分内容往往只有一个标准答案，无论是教师还是学生只关注最终的结果对错，实验报告千篇一律，有些学生甚至无须实践就能获得结果，最后直接抄个答案完事。这种实践教学方式不关注实践分析和创新能力的培养，实践效果并不明显。虽然不少高校有校内专业综合实习，但也流于形式。据调查，在一些高校，该实践活动直接交由财务管理课程组实施，课程组组长（一般为教研室主任）只是简单地分配一下实践的时间，具体实践内容及其实施完全由分配的教师说了算，有些教师实践时直接把课堂内容重复一遍，弄几个案例就算实践了，效果也不理想。至于毕业实习，如果能到相应的财务管理岗位上实践，应该能在一定程度上起到实践的效果，然而，由于学生在毕业实习过程中很难真正接触到企业核心的财务管理业务，或者有的学生直接从事营销等与专业关联不大的实践活动，使得该种实践方式效果受到一定的影响。毕业论文设计本应该按照毕业实习内容开展，但因为能真正从事财务管理专业实践的学生并不多，通过毕业论文设计达到提升实践能力目的难以实现。

  尽管许多高校开始高度重视实践教学，但实践教学条件较差，管理保障机制不健全，如缺少相应的校内外实习基地、"双师型"和"双能型"实践教师不足、教师普遍缺乏实践经历等，难以保障财务管理专业实践教学的开展。

  认知财务管理工作环境、提升财务管理实际操作能力是财务管理校内实验室实践的主要目的。但目前，不少高校将专业建设的重点放在了人才培养目标、课程体系、教材建设等方面，而对实验室实践教学建设却没有给予足够的重视。开设会计学的高校，校内一般都建立了会计模拟实验室，专供财务管理专业使用的财务管理实验室建设投入不足甚至没有，无法满足财务管理知识更新所需要的软件和设备更新费用，建设比较滞后。

由于财务部门涉及企业的商业秘密，企业不太愿意接收短期教学实践的学生，而且，为数不少的中小企业也没有单独设置财务机构，这给学校联系实习单位进行集中实习增加了一定的困难。有些学校象征性地找几家单位，其他大部分学生都需要自己联系实习单位。结果由于部分学生无法联系到实习单位而不能进行社会实践。还有部分学生虽然能进入一些企业实习，结果只能在单位打打杂，干些与专业知识关联性不高的活，不能实现预期的目标。再加上部分高校财务管理专业招生人数多，常有多人赴一个单位实习的情况，超出了一般企业接受实习生的能力，影响了实习效果。因此，校外实践基地建设薄弱成为财务管理专业实践教学提升的难点。

学生实践能力的提高在很大程度上取决于教师实践能力的迅速提高。然而，目前地方高校财务管理专业教师大都是从学生到老师、从学校到学校，甚至是从非财会类专业转过来的，没有经历过财务管理专业实践。他们很少或者根本就没有到企业从事过财务管理工作，尽管有些理论知识，但对企业财务实际问题认识不足、实践能力不高。

目前，地方普通本科高校普遍注重理论教学的评价，考试有具体的规范要求，而对实践教学很少有全面科学的规范。一方面，由于部分教师布置的实践教学内容单一，实践结果只有一个，无法判断优劣。实践教学教师一般只是平时查查学生是否缺勤，学生实践完毕交个实践报告，教师根据学生的实践报告和考勤情况给个最终评价；甚至有的老师干脆依照学生理论的成绩给个实践得分，基本不注重过程和能力考核。另一方面，学生对教师的考评缺乏具体的实践教学评价指标体系，他们只是按照理论教学评价指标体系对教师进行评价，从而致使教师重理论教学，轻实践创新，无法提高实践教学质量。同时，教学督导部门对实践教学重形式管理，只检查实践活动教学时教师在不在场、实践教学有没有材料，极少进行专业性的实践指导。

(一)财务管理专业实践教学体系构建与优化

**1. 构建以能力提升为目的的实践教学目标体系**

地方普通高校财务管理专业人才培养主要目标是培养为区域经济建设服务、具有较高综合素质和较强实践能力的高级应用型财务管理专业人才。需求决定供给，财务管理专业实践教学体系应以社会发展对财务管理人才的要求为导向，突出实践性要求。因此，结合调研情况和企业需求实际，财务管理专业实践教学的总体目标可以明确设置为：培养学生的财务管理意识和创新精神，提升学生的实践能力，扩展学生财务管理专业知识面，并在此基础上切实提高其业务水平。在总目标之下可延伸提炼出"基本素质、专业技能和创新技能"等子目标，并落实到各个具体实践项目的实验计划和大纲中，由此形成一个从整体到个体、从抽象到具体的实践教学目标体系。

**2. 整合实践教学方法，健全实践教学内容体系**

实践教学方法需要结合实践教学内容灵活运用。财务管理专业实践教学内容体系建设应该是专业技术应用能力和专业技术理论有机结合的教学体系，它必须有利于培养学生的财务管理应用能力、分析和解决财务管理实际问题的能力。

（1）课程实验（实训）。课程实验（实训）是最基础的实践教学方式。由于会计知识是财务管理实践的基础，同时，财务管理专业毕业生就业方向不少还是从事会计工作，因此，财务管理专业学生首先得要进行会计知识方面的课程实验项目，如会计手工与电算化模拟实验，提高会计核算能力。同时，针对财务管理核心课程安排相关实践项目，如利用财务软件进行资金时间价值的计算、财务指标分析等内容的实践，加强对学生财务管理基本知识和基本技能的培养。

（2）校内专业综合实习。校内专业综合实习要求综合运用专业知识解决现实问题，是对课程实验的深化。在专业核心课程结束时，可在第7学期，在校内安排7到8周时间的校内专业综合实习，进行企业财务管理模拟实训，借此提高学生综合分析和应用能力，为进入校外企业实习奠定基础。

（3）校外毕业实习。作为高校学习的最后阶段，学生需要根据毕业实习内容设计相关毕业论文。校外毕业企业实习是一种"干中学"的实践教学方法，有助于巩固和拓展学生的专业知识，同时，在参加毕业实习的基础上完成毕业论文设计工作，可以提高财务管理分析能力和实际解决问题的能力。校外毕业实习是毕业前与社会接轨的最后一次实践锻炼，同时也是占时最长的实践教学阶段，通常安排 1.5~2 个学期。

实践教学方法多种多样，但每种方法有自己的短板。因此，需要综合运用，取长补短，建立"课程实验（实训）+校内专业综合实习+校外毕业实习"的组合模式。

（二）优化实践教学管理保障体系

**1. 加大校内财务管理模拟实验室建设，改善校内实践教学条件**

财务管理活动是企业单位管理的核心组成部分，往往具有较高的保密性，这无疑增加了师生参加实践的难度。因此，校内实验室模拟训练成为实践教学的首选和替代手段。建立财务管理模拟实验室是进行财务管理实践教学的基础，在培养人才方面有着不可取代的独特作用。模拟实验能在较短的时间内提高学生动手操作、综合分析问题等方面的能力。校内实验室建设要能够保证教学内容的开展，满足单项实验和综合实验等实验形式的需要。学校可以通过建立直观的企业沙盘、模拟企业实际财务运行状况，开展财务管理活动。财务管理模拟实验室建设时，可以引入市场化运作，通过财务软件供应商和高校联合共建实验室。同时，及时购置更新财务管理软件，减少与社会需求的差距，提高学生的就业能力。

**2. 建立相对稳定的校外实践基地**

虽然校内实验室模拟实习能够在一定程度上提高学生的实际操作能力，但模拟环境与现实工作环境还是存在很大的差距。同时，地方高校财务管理毕业生就业主要面向中小企业，而我们模拟的却是大型企业的财务管理活动。因此，为更进一步贴近企业实际需求，学校还应通过各种方式积极展开校企合作，建立校外实践基地。

校外实践基地建设的主要形式是建立校企合作。为了避免不必要的纠纷，校企双方应签署建立专业实习基地的协议，明确各自的权利和职责。在选择和建立校外实习基地时，应坚持"共赢"的原则。一方面要让企业从校企合作中获取一定的利益。如师生为企业提供财务咨询或进行企业专项课题研究，帮助企业解决财务管理中的某些实际问题，同时提高企业的声誉；另一方面，应保证合作高校师生能在企业得到相应的实习岗位，可以在实际财务管理工作中得到实实在在的锻炼。充分利用实践基地现有的工作环境、人才资源，让师生在真实的工作环境下感受到财务工作的实际情况。

### 3. 提高财务管理专业教师队伍的实践能力

学生能力的提高在很大程度上取决于教师实践能力的水平。教师队伍的能力高低是人才培养目标能否实现的关键因素。目前，应综合采用多种方式方法快速提高财务管理专业教师队伍实践的能力。一是鼓励专业教师到校企合作单位从事挂职锻炼或顶岗工作，学校通过制定相应的制度，在工作量、业绩考核和职称晋升等方面提供制度保障。二是外聘一些具有丰富实践经验的企事业单位财务管理人员担任兼职教师，定期到学校举办讲座，为专业教师做培训指导，对实践教学中的薄弱环节进行指正。三是鼓励教师带队参与学生的专业技能竞赛，如参加"全国大学生创业大赛""全国ERP沙盘创业大赛"等比赛项目。这些项目不仅锻炼了学生的专业能力，也对教师素质的提高能起到促进作用。四是鼓励专业教师积极参与企业咨询和培训活动，积极承担企业单位的横向课题研究，从而了解企业财务管理的实际问题，在实践过程中积累实务经验。五是严格执行青年教师导师制。定期组织青年教师观摩优秀教师的实践教学活动，通过加强过程监督来提高教师的实践教学水平。

### 4. 完善实践教学管理制度，实行规范化管理

专业实践教学的有序开展离不开规范化的制度管理，科学的实践教学管理是实践教学顺利进行的保证。教学管理部门应明确制定各项制度规范：首先在开展专业实践教学前，教学管理部门应要求实践教学教师按照规范制订科学完整的实践教学计划、实践教学指导书，保证实践教学的开展。其次，建立科学高效的实践教学督导反馈机制，教师实践实施过程中及时发现实践教学和管理上的漏洞，提出比较科学的纠偏措施，及时纠正实践教学运行和内容上的偏差。最后，建立科学合理的实践教学评价体系。在前期分析调研的基础上，设定科学合理的实践教学评价指标体系。对学生评价要综合考虑学生知识和技能的掌握、综合财务报告的分析撰写等能力因素。同时，对教师的评价要与理论教学评价指标体系分开。

实践教学对于应用型本科人才能力的提高起着助推器的作用。目前，地方高校财务管理专业虽然已经形成了相对完善的理论教学体系，但在实践教学体系方面依然还存在诸多问题。因此，基于能力提升视角，研究财务管理专业实践教学体系优化措施具有重要的意义。财务管理专业实践教学体系是个系统工程，需要综合考虑实践教学目标体系、实践教学方法、内容体系以及实践教学管理保障体系的总体优化。

### 三、高校财务管理实践教学

实践教学体系，就是为了配合专业理论的教学，通过提供现实与仿真的实践平台，强化对学生分析问题和解决问题的能力培养，拓展学生专业训练和实践能力而设置的教学环节。目前高校毕业生普遍面临着就业的压力，财务管理专业的学生也是如此。就业压力是多方面原因形成的，非常重要的就是学校培养学生的方向使得学生所形成的技能与社会需求的差异。多数用人单位对大学生的要求较高，要求学生既要具备一定的专业理论知识，又要具备一定的运用所学知识分析问题、解决问题的能力，也就是实际动手能力。由于学生实践能力的缺失，使得学校的培养效果与企业的需求存在明显的差距。

目前在高校财务管理实践教学实施中存在许多问题。第一，在财务管理专业的教学中，都偏重于专业理论知识的教学，教学课时所占比重较大，专业实践教学课时较少，即使安排时间进行专业实习，也常由于经费紧张、实习单位不愿接收等原因，导致实习走马观花，根本达不到预期的效果。第二，学校实践教学环节，体系不够完整、内容不够全面，具体可操作性不强。有的在课程中加了一些实训课、上机课，加大了实践课时，增设了实习环节，但可操作性不强，执行的效果并不理想。与西方国家相比，我国的实践课时还有很大差距。第三，高校由于种种原因未能建立起足够的校外实习基地，即使已经建立了校外实习基地，但由于缺乏重视和管理，大多数也是名存实亡，未能真正发挥实习基地锻炼学生、培养学生动手能力的作用。

#### （一）教学内容的选择

高校财务管理专业的教学内容应包括以下方面。第一，一些课程在教学计划中规定有实践性教学环节的内容和时间；第二，本专业主要专业方向与特色课中，每门课程必须安排至少一个综合性案例作为教学内容，实施案例教学法；第三，第四学期末，相关会计课程安排会计综合专业实验；第四，第七学期末，安排为期两周的财务管理模拟实习；第五，第八学期为毕业实习和毕业论文的写作与答辩；第六，从第二学年开始撰写学年论文；第七，从第三学期开始，安排由专业课教师担任导师的"导师制"；第八，从第五学期开始安排实行校内校外的"双导师制"指导制度；第九，暑期社会实践。另外，尽管财务管理学实验课程内容较全面，覆盖筹资、投资、财务分析、经济效益评价等内容，但其实验过程和大部分实验内容基本上是根据已设定的程序,将数字输入,然后进行验证,只要数据输入不发生错误,结果都是一样的,很难培养学生的创造能力。因此,应在财务管理实验课程中增加研究设计性实验内容。例如,当金融政策变化时企业融资策略调整的模拟;企业经营环境发生变化时,企业投资决策过程调整的模拟;上市公司财务风险预警动态分析;企业综合评价动态模型设计等。

（二）财务管理环境分析

**1. 经济环境**

在网络时代的影响下,信息产业已经成为全球第一大产业,以信息产业为核心来对经济进行逐渐的密集化。可以说随着互联网覆盖范围逐渐扩大,使得企业的销售、资源管理等任务都是在互联网模式下完成的。企业通过互联网不仅向社会提供服务,并且可以从事网络经贸活动（电子商务）。互联网的迅速延伸和扩展,使得一个全新的网络社会正在形成,使地球"缩小"变成一个"地球村"。世界经济成为一个资源共享、高速运转、多元化发展的一体化经济,经济模式改变了人们的工作（如家庭办公与生活、网上购物）,也改变了企业的运作方式。一些独立的厂商、顾客、同行的竞争对手通过信息技术联成临时的网络组织,以达到共享技术、分摊费用以及满足市场需求的目的,求得共同的生存与发展。技术变革要求企业变为松散、精简和更加灵活的结构。总公司重点从事设计、组装和开发市场,生产分包给外围公司,公司之间构成各种协作关系。大公司之间组成战略同盟,大公司与小公司构成几何网络企业。一种虚拟的动态联盟组织便适应时代的需求产生,供产销形成一个完整的链条,企业的财务管理功能将延伸到企业之外。

**2. 技术环境**

在技术环境的影响下,主要是通过网络技术为企业的财务管理提供方便、快捷的覆盖,并且融入了较为先进的财务管理方式。具体来说,企业的财务管理主要是以信息网络为基础对企业内部资源进行管理与整合,然后通过互联网将财务数据进行整理形成网络财务的模式,进而达到动态的、实时的财务管理的目标。

**3. 金融环境、社会环境**

在金融环境的背景下网络交易市场中的流通工具为电子货币,其具有全天24小时可以进行交易的特征。现阶段电子货币的交易方式被人们称为光的速度,并且企业与企业之间的流通费用较低，有利于企业之间的沟通与交易。同时，电子货币已经成为现阶段我国企业进行筹资与投资的重要方式。随着电子货币的逐渐盛行，网上银行的运作模式也逐渐复杂，功能逐渐丰富。网络经济时代技术变革相应会带来社会变革，企业组织和工作结构、社会工种的改变也将影响到企业的财务管理。企业财务管理环境的改变，是财务管理技术方法、职能、观念革新的前提，同时也是其直接影响因素之一。

（三）教学内容的实施

**1. 明确教学目的**

为了优化财务管理专业人才的培养过程，使学生在专业理论学习过程中就能接触实际、熟悉实务，财务管理专业学生必须在第七学期进行一次为期两周的财务管理模拟实习。通过财务管理模拟实习，要求学生能够把在此前学过的财务管理专业课程的知识串联起来，从感性上理解财务管理中筹资、投资、利润分配和财务分析等基本内容，更深入了解和学会如何利用财务管理专业知识去分析解决实际问题的本领。

**2. 采取的实习方式**

专业模拟实习将采取校内实习和校外现场实习相结合的方式。校内实习实施案例教学，将统一使用一个在财务方面内含一定潜在问题的上市公司的比较复杂的案例，内容涉及筹资、投资、利润分配、会计、管理、纳税、资产重组等。由学生在阅读案例、准备材料的基础上，综合利用学到的专业理论知识，站在一个财务分析师比较超脱的角度，将此上市公司在财务、会计、管理等方面的优势和存在的问题尽可能详细地罗列出来，并独立提出解决各种问题的综合对策，撰写案例分析报告，进行分组研讨，最后由指导老师进行总结，从而提高学生分析、解决具体问题的能力。案例来源将选用某上市公司公开的 2~3 年的年报，结合教师对该公司的调研所得资料合成而得。现场实习将由学生到"双导师"制下的校外实习单位，在校外指导教师的指导下进行财务管理专业方面的实习。目前财务管理专业学生的毕业实习与会计学专业一样，大都在会计师事务所从事审计、资产评估等业务实习，真正在工商企业、金融机构从事财务管理和理财业务方面实习的很少。因此，必须在巩固现有实习基地的基础上，有条件地在金融机构建立一批实习基地，以满足学生多方面实习的要求，为学生就业创造较好的条件。

### 3. 科学安排实习进程

实习时间共 10 天时间。在校内实习前两个星期,将案例材料发给学生,让学生熟悉案例,并准备相关材料。校内实习时间共安排 7 天。5 天时间主要用于独立撰写分析、对策报告,2 天用于研讨。每个学生的分析和对策报告在研讨前交给各自的指导老师。校外现场实习由学生提前 1 个月与校外指导教师定好实习题目,一般选用实习单位具体的筹资、投资或利润分配方面的实际事项,可以是已经完成的项目,也可以是正在进行的项目。让学生凭自己的学识独立设计解决问题的方案,时间为 3 天,如时间不够,用业余时间解决。

### 4. 课程考核

课程考核主要分两个方面:一方面是对学生的考核,包括学生在实验课程中的表现、实验报告、实习日记、实习报告以及实习单位的鉴定意见等均应纳入考核范围。考核不合格者不能获得相应学分。另一方面是对教师的考核。对教师的教学质量评价不能只重视理论课堂教学,还要将教师指导实验课和课外实习的课时数和相应的质量情况进行考核。特别是青年教师必须承担指导实验课和学生实习的教学任务,要将教师指导实践教学的情况与理论教学、科研等一起纳入年度考核范围。

专业实验的成绩,将采用综合测评的方法加以评定。学生的实习态度占 20%;案例报告质量占 30%;研讨发言情况占 20%;现场实习成果的评价占 30%。前 3 项成绩由校内指导老师给出;现场实习成绩由校外指导老师给出。

## 五、财务会计与财务管理课程案例分析教学

财务会计与财务管理课程是工商管理、财务管理和会计专业的核心必修课。作为一名在上市公司从事财务工作十多年的普通高校财务会计和财务管理课程任课教师,作者在教学过程中既感受到了开展案例教学的紧迫性和必要性,也看到了其所面临的诸多现实问题,由于会计准则及相关财务会计政策不断更新,该课程在教材建设、授课内容、教学手段上都很难与现代企业要求保持一致,影响了学习兴趣和效果。期望本节的研究对切实提高财务会计和财务管理课程案例教学成效能有所贡献。

## （一）开展案例教学的意义

加强财务会计与财务管理课程案例教学并借以不断提高学生的实践能力和综合素质已势在必行。针对上述的问题，我们曾对该课程做过一些调研和调整，但效果不太理想。学校适逢教学改革提倡案例和实践教学，引进一批有企业会计和财务管理实践经验的老师充实财务会计和财务管理分析等课程教学队伍，在这种有利的环境下，我们通过论证，觉得用案例教学改革财务会计与财务管理课程是一个很好的切入点，可以达到以下目的。

1. 通过选择权威教材和财政部制定的新会计准则，结合名校资源，下载好的案例素材，更新教学内容和改进教学方法，从而使学生更加明确学习目的和方向。权威的教材和案例素材由知名院校有丰富教学经验的教授完成，他们对案例教学方法的原理和趋势把握准确，所著材料通俗易懂，并可保持知识的及时更新。

2. 经典案例素材一般围绕一个实际案例展开，在案例中讲解知识点，这种方式正好可以解决现有财务会计和财务管理课程中学生对实践情况总体过程缺乏了解、动手能力差的问题。

3. 由于理论部分较为抽象难以直面理解，因此任教老师在教学过程中不仅细致讲解理论并同时借助案例讨论、情境设计、角色扮演等教学手段与方法帮助学生加深理解，使学生能够真正消化吸收理论知识并潜移默化用于实践，是摆脱应试教育影响的一种重要途径。

## （二）案例教学实践过程

在正式实施案例教学前，我们调研了财务管理和会计专业本科三年级的学生，发现绝大部分已经在大学一、二年级就学习过如基础会计、中级财务会计、财务管理、资产评估等相关课程，也学过一些如 Word、Excel 及 PPT 等办公软件。而在咨询学生相关专业知识的时候，发现很少有学生看过原版教材，对我们提议的案例授课法表现了极其浓厚的兴趣，只是担心是否太生疏而学不好。这些调查给了我们很大的信心，我们决定增加财务会计与财务管理案例分析课程作为尝试。

**1. 教材及案例资料的选用**

选择合适的教材及案例素材是案例教学第一步也是至关重要的一步。经过反复比较，我们选择了由中国人民大学出版社出版的石本仁编著的《会计教学案例》一书作为教材；同时，把财政部新出台的《企业会计准则》作为教材强有力的补充；案例素材采用黄世忠教授、蔡剑辉教授等编著的《财务会计与管理会计案例分析》及当前社会实时发生的有影响、有学习意义的经济管理大事件而不与当前实际脱钩，以及授课教师自己编制案例分析材料为辅。实时经济管理大事件如万科的卓越财务业绩秘籍及其股权之争、顺丰快递公司的上市成长之路等，笔者自己制作的案例如根据一个企业某个期间发生的经济业务，让学生编制相关会计分录、会计账簿和会计报表（资产负债表、利润表和现金流量表），等等。经过一年的实践，老师和学生对此都很满意，今年继续采用了该教材和案例材料。

**2. 基于全部学生参与的教学实践**

案例教学实施主要分为如下几个步骤。

（1）案例及知识点的前期准备。首先是百里挑一选好案例，然后对案例的知识点逐一列明出处，找到相关财务会计和财务管理理论知识点，列出难点和重点；然后分析该理论知识点在本案例中的应用，最后总结本案例启示。

（2）制作讲课PPT。PPT的内容及结构主要分为五个方面：①课堂案例的背景介绍；②提出相关财务会计和财务管理问题；③从2~3个方面分析问题；④提出相应问题的解决方案；⑤问题解决并进行要点总结。

（3）案例教学实施前期设计。将选定的案例根据班里学生人数复印纸质材料人手一份，然后为了更好地教学以及锻炼学生的组织协调和团队协作、沟通能力将学生每10人分一组，每组推选出男女各一人，即共两个正负组长，正负组长主要负责组员协调沟通及任务分工；一般课程设计是两节课连在一起上，这个为案例课程开展提供便利条件。

（4）课堂实施。先回顾上次课的内容，重点知识点巩固和提升；然后根据教材和会计准则，讲授本次案例中的知识点，并进行重难点分析。之后安排学生进行案例材料阅读，然后小组讨论，定出分析框架，找出重点和难点；第二次课时小组派出2~3人携带电脑，进行分析内容的汇总，制作形成Word和PPT版的案例分析报告；发以上两项材料给老师评阅，老师择优选择2~3组，每节课安排一组进行10~15分钟阐述（一个人上讲台，并且同一个人最多只能上台讲两次，避免搭便车），讲述完毕设置10分钟的双向提问答疑环节，由老师主持引导，然后老师再综合进行点评，最后老师会根据学生的知识点掌握程度进行自己准备PPT的详细或简单呈现，以巩固案例讨论的专业知识和重难点知识。

以上环节学生和老师都全程参与，学生的探索积极性很高，可塑性也很强，群策群力，观点总是让人眼前一亮，很具创造性和创新性。令我们惊喜的是，有很多其他班级的学生也纷纷参与到我们课堂，认为这样上课很有意思，有收获，他们一起融入课堂解答问题，交流经验。这不仅学习了专业知识，也融洽了同学之间的关系。

课程的考核分为三部分，一是期终考试，非命题考试，以小组的形式做一个更复杂的案例。主要考核学生案例分析方法的接受程度和阅读原版课本、理解课堂知识的能力，这部分占总成绩的40%。第二部分是项目作业，如各类分析报告、报表等，以 Word 和 PPT 电子版本形式和按小组提交，这部分占30%。第三部分是其他课堂表现，如出勤率、回答问题情况等，占30%。

（三）实施效果及建议

**1. 教学效果**

经过一年多的实践，该课程得到了学校各位听课专家的充分肯定，评价说该课程设计新颖，师生互动性强，知识点与实时经济管理事件结合，理论与实践完美契合。在对学生的调研反馈中，大部分学生（约85%）对这种案例教学方式表示很感兴趣，认为通过学习，专业水平和实践运用能力都有较大提高。在案例教学实施过程中，各位学生既能自主自由陈述观点，又能通过组内互相讨论沟通交流最终达成一致意见，既锻炼了他们的口头和书面语言表达能力、肢体运用能力和人际交往能力，其团队协作能力又得到提高。参与该案例课程建设的各位老师也感觉教学过程虽然辛苦富有挑战但受益匪浅。大家一致认为，案例教学的实践探索出了一条针对财务会计和财务管理类课程的成功教学模式，同时，也为高校案例教学的改革提供了一些可供借鉴的经验。

**2. 问题与建议**

（1）财务会计和财务管理课程案例教学的定位与推广方式。财务会计和财务管理课程是以企业经济业务和资金运动为研究对象、以企业财务会计活动组织和财务关系处理为基本内容，对其进行核算监督的经济管理的课程。学校及学院应充分认识到财务会计和财务管理课程案例教学的必要性，在制订授课计划和教案时应适当平衡理论讲授和案例教学的课时分配。如遇合班制上课的，老师则可以以小组的方式开展，增加组长和副组长的角色，充分协调案例教学工作的开展；对于没有企业实践经验的老师，可先内部学习，学习听那些从企业聘请的外导或有实践经验老师的课，然后外部学习，不定期多方位参加专业的案例教学培训班，多个渠道提升没有相关经验老师的案例教学实践水平。我们充分认为，真正要推广案例教学，应该多用奖励而非命令的方式进行。如给案例授课老师项目经费资助，提高案例教学的工作量等，让上案例课的老师多付出有高回报。学生方面，可以通过增加案例课的学分（如乘 1.2~1.8 的系数）等给予鼓励。

（2）教材及案例素材的问题及建议。原版的教材、新会计准则及经典案例，就算是影印版，也动辄百元，学生难以承受。所以我们强烈建议统一由学校或学院购买好教材及经典案例，通过出借的方式供学生使用。归还时，根据破损程度支付一定使用费用，减少其成本支出。另外，学院和老师应多渠道逐步建立完善案例库，定期举办有奖竞赛敦促各位擅长的教师编写案例。

## 第四节　校企合作构建产学研合作教学平台

### 一、"合作性学习"模式在财务管理课程中的实践教学

财务管理课程的性质属于管理学范畴，同时也是一门交叉学科。它是一门以微观经济学为理论基础、以资本市场为背景、以现代企业为对象，阐述财务管理的基本理论和方法的应用性学科。在财务管理教学中应注重培养学生对财务管理方法掌握的能力，能够将财务管理的原理和所学理论知识融会贯通于财务管理实际工作，使学生成为能够运用所学知识解决实际问题而不是只会解释问题的优秀财务管理人才。通过对近几年我国企事业单位、金融机构等相关行业的调查和人才需求预测发现，单位普遍需要的是具备熟练的实践操作技能和分析、解决问题能力的财务管理人才，这其中包括会计核算、投资评价、筹资管理、风险防范等综合职业技能。因此，财务管理作为一门应用性相当强的学科，应为培养在相关行业从业的业务人员起到应有的作用。

作为应用型高等本科院校，专业课程要突出专业知识的拓展和实践能力的培养，通过实践教学提高学生解决实际问题的能力。实践教学是财务管理课程教学

的重要组成部分,它让学生学会横向思考,学会联系实际的学习,学会对各部分内容进行综合研究,处理好一些不确定性因素,学会团队协作,同时还能促进理论教学,丰富学生的理论知识。因此,实践教学环节在财务管理课程教学中具有举足轻重的作用。如何在财务管理课程教学中培养学生理论联系实际,提高学生创新能力和实际工作能力,如何保证实践教学的有效性是迫切需要高校财务管理课程教师思考的重要问题。

(一)案例教学在财务管理实践教学中的作用

财务管理课程的教学目的在于培养学生理财方面的理论知识和业务技能,使其能够在企事业单位财务管理部门、银行、证券公司、保险公司等金融机构从事相关工作。但是,在目前的财务管理教学过程中,基本上是以教师单方面的行为为主导,学生通常是信息和知识的被动接受者,不易形成系统、连贯的思维方式,学生对教师有过多的依赖性,缺乏自主学习能力和灵活运用能力,造成学生动手能力很弱,创新精神不足,毕业后进入社会,不能适应岗位需求。传统的满堂灌式教学方法已不适应现代教育发展的要求,必须代之以先进的合理的适合学生发展的,培养学生应用能力、实践能力的方法。

案例教学对加强财务管理实践教学具有非常重要的意义。财务管理案例主要来源于财务管理实际工作的典型素材,有相应的客观依据,是对财务管理实际活动的仿真和模拟,提供的是形象生动和具体真实的感性认识。财务管理案例教学法一方面能促使学生有针对性地运用所学的理论知识去分析问题,可以使学生了解西方的理论体系与中国财务管理实践之间的差距,另一方面案例教学对实践活动的有效模拟,可以弥补高校专业教师实际工作经验的不足。与此同时,教师运用财务管理案例教学法,通过剖析案例、解决财务管理实际问题,改变学生所学理论知识相互分割的状态,使学生所学内容相互渗透、综合运用,将所学理论知识融会贯通于财务管理实际工作,巩固已学知识,提高学生的基本素质,培养其创新能力,从而使学生尽快适应和参与社会的发展。

(二)财务管理课程案例教学

案例教学法与传统教学法相比最大的优点就是能够充分调动学生的积极性,让学生能参与其中,培养和锻炼学生分析问题和解决问题的能力。但多数老师反映在实施案例教学中,感到力不从心,没有达到预期效果。根据多年从事财务管理案例教学的体会及与兄弟院校的相关教师进行案例教学研讨交流,发现在财务管理案例教学中存在以下问题。

**1. 实践教学计划制订不严谨,案例教学的内容和学时安排较随意**

财务管理实践教学计划是培养应用型专门人才和组织教学过程的主要依据。作为财务管理课程教学的实施者,教师需要在财务管理课程开课之前制订一个详细、周密的案例教学总计划,包括本课程计划安排教学案例的总个数、各个案例的教学时间等。但是,据了解,很多教师在财务管理课程开课之前并未事先进行周密设计,虽然在课程开始讲授之前也有按学校要求填写的教学日历(本学期课程教学内容及教学时间安排表),但教学日历(不同学校可能有不同的叫法)的制定主要强调按学期授课学时完成该门课程的教学内容,虽然也有理论授课学时及案例讨论学时,但缺乏具体、详细的课程案例教学的具体安排。比如,给学生发放案例素材的时间、要求学生在案例讨论课之前做的准备工作、案例讨论的具体组织步骤、每个小组学生在案例讨论中的分工合作安排、案例讨论过程中可能出现的问题及对策等,由于缺乏严谨的案例教学计划及安排,使得案例教学内容和学时安排得不到有效执行,案例教学效果大打折扣。

**2. 案例教学组织不严密,课堂讨论气氛不活跃,学生发言不积极**

在与兄弟院校从事财务管理案例教学的教师交流中,大家普遍感到,在实施案例教学过程中,能力较强的学生主动参与的积极性高,能力一般的和比较内向的学生参与案例教学的比较少,如果老师不能告诉学生"正确"答案或者不能给予学生表达观点的机会,学生则表现出消极被动的姿态,不敢或不愿表达自己的观点,课堂气氛不活跃,造成案例教学不能取得满意的效果。产生这种现象的原因除了部分来自学生的因素外,与案例教学组织不严密也有一定的关系。首先,教师在案例教学中不仅应关注课堂教学,还应注重案例教学前的组织工作,大部分老师将案例教学准备要求布置给学生后不再关注学生具体是如何准备、准备的程度及小组成员是否对搜集的案例背景资料进行了系统的整理、课前小组成员是否对案例进行过充分的讨论等工作。其次,为了鼓励所有学生积极发言,应将事先制定好的学生成绩评定标准告诉学生,由于学生事先不了解案例讨论环节的评分办法及细则,也造成了部分学生搭便车现象,发言不积极。

**3. 案例教学中教师角色定位不准确，未能充分发挥积极引导作用**

在传统教学中，教师习惯于按照既定的模式进行"传""授""解"，而在案例教学中要求双向互动，在这一过程中，教师的任务是组织与引导。教师要善于创造良好的自由讨论的气氛和环境，并设法使学生成为讨论的主角。由于大多数从事财务管理案例教学的教师缺乏专门的案例教学培训，凭着自己对案例教学的理解组织案例教学，未能对自己在案例教学中的角色准确定位，并且由于深受传统教学模式影响，以至于在案例讨论中不经意地表露出自己的观点，从而使学生受到老师观点影响，未能充分表达自己思想和观点。

**4. 案例教学成绩评定不科学，未能激励学生主动参与的积极性**

要确保案例教学的实施效果，应充分发挥学生主动参与的积极性。案例教学要求学生能够全体积极参与，善于思考问题、提出问题、分析问题，从而达到掌握知识的目的。为了激励学生参与讨论的积极性，教师应将学生在案例讨论中的表现纳入考核范围，使学生重视课前的准备、课中的讨论和课后总结的撰写。据了解，大多数教师在案例教学中虽然也根据学生表现做了平时成绩登记，但缺乏细致的设计与说明，使得学生不清楚在案例教学整个环节中通过哪些表现可以得到相应的分数。事实表明，如果在案例教学过程中缺乏经过科学设计和说明的成绩评定方案将不能有效激励学生主动参与案例教学。

（三）"合作性学习"模式有效地保证了案例教学的实施效果

对于案例教学在财务管理课程实践教学中的作用，国内外高等院校已达成共识，但如何高质量地应用案例教学，保证案例教学的效果以达到教学目的，这是值得广大教育工作者深思的问题。

"合作性学习"是于20世纪70年代初兴起于美国，并在70年代中期至80年代中期取得实质性进展的一种富有创意和实效的新型教学组织形式。所谓合作性学习，就是指学生在小组或团队中为了完成共同的目标与任务，有明确的责任分工的互助性学习。"合作性学习"具有四个基本特征：以异质小组为基本形式，以小组明确的目标达成为标准，以小组成员相互依赖的合作性活动为主体，以小组总体成绩作为评价和奖励的依据。它的基本做法是，依其任务类型或学生学业水平、能力倾向、个性特征、性别等方面的差异将学生组成若干个异质学习小组（每组3~6人），创设一种只有小组成功小组成员才能达到个人目标的情境，即小组成员不仅要努力争取个人目标的实现，更要帮助小组同伴实现目标。"合作性学习"强调以合作学习小组活动为主体形式，力求体现集体性与个体性的统一。

在案例教学中要求学生实现从理论学习到分析实践的飞跃，启发学生广泛地思考问题，学生犹如企业管理者"当事人"一样，身临其境，处理问题，明辨是非，提出方案。这些问题的正确答案不是从书本上得到的，而是通过小组成员相互讨论，互相帮助、互相启发才能得到的，从而有效地提高小组成员分析问题和解决问题的能力，不断调动学生学习积极性和主动性从而保证案例教学有效实施达到教学目的。

根据美国明尼苏达大学合作学习中心约翰逊兄弟提出的五因素理论认为："合作性学习"的关键因素有五个，它们是，积极的相互依赖、促进性的相互作用、个人的责任感、社交技能或合作技巧、小组过程。通俗地说就是，学生之间的相互配合，共同任务中的分工和个人责任，小组成员之间的信任，对成员完成的任务进行加工和评估，并寻求提高其有效性的途径。五因素有机系统地组合在"合作性学习"的情境中，"合作性学习"有序实施并取得长期的成功。因此，在财务管理课程案例教学过程组织中应做好以下几方面工作。

### 1. 根据人才培养目标科学制订财务管理课程实践教学计划

财务管理实践教学计划是培养应用型专门人才和组织教学过程的主要依据。因此，在制订财务管理课程实践教学计划过程中，应着重考虑财务管理课程实践教学中案例的选取及其可行性、各种不同类型的案例在整个教学中所占比重、具体实践教学中不同案例时间安排的合理性、培养学生能力的市场适应性、具体实践步骤的可操作性等方面。可以尝试在财务管理课程讲授之前，为学生制作一个具有指导意义的学习点津，使学生事先了解该课程的授课方法、授课内容、哪些内容通过案例教学完成；在相关案例讨论前应掌握哪些知识、搜集哪些资料。同时制作一个财务管理课程案例教学手册，让学生了解案例教学的步骤，了解案例教学的准备、讨论、撰写报告工作，使学生在课程开始前就对案例教学有一个全面认识，明确自己在案例教学中的角色及作用，从而积极配合即将开始的案例教学。

### 2. 为保证案例教学效果合理确定分组原则与分工操作规程

案例教学的效果如何还取决于学生小组成员的组成，小组成员的分工协作是否协调、有效。所以，在案例教学前教师应指导学生分组，特别强调混合编组的原则。根据国内外许多专家的经验表明，4~6人的组合最能够发挥小组成员的功效。每一小组内及组间要体现出异质性。在建立混合小组之初，可以让学生自愿结合，小组组长也可由学生自己决定，教师最好不干预，以保持有利于合作的因素。随着合作学习的进行，教师对学生有了一定的了解之后，可以根据具体的情况，对原先的混合小组进行调整。调整时应关注学生的成绩差异、个体差异、性别差异和家庭背景差异。尽可能使小组成员各具特色、取长补短、优势互补。在制定分工操作规程时，注意组员必须分别承担互补的、有内在关联的角色，一般包括主持人、阐述人、总结人、记录员、检查员、联络员和观察员等，分别制定各自的主要职责，但讨论时的发言不拘泥于每个人的角色，鼓励每个小组成员积极发言。

**3. 通过"合作性学习"方式进行案例教学时，应明确教师职责**

合作学习时学生的相互交流是主导性作用，但是教师的引导和帮助仍然是必须的。提供帮助与建议、适当的介入与干预、游走与观察、总结评估与反馈等，仍然是指导教师应必须做到的。因此要合理制定教师在"合作性学习中"的职责，以充分发挥教师在"合作性学习"中的作用。教学中，教师是合作学习的组织者，必须科学地发起、维持、促进合作学习的进行。教师必须注重创设讨论的情境，调节讨论的节奏与气氛，维持课堂情境的和谐。除了组织者以外，教师本人也应该是合作学习的成员，教师在"合作性学习"案例教学中不是旁观者、仲裁者，可以以一个意见交换者的角色加入一个学习小组中，或者与每个小组的领导人物在一起形成新的合作学习小组。此外，教师还是总结者，教师对课堂讨论的总结，有助于学生科学判断标准的形成；有利于学生学习兴趣的提升；有利于学生主动将理论与实践结合；有利于激发学生的自主深入探究。

**4. 设置详细的考核与评价方案，发挥学生在案例讨论中的积极性**

课程考核是教学过程的一个重要环节，也是检验教学效果的重要手段。"合作性学习"的目的不只是传授知识，完成实践教学规定的内容，更重要的是要培养学生的合作意识和综合能力，使学生的综合素质在合作中得到全面的发展。因此在新的教学模式下，对学生的评价观念和评价方式应当有所改变。为了激励学生参与讨论的积极性，教师应将学生在案例讨论中的表现纳入考核范围，使学生重视课前的准备、课中的讨论和课后总结的撰写。在案例教学中，对学生的评价应强调过程性评价而不是终结性评价，不仅重视学生通过案例学习获得的成果，而且更重视案例学习时学生参与的全过程。可通过两方面来考查学生在"合作性学习"中案例教学成绩,一方面可通过了解学生在搜集资料、分析资料、推理、判断、得到成果的过程中以及在小组讨论和小组合作中的表现和贡献等给予"参与分"。另一方面根据学生撰写的案例分析报告中是否做出了有意义的、对理解问题有帮助的分析;是否能清晰地阐明自己的观点;是否指出了案例中需要进一步探究的某些方面;是否能做出有意义的案例总结等给予"成果分"。

总之,教师应设计具体详细的考核与评价方案,使得学生清楚在案例教学整个环节中通过哪些表现可以得到相应的分数。一个经过科学设计和说明的成绩评定方案将能有效激发学生主动参与案例教学的积极性。

案例教学是财务管理课程实践教学的重要组成部分,"合作性学习"方式将有效保证财务管理案例教学效果,在财务管理课程案例教学过程组织中应根据人才培养目标科学制订财务管理课程实践教学计划;合理确定分组原则与分工操作规程;明确教师职责;设置详细的考核与评价方案,发挥学生在案例讨论中积极性,使学生在财务管理课程实践教学中学会学习、学会合作、学会思考、学会创新、学会实践。在财务管理案例教学中培养学生健康向上、敢于探索、百折不挠、宽容大度、团结合作、勇于批评与自我批评的精神;增强自信与团队观念;促进学生自我管理,相互合作与沟通的能力,是财务管理课程实践教学的目标和探索的方向。

### 二、合作教学在高职财务管理课程中的应用

合作教学法着重培养学生的独立思考能力、团队协作能力以及创新能力,引导学生进行合作学习。在高职教学中,合作教学对于应用型人才的培养具有重要意义。

(一)合作教学法的内涵

合作教学法是指以学习小组为基本组织形式,以团队成绩作为学习评价标准,让学生共同完成教学目标的教学方法。合作教学法主要涉及六个基本理念:一是互动观。在合作教学法的应用下,其互动不仅仅局限在师生之间,而是包含了师生互动、师师互动与生生互动,其教学互动方式可以分为单向型互动、双向型互动、多向型互动与成员型互动四种基本类型。二是目标观。合作教学本身具有目

标导向特点，在合作课堂中，要重视对学生合作能力的培养与训练，合作教学目标观具有全面、均衡的特点，要保证学生在学习过程中获得乐趣。三是形式观。合作教学采用小组活动和班级授课结合教学组织方法，其基础为集体授课，主体形式为合作学习小组活动。四是师生观。在合作教学中，其出发点为学生主体认识，需要对生生互动进行合理应用，将课堂时间交给学生。五是情景观。在合作教学中，包含了合作、竞争、个体性三种情景，在竞争的同时具有合作意识，优化组合了个体行为、竞争与合作。六是评价观。和传统教学相比，合作教学实施中需要积极利用标准参照评价，将学生小组整体成绩作为重要评价依据，以此来对学生发展起到促进作用。

### （二）合作教学在高职财务管理课程中的应用

**1. 应用方法**

（1）设计情境引导。在高职财务管理课程中，应用合作教学法时需要教师精心设计情境，其设置情况将会对教学效果有直接影响。如果情境设计得当，将会促使学生积极参与课堂讨论，反之则会对学生学习造成不良影响。在设计情境时，需要做到与时俱进，选择和学生有密切联系的社会热点问题，让学生在学习过程中充满求知欲，以此来保证学生的学习效率。以"筹资管理"教学内容为例，开展合作教学时，其主要教学目标是让学生对筹资计划进行编制，可以管理筹资过程、评价分析筹资结果；利用多种多媒体手段收集企业筹资决策所需资料。在设计情境时，教师可以结合引起热议的"温州老板跑路"事件，创设相关教学情境，通过此事件来让学生初步了解筹资问题，了解筹资过程中的多种门槛，明白筹资问题会让中小企业银行贷款难度加大，之后向学生提出问题："针对资金问题，有没有更好的解决方法呢？""在企业中，资金链就如同生命线一般，因此融资是十分重要的，融资的方法都有哪些呢？"

（2）师生合作。在合作教学法实施过程中，师生合作占有重要地位。学生在对情境进行研究后，可能会遇到一些无法凭借自身进行解决的问题，此时，教师需要利用多媒体等技术手段，将该教学项目相关知识形象地传递给学生，讲解后可以开展师生合作活动，对问题进行共同解决。还是以"筹资管理"合作教学为例，创设情境并提出问题后，教师可以在师生合作环节中对资金成本、资金结构、财务管理杠杆原理、企业资金需要量预测、权益资金筹资、负债资金筹资等方面进行讲授，针对案例进行分析讨论。

（3）生生合作。在合作教学中，需要引导学生进行分组与讨论，在此过程中，教师需要适当干预学生的讨论活动，对"组内异质，组间同质"原则予以严格遵循，保证学生讨论小组中包含多层次学生，结合班级总体人数，控制小组人数在5~7人。在高职教学中，其教学目标是培养技能型人才，教师需要结合学生专业以及此专业的具体工作岗位，将学习任务分配给学生。在财务管理课程中，一般情况下，需要在小组中安排财务总监、总经理、出纳以及记账人员等基本角色，根据任务的不同，小组成员可以互换角色，使学生和岗位更加契合。如在"收益分配管理"合作教学中，要组织学生进行小组合作学习讨论，让学生对虚拟企业收益情况进行核算，思考虚拟企业收益的分配方法，经过讨论后，制订出虚拟企业收益分配合理方案，之后再进行讨论交流。

（4）成果展示。教师需要引导各学生合作小组指派一名学生对讨论结果进行陈述表达，同时，要陈述在讨论合作学习过程遇到了哪些具体的问题，又是如何利用现有知识对此类问题进行有效解决的。通过各个合作小组的汇报交流，可以提升学生对所学知识的理解程度。

（5）总结评价。在成果展示环节结束后，教师要对此次合作学习讨论活动进行评价总结，包含成果展示评价与小组讨论环节评价两个方面。在进行总结评价时，教师要运用多种方法，保证评价客观性。同时，要做到少批评、多鼓励，让学生获得学习满足感与学习成就感。通常情况下，可以将高职课程期末考核分为试卷考核与过程考核两个方面，教师需要适当提升过程考核比重，保证学生对学习活动的参与积极性，让学生在交流讨论中获得学习乐趣。

**2. 应用实例**

在高职财务管理课程教学中，笔者曾针对"筹资管理""投资管理""营运资金管理""收益分配管理""财务预算"等内容开展小组合作教学活动，均取得了较好的教学效果。以"营运资金管理"教学为例，教学对象人数共有40人，分为8个小组，每组5人，在每个合作小组中，均具有一名总经理、一名财务总监、一名出纳、两名记账人员。

（1）明确"营运资金管理"的教学目标。要学生确认最佳现金持有量，制定合理应收账款信用政策，确定最佳存货采购批量，分析企业最佳现金持有量，对企业存货与应收账款进行有效管理。

（2）结合此教学目标创设教学情境。笔者通过查阅收集相关资料，对我国国内两家家电连锁零售企业苏宁电器与国美电器营运资金状况进行对比分析。通过对比分析，可以让学生初步了解这两家企业的发展情况，进而明确企业营运资金对于企业发展的重要意义。

（3）进行课堂讲授，开展师生合作活动。笔者主要讲授了现金管理理论知识、应收账款管理理论知识、存货管理理论知识等，并组织学生针对案例展开讨论分析活动。

（4）组织学生展开小组讨论活动，让学生和学生进行合作学习。在本节课教学之前，笔者让各个小组创建虚拟企业，明确企业所处行业、经营产品以及资金营运情况，组织学生开展讨论。讨论内容为：在本组经营虚拟企业当中，资金营运情况合理性如何？如果不够合理，需要采用哪种方法对其进行有效调整？经过合作学习讨论后，各个小组可以为虚拟企业制定现金、应收账款以及存货管理制度，之后再进行分组讨论。

（5）各个小组委派一名学生对讨论过程中遇到的问题、解决方法进行陈述。在成员陈述时，其他成员小组需仔细倾听，之后可以提出问题，并互相交流。

（6）笔者针对学生在学习过程中的合作能力、参与程度、团队精神以及取得成绩进行综合评定，量化处理学生学习过程中的各个步骤。在保证小组与小组之间竞争性的同时，让学生明确自身不足，保证评价结果更有针对性。之后笔者与学生对小组讨论方案进行投票，选出最佳方案。通过合作教学，可以提升学生参与财务管理知识学习的积极性，培养学生团队精神、小组合作能力。

综上所述，在高职财务管理课程教学中，应用合作教学法时做好设计情境引导、师生合作、生生合作、成果展示和总结评价五方面工作，可以提升"筹资管理""投资管理"等高职财务管理课程教学质量，同时培养学生的合作能力及知识应用能力。

# 第六章　应用型人才培养的质量保障体系的构建及运行

## 第一节　高校财务内部管理质量保障体系构想

高校财务必须按照国家有关财经法律法规，并从学校的实际情况出发进行规范化管理。高校财务规范化管理大致包括两个方面：一是高校范围内大环境的规范化管理，即高校整体行政管理在财务管理方面的规范；二是小环境的规范化管理，即高校计划财务处内部日常财务管理的规范。要实现财务管理的规范化就必须建立相应制度做保障，本节试图从搭建财务管理质量保障体系的角度对高校内环境即财务处内部各环节财务管理的规范化建设进行探讨。

### 一、构建高校财务内部管理质量保障体系的意义

1.可以强化高校财务内部监督职能，促进财务基础工作更加规范化。建立质量保障体系后，对于财务处内部工作的各个重要环节可以进行事前、事中、事后的有效控制与监督，从而保证各环节在实际操作中更加规范，以实现高校财务内部会计基础工作的规范化。

2.可以保证财务工作的准确性，为学校高层管理者提供真实、可靠、有效的财务信息。建立质量保障体系后，通过对财务内部的核算、预算、收费、档案管理等方面设置各项考核指标进行复查审核，以充分保证财务工作的正确性，从而保证所提供的对内对外数据信息资料的准确性。

3.可以保证对学校财务运行和管理状况给予正确评价，保证学校资金的安全、高效。参照 ISO 的相关管理理论，科学搭建质量管理监督体系，通过监督与评价来不断提高财务内部管理水平，提高资金使用效率，规避财务风险，保证学校资金安全。

## 二、高校财务内部管理存在的问题

随着高校办学规模的不断扩大，国家财政对行政事业单位的政府收支分类改革的不断深入，高校办学的多样化及市场化格局的逐渐形成，高校的办学收入由过去的单一型逐渐过渡到多样化，多形式筹集资金成为学校组织收入的主体模式，而学校的支出也随着学校教育管理体制的改革由原来的"一级管理、一级核算"过渡到"二级管理、一级核算"或"二级管理、二级核算"等多种支出核算模式。但是，由于高校财务制度目前仍沿用旧的财务制度，很多新形势下出现的情况如固定资产的融资租赁、高校引进的 BOT 项目等无法在报表和核算账簿上全面反映学校债权债务情况，使得高校报表的真实性、准确性、完整性大打折扣。同时由于高校办学规模的不断扩大，多校区办学，多校合并，财务处人员队伍不断壮大，为适应学校的发展很多高校财务将其内部管理进行分割切块，按照预算管理、核算管理、收入管理、工资管理、档案管理等各财务内部职能进行科室划分，使各个科室的职能分工更加明细化。这样的科室明细分工有利有弊，有利方面在于能够将财务处的工作进行细化，明确每一个科室的职能，便于实现财务的内部控制与牵制，以保证学校资金的安全。不利方面就是随着科室职能的划分，某一岗位的财务人员长期对本职工作进行反复的操作而对其他环节渐显生疏，这将导致财务人员可能由原来的多功能复合型人员变为对本岗位工作很熟悉而对财务部门其他工作环节很陌生的单一型人员，无法实现各科室之间的密切合作。同时，科室按职能进行划分后，原来的会计核算体系不得不由单一的会计核算科进行核算变为多个科室、多人同时进行核算，核算环节多了，而财务处内部人员业务水平和素质参差不齐，每个人对会计科目、项目的使用范围理解不一致，对原始票据的审核要求不一致，甚至对会计凭证摘要的填写习惯也不一致，这将导致同一套账的统一性降低，在事后查阅时无法准确查找到所需财务信息，也不便于事后审计资料的归集。

## 三、高校财务管理质量保障体系的搭建

基于以上存在的问题，要保证财务工作的正常运转，会计基础工作的规范化实施，就必须建立一套能保证高校财务部门内部会计工作合法、真实、准确运转的质量监督保障体系。该体系应从日常财务管理工作的主要关键点着手，按照《会计基础工作规范》的要求，对这些关键点编制工作手册并设立考核指标，由专门

的科室或专人定期进行考核,并出具完整的检查报告及整改报告。

高校财务处内部会计管理大致可划分为以下六大模块:预算管理模块、核算管理模块、收入管理模块、工资管理模块、档案管理模块、资金管理模块,在设立质量监督体系时就主要从这六方面着手,就其关键点设立检查指标进行监督检查。

### (一)预算管理质量保障体系

预算管理是高校财务工作的核心,预算的编制、调整和执行是预算管理的关键点。

**1. 预算编制方面**

目前高校的预算编制采用"零基预算"编制法,并经过"两上两下"后最后确定预算编制数。预算编制过程中容易出现的问题主要是在编制上报时漏报重要或重大项目,影响学校的整体工作安排。

在质量监督体系中我们可以采取总数核对和部分项目核对的方法进行检查。总数核对就是检查最后确定上报的收入、支出的编制总金额是否与校内各项目相加的总金额相等。部分项目核对就是检查上报的各项目预算数与学校有关专题会审议审批的各项目预算数是否相等。

**2. 预算调整方面**

预算调整是指在预算执行过程中,由于特殊的原因需要对某一项目追加预算或因不可控因素而导致预算的追加。预算调整过程中容易出现的错误主要是预算调整的手续不齐全、预算管理人员随意增加或减少预算。

在质量保障监督体系中我们可以要求建立预算上机日志,把每次预算的情况作详细登记,并将有关手续作为调整预算的附件,每月装订成册,作为会计档案保管。质量监督员每月底将上一个月的预算总数与本月的预算总数以及上一个月的项目数与本月的项目数通过Excel表进行核对,找出差额并与相关预算调整批复报告逐一核对检查。

**3. 预算执行方面**

预算执行过程是对预算编制与调整的具体实施,在这个过程中容易出现的问题就是,由于会计核算科与预算管理科的职能分工不同,核算科对预算科编制的预算的具体情况不太了解,在执行过程中有可能走样,即与该项目预算申报编制时的开支范围存在部分或完全偏离，同时在收入管理方面，负责收费管理的科室也容易忽略对收费完成情况的监督。

在质量监督体系中我们可以通过完善账套系统中预算管理模块的功能和加强预算执行的监督来给予保证。在预算管理模块上加上各项目开支范围的提示语，这样会计核算科在报账时点开某个项目就能知道该项目的开支范围，加强项目执行的刚性。对于预算执行与预算编制和调整的对比情况，则由质量监督人员每月对收入、支出进度情况进行检查，编制预算执行情况表，并将检查过程中出现的问题如收入执行进度过缓或支出进度过快等及时上报分管领导以便及时查明问题原因并督促相关部门调整进度。

（二）核算管理质量保障体系

会计核算管理是高校财务管理的另一项重要职能，它是对预算管理的具体实施，该项管理的几个关键点是科目与项目的规范使用、原始凭证的审核、记账凭证的填制。在搭建质量监督体系时我们可以考虑从这三个方面设立监督考核指标。

1. 科目与项目规范使用方面

首先在科目设立、使用方面。财务处必须按照每一年国家财政部颁布的政府收支分类中的支出经济分类科目来设立会计核算账套的一、二级支出明细会计科目，同时根据当年财政对收入归集的有关要求设立收入一、二级明细会计科目，然后再根据学校财务管理及相关管理人员信息提取的需要设立二级以下的明细科目，科目设立后每一年应就每一个科目的具体核算范围由财务处内部进行约定并编制成册作为前台制单人员的工作手册，在检查科目使用的规范时，由检查人员将手册与记账凭证进行比对、纠错，以达到会计科目使用的科学性、规范性和统一性。

其次在项目设立、使用方面。财务处应根据预算批复设立校内各单位的项目，同时将各项目的开支范围、签字权限、项目属性编制成册下发到各会计核算岗位，审核岗位和制单岗位都以此为依据进行原始凭证的审核和记账凭证的编制，监督人员可以据此对原始凭证和记账凭证进行监督检查，并及时通知更正。

2. 原始凭证审核方面

原始凭证的审核对于财务处内部质量监督而言主要包括判别从外单位取得的原始单据是否合法、差旅费的报销标准是否符合国家及学校有关规定、劳务费是否按要求代扣税、报销手续是否完善等方面。原始凭证审核通常容易出现的问题是前台财务人员报人情账，或者为了个人关系放松审核尺度，如将不应该在该项目开支的内容放过或将差旅费报销标准人为提高等。质量监督人员应将凭证的合法性、项目的开支范围、差旅费报销标准、授权签字范围作为监督检查重点，每个月对原始凭证的审核质量做抽查，并将检查结果通知部门领导，情节轻微的直接告知当事人，让其更正，情节严重的告知部门领导，并对其做适时的岗位调整。

### 3. 记账凭证编制方面

目前部分高校虽然进行了科室分工，但为了节省单据的中间交接环节，就由各科室针对本科室的会计业务进行凭证的编制，同时由于高校财务处所管理的经费很多，院系二级财务管理又分得很明细，会计核算需要多人共同完成，一个制单工作往往需要多人担任，庞大的制单队伍带来的不利影响就是在学校的同一套账上摘要的格式填写不能统一，各个制单人员的水平不同、工作的责任心不同导致摘要五花八门，给查询凭证工作带来很大难度。有的人把摘要写得很简单，如收到财政拨款时就简单地写成"收拨款"，谁拨来的、拨的是哪一个专项还是基本拨款都不清楚。另外就是同一经济业务各个制单人员会计科目的使用也可能不一样，这样给以后查账、对账、统计数据、审计都带来了麻烦。针对以上问题，财务处可编制处内摘要填写的规范要求手册，按照日常经济业务支出凭证、收款凭证、冲销凭证、内转凭证的不同分类情况，明确各类摘要必须填写的几个要素。如日常经济业务支出凭证必须写明某部门某人做什么，收款凭证必须写明什么单位（或部门、个人）划拨什么项目的款项，冲销凭证必须写明某部门某人冲销什么，内转凭证必须写明某部门转给某部门什么经费，等等。负责质量监督的科室或岗位要比照部门手册进行检查监督，并将检查出的问题及时通知相关制单人员，要求其作相应更正。

### （三）收入管理质量保障体系

收费管理是高校财务内部管理工作的重要组成部分，目前高校已进入以财政拨款为辅多渠道组织收入阶段，预算外收入已成为高校收入的主要经费来源，特别是对学生收取的学费、住宿费收入占学校预算外收入的绝大部分，加强收入管理的质量监督也成为财务处内部的一项主要工作。收入管理存在的主要问题：一是学生收费数据资料的真实性和完整性问题。如学生的专业、学制、住宿情况、收费标准等方面是否在收费软件数据库中界定清楚；学生转专业、退学、休学、学费减免等情况在数据库资料修改方面是否变更及时、修改正确，是否有授权控制。二是收费票据购买、领用、注销手续方面的问题。如票据使用金额是否与入账金额相符；结存票据是否和登记簿上的结存数量相符等。三是学校各类收费项目及标准的执行、票据使用类别规范化问题等。四是所有收入入账时使用的会计核算科目准确性问题。如该交国库的是否交到了部门专户、该缴交专户的是否缴交专户、专项拨款是否按规定列入专项经费核算等。为解决以上问题我们在质量监督体系中可通过以下途径进行监督：收费科应建立完善四套系统，一是建立全校各类别、各专业学生学费收费项目及标准一览表；二是建立校内各部门、学院各类服务性收费标准及票据使用类别一览表；三是建立各类收费票据购买、领用、注销、结存一览表及每月各类收费票据盘点表；四是每年按照财政规定约定各类收入的会计科目使用范围一览表。每月末负责质量监督的科室或岗位对照以上四个系统就收费科在票据使用的规范性、收费项目及标准的规范性、收入及时入库情况以及收入的会计核算正确性方面进行监督检查，并提出整改方案。

（四）工资管理质量保障体系

工资系统管理主要包括学校内部在职人员工资和津贴、外聘人员劳务费、临时工工资和离退休人员工资四个方面的管理。目前该工作存在的问题主要有，一是校内各部门津贴发放的开支范围准确性问题。二是每月工资发放的金额和数量准确性问题。三是工资发放人员是否人为在某人工资上多发而在某人工资上少发的问题。为解决以上问题我们可以采取以下办法来检查监督：一是要求工资管理岗位人员每月编制"津贴发放与预算项目对应表"和"津贴增减变动表"，质量监督人员每月或定期针对这两个表检查各津贴发放的经费来源是否正确，检查每月发放工资津贴的金额是否准确。二是每月在学校内网将每个教职工的工资津贴发放明细公示，接受大家的监督，监督人员定期到各部门收集意见并将情况通报财务领导。三是不定期地由监督人员对负责工资发放人员的个人工资发放情况进行抽检，并将抽检情况及时通报财务领导。四是将工资岗位人员定期轮岗，在轮岗过程中由负责质量监督的人员对轮岗后发现的问题进行分析总结，并将结果通报财务领导。

## （五）档案管理质量保障体系

财务档案管理是高校财务处内部管理的重要环节，它主要包括会计档案归档制度、会计档案保管制度、会计档案查阅制度等方面。

### 1. 会计档案的归档

它的监督关键点主要包括单位的会计档案归档制度是否建立健全，会计档案是否实行统一管理，档案归档是否及时，是否分级分类保存。归档过程中最容易出现的问题就是归档的原始凭证出现漏钉、人为更换等。作为质量监督人员应定期或不定期对已经装订的会计凭证进行抽查，查看记账凭证上登记的凭证张数是否与实际相符，会计科目及摘要所记录的是否与所付原始凭证的事项、金额相符。同时，比照档案归档制度检查会计档案的装订是否符合规定。

### 2. 会计档案的保管、查阅、销毁

一是存放档案的地方是否安全，重点关注防火、防盗。二是是否符合档案查阅制度规定。质量监督岗位的同志在检查时可调阅档案查阅记录，检查会计档案查阅过程中是否符合查阅权限和查阅范围。三是档案的销毁是否符合规定，销毁是否经过授权、批准等。质量监督人员在监督检查时应将档案销毁的程序作为重点检查内容，应避免人为故意销毁、抽取更换部分原始凭证等现象。

## （六）资金管理质量保障体系

资金的安全与完整是高校财务内控的重要目标之一。本节所指资金包括现金、有价证券和银行存款，资金管理存在的问题主要是现金被人为贪污、挪用、丢失，资金管理的关键点在于财务处内部各岗位牵制制度的完善。为了保障资金的安全，会计核算科应从以下几个关键点的设立来保证资金的安全，而负责质量监控的科室或岗位则应从这些关键点着手进行检查。

### 1. 设立审批控制点

审批控制点的关键在于：一是要制定资金的限制接近措施，按资金量的大小设立等级授权审批制度，经办人员在进行业务活动时应该分别按照每次资金量所达到的等级进行授权审批申请，批准后才能进行业务活动，任何未经授权的人员都不得办理资金收支业务；二是按照有关规定规范填写现金支票和转账支票。质量监督人员每月至少二至三次定期或不定期地进行检查，主要针对以上两方面检查，在监督检查中如发现有未经授权办理资金支付业务的情况，应立刻向财务主

管领导汇报，将相关人员调离并与银行及时进行银行存款余额的核对。

**2. 设立复核控制点**

复核控制是减少错误和舞弊的重要措施。复核控制点的关键在于：财务处会计主管人员应审查现金支票或转账支票所反映的支取业务的金额及其他相关事项是否与记账凭证和转账凭证相符，审核无误后在支票上签字或盖章，业务经办人员才能办理支取业务。负责质量监督的人员在检查时应检查支票上是否有复核人员的签字。

**3. 设立对账控制点**

对账控制点的关键在于账证核对、账账核对、账表核对、账实核对等。作为资金管理的重点是关注银行对账单存款余额和单位银行存款账面余额是否相符；实际库存现金和账面现金余额是否相符；有价证券实物与账面余额是否相符等。质量监督人员每月将对账情况进行抽查复核，定期盘点库存现金并进行相关记录，如发现账实不符或账账不符应督促会计核算科查明原因并形成整改意见。

**4. 设立支票与印章管理控制点**

这是财务处内部牵制制度的重要环节。在设立该控制点时应明确规定支票和印章管理人员的工作职责，质量监督人员在检查时可重点检查支票与印章的保管是否贯彻不相容职务分离的原则，如办理资金支付业务的相关印章和支票是否集中一人保管，印章与空白票据是否执行分管，银行印鉴印章是否分开由专人管理，等。

综上所述，搭建高校财务内部管理质量保障体系是为了保障高校的财产、资金安全；质量监控体系的建立对保障高校财务工作的有序进行，确保高校收支预算的实现，保证学校的资金运作实现良性循环具有重要意义；对促进高校进一步完善内部控制，防止贪污舞弊现象发生，让高校保有可持续发展的后劲有着积极的作用。

## 第二节  财务管理专业实践教学质量保障与监控体系的构建

### 一、完善财务管理专业实践教学体系

(一)修订专业培养方案,完善实践教学基础体系

财务管理专业培养目标就是为社会培养德、智、体全面发展,掌握现代企业财务管理的基本理论与基本技能,具备会计核算、财务预算、财务控制、财务分析、财务决策能力,能够在企事业单位、政府机关及金融机构从事财务管理、会计等实际工作的应用型人才。因此,为确保专业培养目标的顺利实现,首先应围绕基础实验课程、专业实验课程、毕业实习、毕业论文(毕业设计)等实践教学体系的主体,修订专业培养方案,提高实践教学课时和实践课程所占的比例,充实实践教学的基本内涵。其次,应大力提升毕业实习和毕业论文(毕业设计)的质量。毕业实习和毕业论文(毕业设计)是专业实践教学的重要环节,通过该环节能有效了解学生掌握专业理论知识与技能的基本情况,能促进学生综合素质的提升。

(二)构建健全的实践教学管理体系

健全的实践教学管理体系应包括机构、教学基地和人员等的管理以及与实践教学管理有关的规章制度等。由学校和学院共同管理实践教学管理机构和人员,并在一定程度上实行分工合作。校级实验、实训中心负责综合性实验室的建设与管理,院级负责专业性实训中心、实验室的建设与管理及实践教学的组织实施。同时由学校统一管理实践教学基地的建设与发展及实践教学的质量监控和评价。

校外实训基地应由学校和企业通过沟通协商的方式共同管理,共同监督学生实习情况,并最终由企业对学生的实习态度、实践能力及实习效果进行综合考核与评价。为确保实践教学管理有章可循,还应制定并完善实验室负责人岗位职责、实训基地负责人岗位职责、实践指导教师岗位职责、实验技术人员工作岗位职责、实训指导人员教学质量考核细则、实验室仪器设备管理原则、大型仪器设备的管理及使用原则和制度、实验室安全制度、学生实验守则等相关规章制度。

## 二、构建财务管理专业实践教学质量保障与监控体系

### (一)创造优越的实践教学环境,确保实践教学的顺利开展

优越的实践教学环境是确保实践教学顺利进行的前提条件,也是提高教学质量的基础保证。目前我国许多高校财务管理实验室建设仍不容乐观,难以满足实践教学日益增长的需要。实验设备不齐全,管理制度不健全,与企业实际生产经营环境和要求相去甚远,未能充分发挥应有作用。大多数院校的财务管理实验室只具备最简陋的沙盘教具,很难见到一些先进的专业设备,而且实验室配备的软件大多局限于会计实务,很少涉及财务管理方面的内容,这容易导致学生难以熟悉企业的财务管理模式和相关业务操作程序,进而导致学生很难在短时间内适应企业工作的岗位需求和经营管理节奏。因此,应切实加强实验室建设和设备投入,努力为学生创造符合企业实际要求的实践环境,以规范实践教学。为此,首先应大力建设并完善包括ERP实验室、沙盘实验室、会计模拟实验室及财务管理实验室等在内的相关配套实验室,同时配备先进的专业实践设备及功能齐全的专业财务软件,为学生提供真实的或尽可能仿真的企业财务管理环境。其次,应强化校企合作,加强校外实习基地建设,为学生搭建一个接触社会的重要平台,促进学生尽早适应社会和经济发展的需要,从而提高学生的就业竞争能力。同时,为充分利用有限的实验资源和设施,应适时适度开放实验室,以克服课内实践教学课时有限的缺陷,使学生能在课外加强操作训练,从而为学生的专业学习和训练提供良好的条件。

### (二)加强实践教学师资队伍建设,提高实践教学水平

师为教之本,教师的教学态度、思想作风及业务素质直接影响着实践教学质

量，因而加强实践教学师资队伍建设是实践教学质量的根本保证。但目前现状是，实践师资队伍以年轻教师居多，他们缺乏相应的教学技能及实践经验，而且由于有效的激励和约束机制而未能充分发挥教师参与实践教学的积极性与主动性，进而在相当程度上影响了实践教学质量。因此，必须切实采取有效措施，大力加强实践教学师资队伍建设，保障实践教学质量。为此，首先应努力创造条件对刚走上讲台的年轻教师进行教师职业知识与实践技能的培训，并为教师提供接受各种继续教育的机会，以提高青年教师职业道德、职业技能、实践教学水平和专业素质。其次，要培养一批既具备扎实的基础理论知识和较高的教学水平，又具有较强的专业实践能力和丰富的实际工作经验的教师，即"双师型"教师，充实实践教学师资队伍，改善师资队伍结构。培养"双师型"教师可利用寒暑假期安排教师到企业进行实践锻炼，也可让专任教师常年在企业挂职，积累并丰富实践经验。再次，建立有效的竞争激励机制，充分调动从事实践教学的教师、学生及管理人员的积极性与主观能动性，对于实践教学中特别优秀的教师在职称评审、教学业绩考核等方面给予倾斜，而不能仅以核心论文的发表篇数、学历、学位作为取舍标准或考核依据。

（三）建立健全实践教学监督机制

要想充分落实实践教学计划，保证实践教学质量，就必须建立健全实践教学监督机制。为此，首先应建立实践教学质量标准，根据财务管理专业对学生实践能力培养的总体目标制定相应的质量标准，实践教学大纲应明确各实验在培养学生专业素质与技能方面应达到的基本要求以及各实验在能力培养上的分工与合作。其次，针对不同的实践方式分别设计相应的实践教学监督机制。对于校内实践、实训和设计必须有详细、完整的实践教学文件指导，实践过程记录和结论性实践成果备案，如实践教学大纲、实践教学计划、实践教学任务指导书、实践报告单、实践教学作业备案等一系列文件记录跟踪实践教学过程，确保实践教学过程完整规范和实践教学目标的顺利实现。而对于开放式或半开放式实践教学，不仅需要借助上述教学文件跟踪实践教学过程，而且还应指定指导教师在实践教学的全过程中及时给予相应的指导，校外实践或实习要有完整的实践或实习申请、安全承诺书、实习记录以及实习单位的实习鉴定书等。毕业论文或毕业设计实践活动应按实践教学总体目标和大纲要求，及时高效达成既定目标。再次，为保障实践教学的正常有序开展,应成立院校两级教学督导组,对实践教学情况不定期地进行抽查。

（四）完善实践教学质量评价体系

实践教学质量评价是考核实践教学效果的主要手段,也是实现实践教学目标的有力保障。为提高实践教学的效果,增强学生的专业实践能力,就必须建立健全实践教学质量评价体系以确保实践教学持续有序地高效开展。一是评价的主要内容应侧重实践教师教学工作业绩和学生实践效果两个方面。实践教师教学工作业绩评价可从日常工作、教学制度执行情况、课堂教学过程、教学科研成果和学生评价五个方面进行综合测评。学生实践效果评价重心应放在专业技术水准和专业素质的提升上,主要对学生的实验技能、实践能力、创新能力及团队协作能力进行量化评价与考核。二是建立"学生评教、教师评学"的师生互评制度,让学生参与教学质量评价,充分发挥其教学主体作用。一方面可组织一定比例的学生对某一实践课程教学质量进行评价,并通过学生信息员将学生对教学条件、教师教学态度、教学效果、教学活动安排等方面的意见及时反馈给教学管理部门,促使教师能够灵活地安排教学内容、适时调整教学方法等；另一方面,应重视教师评学工作,注重教师对学生的学习态度、学习方法、实践效果和专业素质等方面的评价。同时可建立网上评教系统,实现师生网上互评,以更真实、客观地反映教师的教学状况和学生的学习情况,及时纠正教学过程中可能出现的各种偏差,从而维持实践教学的正常秩序。

## 第三节 独立学院高素质应用型人才培养体系构建

独立学院作为国家高等教育的重要组成部分,日益体现出其存在的价值和活力。独立学院拘于生源质量、教学体系照搬母体院校、重视就业忽视就业质量、实践教学与理论教学关系混乱等问题的约束,以及专业建设发展中的同质性,导致了专业招生与就业竞争力的日益加剧。独立学院财务管理专业的建设必须充分发挥其教学自主性和机制的灵活性,利用差异化的教育资源,挖掘资源优势,以制度建设作为专业建设的保障,优化理论与实践课程结构,突出实践重点,促进理论与实践的交叉,强化实践创新,构建实践应用型财务管理专业建设体系,在困境中提升其品牌价值和核心竞争力。

实践应用型专业建设体系构建则围绕四大核心因素展开,即学生、教师、校内与校外。通过建立完善实践应用型财务管理专业建设体系将四大因素紧密结合,互相牵制,互相约束。

## 一、构建以就业质量为导向的教学质量保障体系

独立学院重视教学质量和就业质量,但两者通常处于独立状态,忽略了两者之间的相互促进与约束。从战略层面定位就业质量对独立学院教学质量的促进作用,构建理论、实践双重教学质量标准并进行双重监控,建立就业质量分析评价体系以及就业质量反馈机制,实现教学与就业的相互促进。

1. 以教学质量、就业质量管理战略规划为起点,确立办学指导思想,注重教学质量和就业质量的双重质量因素。

2. 以教学质量控制为保障,制定理论教学与实践教学的质量标准,对质量标准执行进行过程监控。

3. 以教学质量评估为手段,建立理论教学评估体系与实践教学评估体系,同时完善质量提升机制。

4. 构建就业质量评估指标体系,对学生的就业进行指导和评估,并及时反馈。

5. 以人才培养质量分析和提升为目标,对教学质量和就业质量进行联合分析,明确改善途径,提高以就业为导向的人才培养综合质量。

一个导向,一个目标,四个平台的人才质量培养模式是独立学院教学质量保障体系的方向。一个导向即以就业质量导向,一个目标即提高人才培养质量,四个平台即以教学质量规划为起点,以教学质量控制为保障,以教学质量评估与反馈为手段,以就业指导与反馈为媒介。

## 二、构建校企合作应用型人才培养模式

产学研合作教育是一种以培养学生的全面素质、综合能力和就业竞争能力为

重点，充分利用学校与企业、科研单位等多种不同的教育环境和教育资源以及在人才培养方面的各自优势，把以课堂传授知识为主的学校教育与直接获取实践经验、实践能力为主的生产、科研实践有机结合于学生的培养过程之中的教育形式。

教育部对财务管理专业的培养目标定位为能够从事财务管理工作的工商管理人才，主要从事账务处理、财务预算、投资决策、资产评估、纳税筹划等方面的工作。工作内容具有极强的专业性和可操作性，财务管理专业的理论教学与实际工作之前存在一定的空缺，则应加强学校与企业之间的合作，对学生进行理论与实践的双重培养，提高学生理论应用于实践的认知能力以及学生就业的适应能力。

1.企业和学校共同成立校企合作委员会，以企业对财务管理专业人才的需求出发，共同确定教学的内容体系以及培养体系。

2.企业的实践导师、理论教师和学生构建校企合作联络平台，实施理论教学与实践教学，并进行沟通和交流。

3.构建校企合作信息反馈机构，实现指导层与实施层之间的信息交换，完善校企合作培养体系。

### 三、构建能力目标为导向的分年级实践教学实施与评估体系

面对公办院校的研究型大学定位以及大中专院校实践型教学定位，独立学院如何在两者的夹缝中寻求生存空间，是对独立学院培养目标定位以及目标执行的重要考量。

财务管理专业表现出专业课程多、实践性强、逻辑严密等特点，不同年级的课程相互渗透，则需要根据不同年级学生的学习特点、能力目标以及课程结构来实施实践教学，制定实践教学内容以及实践教学方法——财务管理专业能力目标体系及实施体系。

1.独立学院分年级财务管理专业实践教学能力目标体系构成原则。①学生年级与能力目标的统一；②能力目标与课程设置的统一；③课程设置与实践环节的统一。

2.独立学院分年级实践教学能力目标体系实施原则。①整体性原则：建立计划—实施—评价的循环式财务管理专业的实践教学体系培养学生的能力。②层次性原则：将实践教学目标分为综合能力目标和分级能力目标，综合目标则是通过实践教学体系培养学生的财务管理专业综合实践应用能力，分级目标则包括了基

础目标（账务处理能力）、技能目标（财务管理能力、财务分析能力、软件应用能力）和方向目标（学生的特长）。③差异性原则：通过课程设置体系以及学生的考核评价结果，对学生的实践教学以学生的个体差异以及兴趣特点为出发点，因材施教，进行有针对性的实践教学。④效率性原则：通过建立财务管理专业实践技能为本的校内与校外实践考核评价指标体系，促进和完善实践教学体系，重点是对校内、校外实践环节的过程监控。

3.独立学院分年级实践教学体系评估原则。①不同年级学生学习心理特点与目标执行结果评价相结合；②学生年级整体评估与个体评估相结合；③教师教学评估与学生学习评估相结合；④校内实践评估与校外实践评估相结合。

### 四、构建双师型教师选拔、提升、评估体系

独立学院的师资在学历、待遇以及稳定性上与公办院校存在较大的资源差异，但教育质量的高低在很大程度上取决于教师的素质与水平。鉴于财务管理专业实践应用性强的特点，建立一支理论水平高、实践能力强的专兼结合的双师型教师队伍，对独立学院财务管理实践教学体系的构建和完善起着重要保障作用。通过从双师型教师人才引进策略、人才培养方针，以及人才评估体系等方面入手，建立稳定的双师型教师队伍，有助于提高独立学院财务管理专业教育教学质量，促进财务管理专业的实践教学体系的建设。

### 五、构建学生专业综合素质评价体系

独立学院很大比例学生在学习上缺乏自主性和积极性，对自己的学习要求、目标等都不明确。学校可对大学二年级、三年级以及四年级的学生，通过构建完善的综合素质评价体系，对学生的学习能力、专业实践能力、人际沟通能力等进行考评，使学生能够心中有目标、实施有计划、行为有动力、结果有预期。

### 六、课程实践教学实施与评估体系

独立学院高素质应用型人才培养目标的实现，依托于校内实践教学和校外实践教学平台，校内实践教学则又依托课程实践教学和实验室教学两方面，而课程实践教学占据了校内实践教学的很大比例，对课程实践教学进行完善的实施、监控与评估对高素质应用型人才的培养起到了举足轻重的作用。

1. 课程实践教学内容。财务管理专业的专业课程，如基础会计学、中级财务会计、财务管理、成本会计、管理会计、税务会计与税收筹划、会计电算化、货币银行学、金融学、财政学等，每门课程均需要根据教材内容以及学生的实践需求制定详细的实践教学内容、实践教学方法，并按照要求详细实施。

2. 课程实践教学实施。①分课程实践教学与实验室实践教学相互渗透；②多课程实践教学相互渗透；③实践教学内容与实践教学方法相互渗透。

3. 课程实践教学评估。①学生学习效果评估；②教师教学效果、教学方法与手段评估；③教学内容与教学方法结合效果评估。

总之，独立学院以高素质应用型人才培养作为财务管理专业人才培养目标，通过建立以就业质量为导向的教学质量保障体系、校企合作应用型人才培养体系、以能力目标为导向的实践教学实施与评估体系、双师型教师选拔培养与评估体系、学生专业综合素质评价体系、课程实践教学实施与评估体系对教师、学生、校内、校外四大专业建设核心要素完美融合，实现专业人才培养目标，体现独立学院专业建设的生命力，增强独立学院专业建设的竞争力。

## 第四节　基于 PDCA 的财务管理模拟实验教学质量保障体系构建

财务管理模拟实验是一种开放性的体验式教学模式，它是财务管理实验教学的重要核心内容，也是高校管理会计人才培养不可或缺的一环，其教学质量水平的高低，极大影响人才培养的质量。建立实验教学质量保障体系是保障实验教学质量的关键，本节将基于"持续改进"的战略思想，引入 PDCA 循环模式，探索构建财务管理模拟实验教学质量保障体系，以期达到培养高素质管理会计人才的目的。

财务管理模拟实验课程是仿照实际工作单位的财务管理工作设计的一门综合性实验课程，它借助沙盘、ERP 管理理念和手段，通过模拟企业若干年的生产经营，让学生体验财务管理学课程中的筹资、投资、经营以及利润分配等理论知识在模拟企业中的实际应用，感受财务管理在企业经营中的重要性，从中锻炼和提高应用财务管理理论和方法解决实践问题的能力。

随着对实验教学的日益重视，各高校纷纷开设财务管理模拟实验课程。尽管如此，该类实验课程仍普遍存在课时安排较少、师资力量薄弱、实验过程控制不严以及实验效果难以考核等诸多问题，这严重影响实验教学的质量和效果。建立实验教学质量保障体系是保障实验教学质量的关键。本节将以湖南财政经济学院（以下简称"我院"）为例，基于"持续改进"的战略思想，引入PDCA循环模式，探索如何构建财务管理模拟实验教学质量保障体系，以期达到培养高素质管理会计人才的目的。

### 一、PDCA模式与实验教学质量保障体系

PDCA循环模式是由美国质量管理专家休哈特博士首先提出，后来被戴明采纳完善并加以推广，所以又称为"戴明环"。它是以质量提高为目的的循环过程，适用于各种质量管理工作。将PDCA的思想精髓导入实验教学中，构建基于PDCA循环的财务管理模拟实验教学体系，将有利于加强实验教学质量管理。

实验教学质量管理中的PDCA循环过程包括四个阶段：首先是P（Plan）——计划，即设计出保障实验课程教学质量需要达到的目标，以及计划如何采取措施来达到相关目标；然后是D（Do）——实施，即按照计划按部就班地实施，明确职责，编写保障实验课程教学质量的相关文件，保证计划的完成；接下来是C（Check）——检查，即对日常实验课程教学进行检查，还包括对目标、指标完成情况的定期验证等；再下来是A（Action）——行动，持续改进，即对教学效果进行评价，对实验教学中出现的影响教学质量的问题及时反馈，及时整改对评价的结果进行处理，成功的经验加以肯定并适当推广、标准化；失败的教训加以总结，未解决的问题放在下一个PDCA循环中。

PDCA循环强调过程管理，重在改善，它不是原地周而复始运转，而是螺旋式盘旋上升，每一个循环都有新的目标和内容，经过一次循环，解决一批问题，质量水平有了新的提高，再运转、再提高，不断前进，不断提高，持续改进，从而最大限度地保证实验教学质量。

## 二、财务管理模拟实验教学质量保障体系的构建

财务管理模拟实验教学质量保障体系的构建是一项系统工程,它需要有切实可行的实验目标作为方向指引,有合理的组织结构、充分的实验条件以及优秀的实验队伍等资源保障体系作为基本前提和保证。本节将以 PDCA 循环管理模式为基础,秉承"使命驱动战略,战略引导措施,措施产生效果,效果必须评价,改进应该持续"的原则,构建财务管理模拟实验教学质量保障体系的基本框架。

### (一)制定财务管理模拟实验教学的质量目标体系

实验教学质量目标,是正常实验教学条件下需要达到的质量标准,它可以作为实验教学有效开展的方向指引。

财务管理模拟实验教学质量目标体系应以各专业学生的人才培养目标为终极目标,确定学生在该课程中应培养和具备的知识、能力、素质要求。注重创新能力的培养和训练,按照编制的财务管理模拟实验课程建设规划(分短期和中长期规划),逐步、逐期同步开展教学质量目标的制定。

### (二)搭建财务管理模拟实验教学资源保障体系

实验教学资源是指保障实验教学高效运行的人力、物力(设备)、技术、管理等各项资源,一般来说可以分为软资源和硬资源。财务管理模拟实验教学资源保障主要包括组织管理保障、实验条件保障以及实验队伍保障。

### (三)构建财务管理模拟实验教学质量保障体系

如前所述,财务管理模拟实验教学质量保障体系是整个保障系统的核心,本节将基于 PDCA 循环理论,构建财务管理模拟实验教学质量保障体系。通过实验"计划安排——过程实施——日常检查评价——持续改进"四个阶段来推动财务管理模拟实验教学质量的螺旋式提升。

#### 1. 计划与安排阶段(P)

"凡事预则立,不预则废",首先要制订教学计划和教学大纲。财务管理模拟实验教学计划和教学大纲由财务管理实验项目组制定,实验中心主任负责审定和管理,由中心组织专家论证后批准实施。实验教学计划中将财务管理模拟实验开课学时、学期、授课学生的级别和专业、先修课程、教学进程等进行系统科学

的安排，其制定（修订）按照专业培养计划的制订原则、要求和程序同步进行。实验教学大纲是检查和考核实验教学的主要依据，包括实验项目名称、学时分配、实验目的和要求、教学方式、考核办法等。

与理论课不同，实验教学正式开始之前还需要对实验室进行安排布置，在每个实验桌上摆放若干的现金币、资产折旧币（用于固定资产净值的计量，以区别于现金币）、材料币、生产线标签、圆桶等，每桌放置的数量相等。另外还要提前对将从事公共服务区（投融资中心和供销中心）工作的学生进行培训。

**2. 实验过程实施（D）**

实验课程开始后，首先要求学生自愿分组（每6人一组），组建公司，接手一家已经经营若干年、拥有上亿资产的生产型公司制企业。每个公司的初始状态是一样的，且相互竞争。实验中规定企业连续经营6~8年，在此期间学生经历着所在企业的兴衰，体验着各种团队决策的成败。

**3. 检查与评价阶段（C）**

检查与评价穿插在整个实验实施过程中，是一个系统的、连续的过程。对实验教学的检查和评价均可从"教"和"学"两个层面分别开展，一方面要加强教师教学的监督和评价；另一方面也要重视学生学习的过程监管和评价。

（1）对实验教学的监管和督查。对教师教学的督查，即教学督查，主要形式有教学督导、听课制度、问卷或网上调查、座谈等。实行教学督导制，聘请专职人员，随机检查实验教学过程及其关键环节；实行领导听课制度；在财务管理模拟实验课程结束后对学生进行有关实验课程的问卷和网上调查，主要用于实验课程评教和评学；定期召开教师、实验人员以及学生座谈会，听取意见和建议。

（2）对学生实验操作的过程监管。实验中，实验教师要经常到各公司进行随机检查，包括核对盘面、检查任务清单执行顺序、报表编制、财务指标的计算、资金流入流出情况、企业生产能力、借款到期偿还、设备与厂房计提折旧、所得税的计算和缴纳等。通过对公司随机抽查，第一，可以随时发现舞弊行为加以纠正，并处以严惩，培养学生的"诚信经营"的品质；第二，可以随时发现各公司在经营决策中存在的问题或隐患，或者可以随时解答各公司的疑惑，结合公司情况加以具体引导；第三，可以随时观察各公司成员的分工和合作表现，以培养学生的团队合作精神和全局观念。

（3）建立实验教学质量评价体系。实验教学质量评价包括学生学习质量评价和教师教学质量评价。

首先，要建立实验教师教学质量评价体系，因为有别于理论教学，因此应单独设置一套实验教师教学质量评价体系。第一，结合财务管理模拟实验课程的特征，从教学内容、教学方法、教学态度、教学管理等方面进行多视角评价；第二，充分调动实验教师的教学积极性，把以形成性评价为基础的专业发展性评价和以终结性评价为基础的奖惩性评价结合起来综合考虑；第三，实现评价主体的多元化，把学生评教、学校评价、教师自评、同行评议、社会评价有机地结合起来；第四，建立多层级的教学质量信息体系、评价体系和监督体系，再建立相应的教学质量管理规章制度，构建切实可行的教学质量监控机制。

其次，建立学生学习质量评价体系。高校大学生是高等教育的对象也是教学的主体，学生才是最终学习的真正主人，提高实验教学质量保障意识必然要求增强学生的主体性，提倡让学生参与到实验教学质量保障过程中来。对学生财务管理模拟实验课程的学习质量评价，不仅要关注学生实验中所在公司的绩效排名，更关注他们学习的过程和学习中的体验。要充分发挥学生的学习自主性，从实质上与本源上保障财务管理模拟实验的教学质量。

（四）持续改进阶段（A）

通过对每一批次实验教学进行全程监管和评价，分析发现问题，查找原因，寻找下一步改善的措施，未能解决的问题进入下一批次实验的 PDCA 循环，如此螺旋向上推进，逐步提高财务管理模拟实验的教学质量。

我院会计系自 2006 年起开设财务管理模拟实验课程，该课程已经成为经济管理类各专业本（专）科学生的一门必修实验课。每学期实验开出率均达到 100%，实验效果显著，得到了学生的一致好评。结合上述实验教学的 PDCA 管理模式，笔者认为我院财务管理模拟实验教学下一步需重点改善的方面有：

**1. 增加实验过程监管的手段和方法**

尽管实验教师对各公司进行随时抽查能取得很好的效果，但是老师数量和精力有限，不可能每个公司都能面面俱到。因此需要增加实验过程监管的手段和方法，将有助于加强实验教学的过程监管。

第一，在实验中增加对每一笔经济业务的原始凭证审核、记账凭证编制以及账簿登记。这样就可以通过对账（账账核对、账证核对、账实核对）来提高报表编制基础数据的正确性，减少报表的纠错与更正时间，也可以通过对账，对经营过程进行监管。

第二，增加一系列监控表单。因为手工沙盘学生作弊的机会比较多，为了给全体学生营造一个公平的经营环境，必要的监控措施是不可或缺的。在实验操作中除了上述要求增加凭证填制及审核外，还需要增加一系列监控表单。通过填制和提交监控表单，来加强对财务管理实验过程的实时监督和"诚信"监管。而对于电脑保存的企业物流、资金流记录，需要按时间段或按岗位设置修改权限，避免随意篡改数据。

### 2. 实验内容的升级改进

由于各企业初始盘面设定的一致性以及"任务清单"工作顺序的固定性，财务管理模拟实验课程设计过于理想和简化，不能反映企业在资本市场的表现，也不能反映企业之间的异质性。笔者认为可从广度和深度上改进实验内容：一是增加模拟企业的复杂程度，比如增加资本市场变化因素等；或者融入新的企业案例，让有着不同特质的同业企业之间进行竞争；二是借助计算机和信息网络为载体，构建基于网络的模拟实验教学，通过实时的数据信息的录入、分析和处理，随时对企业发展的各个时期进行动态追踪。

### 3. 加强交流和互动，改善实验教学

在体验式教学过程中，教师的作用是十分独特的，实验教师在不同阶段扮演着不同的角色，因此实验教学质量的持续改进需要依靠实验教师的积极参与。系部可以通过制度激励和管理沟通的方法来调动实验教师的积极性。同时，实验教师也应更加强调学生的自主学习和过程学习，通过师生的交流和互动，在互动中实现学生素质的提高，确保实验教学质量的稳定提高。

财务管理模拟实验的PDCA循环管理模式，对于教学的每个环节与过程，对于教学的实施者和接受者，都要实施实时的监控、评价与反馈，从各个方面保证实验教学能够很好地达到我们制定的教学目的和教学培养目标。该模式强调教学过程的循环，并根据实时的或历史的反馈，指导教师不断地修正、改进教学内容与方法，在实验的全程监控和互动反馈中提高教学质量。事实证明，PDCA循环管理可以有效帮助我院持续改进财务管理模拟实验的教学质量。

# 第七章　实践成果

# 第一节　长春光华学院应用型财务管理人才培养

2014年教育部高校转型改革方向已明确，国家普通高等院校1200所学校中，将有600所转向职业教育。2014年8月22日，吉林省传出消息，支持20所普通本科高校整体和部分高校的分院（专业）转型为应用技术型，转型高校在校生达到25万人以上，一场席卷高等教育院校的改革风暴已经袭来。在这种大背景下，长春光华学院作为民办高校，更应积极转型，将学生培养为应用技术型人才。财务管理专业作为长春光华学院的热门专业，为培养社会所需的应用型财务管理专业人才，应积极进行应用型财务管理人才培养途径和方法的探讨。

## 一、长春光华学院财务管理专业人才培养模式现状

### （一）课程设置与会计学专业大同小异

在现有的人才培养方案中，财务管理专业学生需要3年半的时间在校内学习理论知识。目前理论课程分为公共基础课、专业基础课、专业课三个层次，但在具体的课程设置上尤其是专业基础课与专业课设置上与会计学专业课程设置相差无几，都包括初级财务会计、中级财务会计、管理会计、成本会计、财务软件应用、税法、税收筹划、财务管理、财务分析、经济法、审计学等课程，细微差别在于：

1.个别课程教学内容上没有差别，但课程名称稍有不同，如同是学习金蝶财务软件和用友财务软件，会计学专业叫电算化会计，财务管理专业叫财务软件应用；

2.个别课程在学时上有差别但差别不多，如会计学专业的税法60学时，财

务管理专业的税法 64 学时；

3. 会计学专业开设的高级财务会计课程，财务管理专业没有开设；

4. 财务管理专业在开设财务管理的基础上，比会计学专业多开设了高级财务管理和电算化财务管理。

可见，财务管理专业设置了较多会计学的课程，这使学生认为会计学专业与财务管理专业没有多大区别，学习会计学专业与学习财务管理专业是一样的。

（二）实践教学模式设置不合理

每学期理论教学结束后，期末都有相应课程的实践教学，因为课程设置上以会计学专业课程为主，在实践环节上也不可避免地以会计类课程的实践教学为主。比如初级财务会计实习、中级财务会计实习、金蝶（用友）财务软件实习等，都属于会计类课程的实践教学环节，与财务管理有关的实习只包括财务管理模拟实习和电算化财务管理实习。

在学时安排上，会计类课程的实践教学学时超过财务管理模拟实习和电算化财务管理实习实践教学学时，如初级财务会计和中级财务会计的实践教学学时就达到 3 周，而财务管理模拟实习和电算化财务管理实习一共才 3 周的时间。

另外在教学资源上，学校引进了福斯特财务软件，在学习会计学类的课程时学生可以做到边讲边练，再加上期末单独安排的实践教学环节，使学生在会计方面的应用能力培养上有一定的优势。而作为财务管理重头教学内容的财务管理及其实习，却在内容及方法上存在一定的问题。现有的财务管理教材大体包括财务预算、财务管理的几大内容——筹资、投资、资本运营、利润及其分配、财务分析，因为财务预算与财务分析会开设相应的课程，故在理论教学部分只讲授财务管理四大内容——筹资、投资、资本运营、利润及其分配。这样在实践教学部分，实习的内容也以筹资、投资、资本运营、利润及其分配为主，且这四部分内容彼此独立。实习时侧重手工实习，分发给学生一些资料，让学生完成，无法与企业实际业务接轨。

（三）教师本身实践能力不强

本校财务管理专业拥有教师 4 人，虽然两人拥有高级职称，一人拥有中级会计师证书，教师的专业理论知识过硬，但都缺少在企业真正从事财务管理的工作经验，难免会出现教学内容与企业实际脱节的情况。

可见，在现有的培养模式下，从课程设置、实践教学模块设置、师资队伍几方面都限制了应用型财务管理人才的培养。

## 二、应用型财务管理人才培养途径研究

### （一）课程设置加入"阶梯式全程化"创业教育

在课程设置上，除了原有的公共基础课、专业基础课、专业课外，全程贯穿创业教育，即大一、大二期间通过课堂教学、创业大讲坛、创业就业规划、学生社团活动进行创业认知学习；大三通过创业实训实践教学、创业计划大赛、虚拟企业经营等进行创业实训；大四针对具备创业潜质的学生，学校提供政策、场地等鼓励其自主创业，通过创业教育将理论与实践融合，增强学生对理论知识的掌握和应用能力。

### （二）实行岗位化阶梯式会计实战模拟平台

财务管理专业需要一定的会计学专业知识作为基础，以往的初级财务会计、中级财务会计实践教学都是按照会计工作流程进行设计的，即从填制和审核原始凭证开始，到填制记账凭证、登记账簿，最后编制财务报表。实行岗位化阶梯式会计实战模拟平台具有以下特点。

**1. 岗位化**

即按企业实际情况，设置出纳会计、薪酬会计、资产会计、采购会计、成本会计、销售会计、税务会计、报表分析8个岗位，每个岗位有相应的负责教师，到企业进行实地调研，调研每个岗位具体的工作职责和业务，选取每个岗位的典型或有代表性的业务作为实习的素材，将这些素材进行归纳整理，整理成一个企业实际的业务，并配以相应的原始凭证。学生在实习时，按照岗位进行分工，按照上述8个岗位进行实际业务操作，了解每个岗位具体应做什么、怎么做。这样可以实现理论教学与未来专业岗位零距离，实现学校教学过程与企业生产过程无缝对接。

**2. 阶梯化**

就是将每个岗位所应具备的能力分成初级、中级、高级三个阶段。初级阶段

要求具备记账、算账、报账的能力，中级阶段要求具备会计核算的能力，高级阶段要求具备预算、控制、分析的能力。这样就在学生学习会计知识的同时，融入了财务管理知识的学习，增强了财务管理专业学生所应具备的财务预算、财务分析能力，做到会计知识与财务管理知识的有效融合。

在具体实行岗位化阶梯式会计实战模拟平台时，也不单是由教师来完成的，更需要学生的协助。教师收集、整理完资料后，会在大三学生中进行考核，选取出一些学生，由他们给刚入校的大一新生进行讲解。这样对大三的学生而言，既巩固了所学的专业知识，又让他们发现本身存在的不足，有利于他们的进步；对大一新生而言，在初次接触会计理论、财务管理理论之前，通过进行简单的会计实践操作，体验会计岗位工作流程，实施导入式教学，为学生在学习会计理论、财务管理理论时能够带着问题学并活学活用奠定基础。

（三）完善财务管理实践教学

如前所述，会计类课程已经实现边讲边练、手工实习与软件操作相结合，而财务管理不论在理论教学还是实践教学部分都比较薄弱，必须进行完善。

**1. 实习内容的改进**

在筹资、投资、资本运营、利润及其分配的基础上，加入企业成立、财务预算、财务分析等内容。具体做法：让学生以分组的形式成立一个企业，从在工商部门登记注册开始，到进行预算的编制、资金的筹资、企业经营活动和投资活动的开展、利润的分配、财务状况的分析，让他们以一个企业为例，了解企业财务管理的整个流程。在整个实习过程中，让学生体会到在整个财务管理过程中企业需要处理好与工商、银行、税务、供应商、客户、职工等方方面面的关系。

**2. 实习方法的改进**

在手工实习的基础上引进财务软件。财务管理实习重在整个财务管理流程的实习，财务软件可以很好地让学生了解财务管理的流程。

（四）加强教师队伍建设

加强教师队伍建设主要是增强教师的实践能力。

一是加强自有教师的实践能力。鼓励教师成为"双能型"教师。教师可以通过考取国家有关部门颁发并经院（部）认可的本专业领域职业（执业）资格、技能鉴定、考评员等中级及以上证书,利用假期到企事业或行业第一线从事本专业实际工作并通过考核,主持应用技术课题,指导学生参加专业竞赛等方式,成为"双能型"教师,提高自身实践能力。

二是成立实务专家团队。目前已聘请到一汽集团、吉粮集团等各行各业具有丰富实战经验的专家对课程设置、实践教学、青年教师培养等方面进行指导,为培养应用型财务管理人才提供思路。

# 第二节 常州工学院 CDIO 理念下应用型卓越财务管理人才培养

### 一、常州工学院应用型财务管理专业培养现状及存在的问题

常州工学院是一所地方本科院校,财务管理专业是我校的特色专业,有 16 年的办学经验,经过近几年的大力建设和发展,专业建设成果日趋丰硕,培养了大批基础较扎实,知识面较宽,具有较好的心理素质和学习、创新能力,获得财务管理理论和实践能力训练的应用型高级专门人才。但也存在许多问题,主要表现在:人才培养目标不够清晰,专业人才的培养与社会需求有一定的差距;在专业人才培养上,大都以知识输入为导向的教学理念为主,沿用传统的"填鸭式"培养模式;重理论、轻实践,多学科知识的融合与交叉欠缺,创新教育不足,教学改革力度不够。

### 二、基于 CDIO 理念的应用型卓越财务管理人才培养教学改革

(一) CDIO 理念的基本含义

当前在国外较流行的 CDIO 理念是以麻省理工学院为首,于 2000 年 10 月联合瑞典三所工学院,经过 4 年的卓越工程师项目共同研究,推出的一种卓越的教育培养模式。② CDIO 是 Conceive、Design、Implement 和 Operate 的缩写,分别

表示构思、设计、实施和运作。CDIO理念注重工程实践能力的培养,是"做中学"(Learning by Doing)和"基于项目教育"(Project Based Education)的高度体现。CDIO理念做到了"知行合一"和"教学做合一",在国外得到了广泛的应用,培养了大批工程技术人才。

(二)基于CDIO理念的应用型卓越财务管理人才培养教学改革

从教学内容、教学环节、教学方法、教学手段、考核方式等方面开展改革,按照CDIO理念,将财务管理专业毕业生所要掌握的知识转化一个个前后衔接的具体教学项目,在教学过程各个环节中让学生亲自参与教学项目构思、教学项目设计、教学项目实施和教学项目运作全过程,促进学生知识、能力和素质的一体化成长。

**1. 构思:制定以能力为导向的教学目标**

把CDIO理念运用到财务管理专业,特别要重视各项能力的培养。财务管理是一个实践性、应用性强的专业,在专业教学中应涵盖专业基础实验、专业技能培训、专业综合应用和开拓创新创业等相关内容,通过专业训练培养学生的知识掌握能力、实践操作能力、组织协调能力和开拓创新能力。

**2. 设计:根据教学目标设计教学项目**

实行模块化教学,全部课程分成通识课程模块、专业基础课程模块、专业课程模块、集中实践课程模块等四大模块。教师讲授的课程应根据教学目标设计丰富的教学项目,引导学生主动学习,以项目带动"教"和"学"。本节以财务管理专业的"成本管理会计"课程为例,说明进行教学项目设计的具体过程。根据成本管理会计核算要求,其教学内容可以划分为以下教学项目,将课程知识点融会贯穿于各个教学项目中,在"做项目"的过程中培养学生的知识掌握能力、实践操作能力、组织协调能力和开拓创业能力。

**3. 实施:创新实践教学体系,突出应用型能力培养**

在实施教学项目过程中开展实践教学,CDIO倡导"基于项目的教育和学习",通过"做中学"来实现教学的目标。围绕卓越财务管理人才培养目标,细分专业实践能力,建立"三位一体"实践教学体系,即"专项基础实践(认识实习+基础实验)""专业综合实践(专业实训+财务模拟+综合实训+毕业实习)"和"创新能力实践(毕业设计+创新实践)"等三大模块融合一体,改变了过去理论教学与实践教学在实践内容、实践环节、实践方式不协调的状况。在教学项目实施的过程中，实行"教"与"学"两条线，通过引入"情景角色模拟""互动式教学""任务驱动法""激励法""网络教学"等教学方法与手段，将教师引导与学生学习有机融合，促使学生完成教学项目的构思、设计、实施和运作等多个完整专业技能项目实践，让学生真正在"做中学"，从而提升学生的各项能力。

4. 运作：改革考核方式，注重教学过程的考核

运作过程就是成果的展示与考核评估的过程。从严考核评估是提高教学效果的有力保障，改变过去那种考核出现随意给分的现象。教学项目的考核评估既要对学生书本知识、技能操作掌握程度的考核，又要对学生的团队意识、应用水平、创新能力考核，强调理论、实践与能力考核评价三者并重，使考核评价体现"构思—设计—实施—运作"的全过程。要制定科学可行的考核细则，由"终点考核"向"过程考核"转化。考核方式应灵活多样，如可选择笔试、口试、答辩、项目报告、等级评定。考核方法可以是教师评价，也可以是学生自评，还可以是学生互评，根据不同的情况采用不同的评价考核方式，促使学生积极主动地参与到实验和项目的训练之中，杜绝了实践操作抄袭现象，从而达到应用型卓越财务管理人才培养目标。

# 第三节　基于就业导向的高职财务管理人才培养

## 一、基于人才需求和人才培养的问卷设计与调研

调查组设计了两组问卷，一是设计了"财务管理专业人才需求调查问卷"，以调查当前企业对财务管理人才需求状况和对人才的素质能力要求。"企业财务管理专业人才需求问卷"共有20题，主要涉及企业财务管理人才需求特点、能力素质要求、企业与学校一起培养学生意愿等方面。调研时间是2014年10月至12月，调研对象以四川省内各行业的国有企业、中小民营企业，以中小民营企业为主，主要采用实地调研法、电子邮件收集法，通过人际关系利用电子邮件发

送问卷，共发放 615 份，回收 493 份，有效问卷 461 份。二是设计"高职财务管理专业人才培养现状调查问卷"，对某高职院校财务管理专业人才培养现状调研。"财务管理专业人才培养现状问卷"共有 18 题，主要涉及往届毕业生对财务管理人才培养目标、课程情况、实训教学体系和教师教学能力的认识和对培养计划的建议。调研时间从 2014 年 10 月至 12 月，调研对象主要以某职业技术学院经济贸易管理系 2007 级到 2010 级财务管理专业毕业生为主，主要采用网络调研法，通过毕业班级 QQ 群，在网上设置问卷调研，共发放 700 份，回收 553 份，有效问卷 512 份。

## 二、基于问卷调研分析企业财务管理人才需求现状

### （一）财务管理人才需求市场前景分析

调研对象涉及四川省内各行业的国有企业、中小民营企业，就财务管理人才需求进行问卷调研，根据已回收有效问卷分析，我们发现当前企业对财务人员需求一般，很多企业需要有经验的财务人员，特别是中小企业比较突出，他们不愿意培训刚刚毕业的大学生。很多企业对经管类人才愿意使用一些具有专业知识的通才，特别是高职学生就业比较集中的中小企业因为人手不够，对财务人员的综合能力要求较高，需要处理的事情除了会计核算、报税等工作外，同时还需要结合财务专业知识站在企业管理的角度为企业经营管理提供管理服务。同时，财务管理专业就业也存在很多其他经管类专业存在的不对口现象，因此，财务管理专业学生为了满足企业实际需要，在掌握财务管理专业知识和技能，同时还要有综合的经管类知识，站在经营管理的角度，综合分析企业财务状况，为企业管理服务。

### （二）企业对财务管理人员能力要求分析

从问卷调查来看，企业最看重财务管理人员的职业技能，占 82.22%；其次是工作经验，占 70.11%；第三是资格证书，占 68.11%；职业素质、学历、认同企业文化，分别占 50.93%、31.3%、20.59%。在最低学历的选择中，企业最低学历要求本科学历需求为 54.80%，专科学历需求为 39.85，研究生仅为 0.93%。说明在企业选择财务人员中，能够胜任工作的职业技能最重要，其次就是工作经验，特别是小公司非常看重工作经验。同时，企业也非常看重财务类的资格证书的取

得和工作中的职业素质。这说明在学校的人才培养中，应该以职业技能教育为主，让学生拥有胜任企业财务工作的能力，同时，培养中要同时兼顾学生的职业素质教育和专业证书的考取教育。在专业证书的调查中，企业最看重会计从业资格证，占85.81%，其他如证券从业资格证、助理会计师证等都被认为有一定考取的必要性。

从专业技能看，财务人员所需具备的核心专业技能有会计核算能力、财务分析能力、纳税筹划能力、利用财务知识服务于企业的管理能力，其中国有企业和大型私营企业比较注重利用财务知识服务于企业的管理能力，中小企业比较看重会计核算能力和纳税筹划能力，分别占80.56%和72.56%。高职学生大多面向中小企业，应该更加重视会计核算能力和纳税筹划能力。从工作经验看，要求至少有1年以上工作经验的占到68.04%，说明大部分企业非常看重财务人员的工作经验，特别是中小企业在调查中对财务人员的工作经验要求要高，符合中小企业不愿意花时间培养财务人员的特点。从人才培养的角度来看，学校应该加强学生的专业技能培养，完善整个实训教学体系，增加学生实际财务操作的能力。从职业素质看，财务人员所需具备的职业素质有道德操守、法律意识、工作严谨认真等，这是由财务工作要求精确、严谨并要求完全按照规定办事决定，学校教育对此应更加重视，加强学生的经济法律意识和职业道德培养，培养具有高尚道德操守并严格守法的财务管理人才。

（三）财务管理专业应届毕业生工作胜任情况分析

问卷调查显示，认为财务管理专业毕业生基本可以胜任财务工作的占66.32%，总体来看基本能够适应工作需要。专业技能欠缺，理论与实践不能有效结合，学校学习的知识和技能跟工作需要有一定的差距，被企业认为是财务管理毕业生不能完全适应企业要求的原因。同时，部分应届毕业生要克服眼高手低、职业稳定性差，过于计较付出和回报等缺点，要注重跟前辈学习，增强语言沟通能力、团队协作能力、责任心等，努力提高职业能力和素质，适应职场的需要。

### 三、基于问卷调研分析高职院校财务管理人才培养现状

#### （一）培养目标不明确

调研发现，大部分学生觉得财务管理专业学习的就是会计，没有明确觉得财务管理与会计的区别，选择财务管理专业培养目标为会计核算人才的比例为50.61%，选择不清楚的占20.52%。可见财务管理专业人才培养虽都有相应的培养目标，但过于抽象化，仅仅停留在培养方案中，学生真正明确理解培养目标的人数不多，让很多财务管理专业学生没有很好地规划整个大学生活中的学习，无法真正实现培养目标满足企业需求。

#### （二）课程内容与未来实际需要有差距，实训课程的教学效果不好

调研发现，认为财务管理专业课程知识与实际脱节的比重达53.42%，认为学习的技能不足以应对工作实际需要的比重占64.56%。由此可见，财务管理专业课程体系庞杂，课程内容实用性不够，与实际工作脱节严重。同时，学生认为实训课程的效果不好，学习的技能不足以应对未来工作的需要，他们认为原因在于学校的实训环境不好，很多实习课没有真正接触工作环境和工作任务，导致实训课还停留在理论阶段，没有真正掌握好专业技能。

#### （三）教学方式死板，教师实际操作能力有待提高

调研发现，财务管理专业学生对专业教学不满意，特别是实训教学手段死板，没有充分调动学生动手实际操作。因此在教学过程中，教师应不断根据企业实际需要调整教学内容，改变"填鸭式"教学方法，综合应用多种教学手段，运用与实际集结的教学素材，结合实际工作环境，进行仿真或者完全真实模拟教学，提高学生真实动手能力，能够在以后工作中实现学习与工作更好的对接。学校应该安排教师每年进行培训和下企业锻炼，熟悉新的专业知识，掌握最新的专业技能。

### 四、基于就业导向的财务管理人才培养模式

#### （一）准确定位财务管理人才培养目标

财务管理专业人才培养目标是学生通过大学学习财务管理专业最终要达到的

知识能力素质目标。调研发现，随着经济的发展，用人单位一般要求应聘者具有基本的沟通能力、团队协作能力，同时对其他知识也要求涉猎。比如，搞财务管理特别需要了解企业工程技术，能够根据企业工艺分析企业成本，进行成本管理。60.52%以上的问卷显示财务管理人才培养目标应定位于"通才+专才"的高素质应用型财务管理人才，不仅应掌握会计核算、财务分析、税收筹划、利用财务知识服务整个企业管理等专业技能，还应具有较强的沟通表达能力、团队协作能力和管理能力，同时必须具备较高的人文素养、道德操守和法律意识等。

（二）树立专业教育新理念，并做好学科的定位

**1. 树立专业教育新理念**

据调查显示，高职财务管理专业毕业生就业比较集中在中小民营企业，这些企业要求的财务管理人才，既要求掌握财务核算的技术、方法和程序，具有娴熟的业务操作技能，更要求从业人员懂得行业的相关知识，并具备完成企业要求的税收筹划、财务规划等技能。因此，要树立专业教育新理念，围绕企业职业岗位需求来构建课程体系，对岗位需要的知识、技能和素质进行分解，构建相关课程来实现知识、技能和素质的培养目标。

**2. 对于高职的财务管理专业来说，学科定位应偏向会计核算**

在学科定位上，众多国内学者认为财务是指单位在经营和再生产过程中与资金或资产有关的事务，及其体现的经济利益关系，是企业组织财务活动、处理各方面财务关系的一项经济管理工作。而会计一般是指核算，对单位经营和生产过程中发生的资金活动进行连续、系统、全面、综合地核算和监督的方法，以提高经济效益。但根据调查显示，高职类财务管理毕业生毕业后更多从事的是会计核算工作，特别是应聘之初，就业单位非常看重毕业生的会计核算功底。高职类财务管理毕业多就业于中小企业的会计核算岗位，对会计核算方面的知识和技能要求高于财务分析、决策等管理知识技能。因此，我们认为高职院校财务管理专业的学科定位应偏向会计，只有这样才能保证财务管理专业毕业生能够适应未来会计工作的需要。

（三）课程体系的构建

市场需求决定了专业人才培养目标，专业人才培养目标决定了专业课程体系

的设置。在"通才+专才"的高素质应用型财务管理人才培养目标指导下，财务管理专业课程体系的构建要体现"厚基础、宽口径、重能力、重实践"的市场需求。"厚基础"是指公共基础课程开设的内容要丰富，涉及面要宽广，使学生具有"通才"的深厚功底；"宽口径"要求所开设的课程应适应企业业务的需要，应将经管类学科的知识交叉融入课程体系，构建学生综合应用管理知识分析问题的能力；"重能力、重实践"要求培养方案的设计中应加强实训体系构建，使学生毕业时掌握工作需要的知识和技能。专业课程体系由通识课模块、经管类学科平台课模块、专业课模块和校内校外实训模块组成。

1. 通识课模块包括公共必修课程与公共选修课程，公开必修课包括大学语文、大学英语、思想道德与法律基础、经济应用数学、体育等；公共选修课程包括自然学科与艺术类选修课程。通识模块涉及面广，体现厚基础的综合素质培养目标。

2. 经管类学科平台课，即专业基础课，包括经济学、管理学、市场营销、经济法、统计学、企业资源计划等。学科平台课设置应注重不同管理类学科知识交叉渗透，培养学生利用综合管理知识从整个企业经营和发展的角度分析问题和决策，并具有一定的管理能力，同时也体现了宽口径的设计要求。

3. 专业课模块，包括专业必修课与专业选修课。专业必修课包括基础会计、中级财务会计、财务管理、税收筹划、财务信息化、财务分析等；专业选修课包括证券投资实务、资产评估、审计实务等。专业课模块主要满足专业知识与技能要求，掌握会计核算、税收缴纳和筹划、财务软件使用、财务分析和管理等专业知识和技能，做到专业。

4. 实践环节模块。实践环节模块由财会基本技能实习、财务会计实习、财务分析实习、审计与纳税申报业务实习、财务信息化与财务软件实习、ERP沙盘模拟与财务管理案例实习、资金运作实习、毕业论文与毕业实习等环节构成。实践环节模块主要满足能力框架中专业技能要素培养的需要，使学生毕业时具备基本相关的财务技能来增强工作的适应性。

（四）优化教学内容，采用应用型教学手段，加强师资队伍建设，注重教师技能培训和考核

进行教学改革，以岗位需求为导向，优化教学内容，以培养学生技能为主，采用应用型教学手段，培养学生技能。安排专任教师定期或不定期地到企业进行

调研或挂职锻炼,让老师们参与到企业实际中去,挖掘企业对财务管理人才的需求,将企业的素材作为教学的内容,同时锻炼教师实际操作的技能,让教师的教学内容和教学方式更加符合企业实际需要;支持教师参加注册会计师、注册税务师、高级会计师等资格证书考试,并在相关公司、会计师事务所、税务师事务所、审计师事务所、证券公司等兼职,着力提高教师的专业实际业务能力。建立系统的教师专业技能考核机制,根据市场对财务专业知识能力实际需要的变化考核教师的持续学习能力,通过多种形式,打造一支能培养高层次应用型人才的"双师型"教师队伍。

(五)重视实训教学条件建设,建立财务管理专业校内专业实训室和校外实训基地

1. 校内建立专业模拟实训室,包括会计手工实训室、财务信息化实训室、财务管理实训室和财务综合应用实训室,建立仿真实训环境,分层递进式地根据技能训练规律由简单到复杂,让学生在实验教学过程中逐渐掌握会计核算与财务管理等工作所需要技能,提升学生会计核算能力、财务分析与决策能力、会计监督能力、利用财务管理提升企业综合竞争能力,并通过实际仿真环境的技能训练提高学生的协作能力、综合分析能力和创新能力。校内专业实训室的创建和完善是财务管理专业实训水平的一个重要标志。据调查显示,多数企业无法接受大量的财务管理在校学生进行实习,同时,很多企业从保护商业秘密的角度考虑,也不愿实习的在校生接触真正的财务操作,所以,要实现大量的财务专业在校生能够掌握相关专业技能,必须建立仿真的专业实训室进行实训。

2. 建立校企长效合作机制,建立财务管理专业校外专业实训基地。企业有实际的财务管理专业人才需求,学校有学生能够参与到企业的工作中,可以为企业节约资源;企业实际的工作环境可以为学生构建基于实际工作环境的实践平台。学校与银行、管理咨询公司、证券公司、企业等单位建立稳定的实习关系,让企业参与到人才培养方案的制订和教学内容的选择和完善中来,定期组织学生参观、了解企业,让学生对工作环境有一个感知认识,还可以组织学生到企业进行实习,锻炼工作实际能力。学校邀请企业家、财务总监、有经验的财务人员等来校进行专题讲座,增加学生对专业的认识深度,培养学生积极学习专业知识的兴趣;通过形式多样的校企合作,与企业建立长期稳定的校企合作关系。长期稳定的校外

实训基地的建立为学生提供接触实际工作的机会,使学生学以致用,学习企业最需要的实际技能,增强实际业务操作能力。

## 第四节　国际化财务管理人才培养模式研究

在一个开放的全球经济体系中,国家间的竞争是综合国力的竞争,归根结底是国际化人才的竞争。高等教育国际化是培养国际化人才的重要途径,鉴于此,许多高校纷纷确定了国际化的人才培养目标。

### 一、国际化财务管理人才培养的意义

作为一个专业化和国际化程度较高的专业,培养国际化财务管理人才将成为财务管理专业未来发展的重要方向。财务管理专业教育的国际化主要是基于以下原因。

（一）经济全球化的需要

进入 21 世纪第二个十年,经济金融全球化呈现出如下新特征:新一代信息技术将进一步突破时间和空间的限制,国际商品和金融市场迅速扩张,市场交易手段和方式不断创新,交易量迅猛增长;市场竞争越演越烈,全球并购活动频繁,跨国公司在全球范围内生产经营和配置资源;WTO、IMF 等国际经济组织在世界经济贸易和金融领域将发挥越来越重要的作用。这种全球化的浪潮对我国企业经营的金融市场环境、筹资和投资活动将产生极大的影响,如何寻求机遇、规避风险,将是财务管理人员应当面临的重要课题。经济全球化和金融自由化趋势要求高校更加注重对国际化财务管理人才的培养,培养通晓国际会计准则和事务,同时具有较强实践能力的财务管理专业人才。

## （二）高等教育国际化的需要

在经济全球化和区域一体化的背景下，高等教育国际化与"终身教育""以学生为中心"一起成为21世纪世界教育的三大发展趋势。世界许多国家都把高等教育国际化作为本国发展高等教育的一项重要举措，通过各种方式促进本国高等教育的国际化。2010年7月29日，我国颁布了《国家中长期教育改革和发展规划纲要（2010-2020）》，明确指出要"适应国家经济对外开放的要求，培养大批具有国际视野、通晓国际规则、能够参与国际事务和国际竞争的国际化人才"。

## （三）财务管理专业建设的需要

自1998年教育部在《普通高等学校本科专业介绍》中将"财务管理"列为工商管理学科下的一个本科专业，并于1999年开始招生以来，我国高等学校财务管理本科专业人才培养规模不断扩大。在经济金融全球化和高等教育国际化背景下，国际化人才的培养将成为我国高校财务管理专业建设的重要任务之一。

## 二、国际化财务管理人才的内涵

国际化财务管理人才属于国际化专业人才之一，目前我国对国际化专业人才并没有一个比较统一和固定的标准。

2003年亚洲大学校长论坛提出，国际化专业人才是"能够掌握一门以上的外语，能够利用某种工具或途径进行跨国交流与服务，并且在某一专业、层次、领域内具有一定的专门知识或能力，基本通晓国际行业规则的人才"。

国内学术界就国际化专业人才的内涵界定进行了广泛的研究，取得了丰硕的成果。第一，从能力素质方面对国际化专业人才进行界定；第二，从文化知识背景、技能要求及素质结构等方面界定；第三，强调国际性。尽管学术界对"国际化专业人才"众说纷纭，但普遍认为，国际化专业人才是指那些具有国际化意识和胸怀以及国际一流的知识结构，视野和能力达到国际化水准，在全球化竞争中善于把握机遇和争取主动的专业人才。

国际化财务管理人才应具备以下六个方面的素质和技能。第一，拥有宽广的国际化视野、独到见解以及强烈的创新探究精神；第二，拥有财务管理领域相关技能，以及很强的国际化知识结构体系；第三，熟练掌握国际财务金融惯例和规则；第四，积极参与国际财务金融活动；第五，掌握现代信息技术，拥有很强的现代信息处理能力；第六，拥有超高的职业道德和心理素养。

### 三、高校国际财务管理人才培养模式现状与问题

人才培养模式是指在一定的现代教育理论、教育思想指导下，按照特定的培养目标和人才规格，以相对稳定的教学内容和课程体系，管理制度和评估方式，实施人才教育的过程的总和。它主要包括人才培养目标和实现方法与手段，其中实现方法与手段又包括课程体系与教学内容、教学方式与手段、教学管理与评估三个方面的内容。

自从 20 世纪 90 年代以来，北京大学、清华大学等一批重点大学提出了建设世界一流大学的目标，把培养具有国际视野和全球意识的高素质复合型人才作为基本人才培养目标。国内其他高校的财务管理专业也陆续采取措施加强国际化财务管理人才的培养。

我国高校在培养国际化财务管理人才的途径和内容上有所不同，如西南财经大学会计学院引入英国和加拿大财务管理职业资格考试来培养国际化人才，西安交通大学管理学院则通过国际交流与合作来实现国际化。目前，我国高校财务管理专业在国际化人才培养模式取得了如下成绩。

#### （一）高校国际财务管理人才培养模式

**1. 制定国际化财务管理人才培养目标**

新形势下，我国许多高校将国际化作为财务管理本科人才培养的目标之一，如清华大学培养"面向世界的具有广阔国际视野的高层次人才"，北京大学培养"具有国际视野的、在各行各业起引领作用的、具有创新精神的领导型人才"。东北财经大学会计学院将"国际化"确立为财务管理本科办学特色，大连民族学院提出要培养"有较强外语能力和沟通能力，通晓国际规则的国际化、高素质、应用型的复合型财务管理人才"。一些普通高校财务管理专业的培养目标中也出现"国际化""国际视野"或"全球化"等词语。

**2. 开设国际化的课程**

我国高校财务管理专业均开设了一定比例的双语课程，使用国外原版教材，中文讲授或中英文交替讲授，一些重点高校还开设了全英文课程。淘汰陈旧落后的课程，增开了具有国际化内容的课程，如国际关系学、国际问题研究、国际政

治、国际法、国际经济、国际金融、国际贸易、国际文化研究、国际史、国际财务管理、国际会计等，这些课程反映了国际社会、政治、历史、法律、文化、经济、贸易、金融等方面的发展状况，使学生能接受全方位的国际化教育。此外，许多高校加大了引进国外优秀财务金融类教材的速度，各出版机构翻译出版了一批具有较高质量的国外大学专业教材，高校在教学中选用国外翻译教材甚至原版教材的比例大大提高。

### 3. 组建国际化的师资队伍

在"引进来""走出去"的国际化发展战略下，许多高校一方面邀请国外学者来本校讲学和开展科研活动，另一方面派出财务管理专业教师到国外进修、讲学和科研。此外，一些高校鼓励教师参加国际学术会议，与国外高校、研究机构和企业开展项目合作，进行科学研究，迅速地提高师资队伍的国际化水平。

### 4. 采用国际化的教学方式和手段

财务管理专业教师不断提高教学手段的现代化程度，采用多样化的现代教学方式提高教学质量和水平。一般高校都具备了多媒体教学条件，一些高校还开办了网上教学、财务金融实验室。部分高校推广案例教学，通过对各类案例（尤其是最新国外财经案例）分析与讲解，加深学生对理论的理解。一些高校通过开设各类财务管理实务课程，锻炼学生的动手能力和实践操作水平。

### 5. 建立教学和人才质量评价系统

目前高校普遍建立了教学和人才质量评价体系。第一，通过定期听课、开座谈会、集中交流、学生评教等方式，对教师的备课、授课、作业、考核、指导实验或实践、指导（辅导）毕业论文等方面进行常规监控；第二，高校财务管理人才培养质量的评价主要来自教育部门和社会三个方面，评价内容主要包括课程合格率、各项竞赛获奖率、科技创新能力、就业率和就业质量、用人单位评估等方面。

由于我国财务管理专业开设时间较短，在人才培养模式方面还存在这样那样一些问题，如重知识轻能力、重理论轻实践、课程体系设置不合理等，与国际化财务管理人才培养目标不相适应。

（1）培养目标定位过高。目前多数高校财务管理专业确定的培养目标是培养能在企业、事业、机关等相关单位从事实际工作和教学、研究工作的高级专门人才，这与我国本科教育所处的环境不相吻合，存在定位较为广泛和过高的问题。目前大学本科教育正从"精英教育"向"大众教育"转化，财务管理本科毕业生逐步成为一般的专业人才，而不是精英人才。此外，本科期间所学的专业知识比较有限，实践经验不足，难以满足高级专业人才的能力要求，而能直接从事财务管理相关的教学和科研工作的学生，更是少之又少。

（2）未建立系统的国际化课程体系。我国高校财务管理课程体系国际化还处于各自为政的境况，尚未形成系统的国际化课程体系，尚未开展国际化课程教师资格认证，导致部分国际化课程教学效果不佳，影响国际化财务管理人才的培养质量。一些高校虽然开设了数门国际化课程，如开始了国际财务管理、国际会计准则、国际结算、国际金融、国际投资学等课程，增加了现有课程的国际内容，但这些课程和内容之间缺乏逻辑衔接，呈碎片堆积状况；课程名目混杂，边界不清；内容重复或遗漏。

（3）培养模式单一，教学手段落后。我国许多高校的财务管理专业在培养目标、教学计划、教学内容等方面"千校一面"，缺乏各自的优势和特长。这种单一的人才培养模式，必然造成"千人一面"，缺乏个性和创新精神，难以适应经济社会对财务管理人才的要求。此外，部分财务管理专业教师仍然沿用"填鸭式"传统教学模式，案例教学、讨论教学、模拟教学、多媒体手段、网络教学等先进教学方式和手段没有广泛使用；教学与实践脱节，培养的学生实际分析与解决问题的能力存在欠缺。

（4）缺乏科学的国际化人才质量评价体系。现有的高校财务管理教学质量监控体系是一种封闭的体系，注重对校内教师的监控，缺乏对企业、行业和用人单位参与教学环节的监控；注重对教师授课的监控，缺乏对人才培养方案和课程体系的监控；注重终结性评价，缺乏过程管理和实时监控。我国当前对财务管理人才质量的评价多停留在表面上和数量上，忽视质量；评估过程不规范，评估方式单一；评估结论不科学；重视外部评价，忽视内部质量监控；评价体系中并未涉及国际化方面，抑或对人才的国际化评价偏主观，缺乏客观的指标，等等。

## 四、优化高校国际化财务管理人才培养模式的建议

### （一）准确定位人才培养目标

人才培养目标的定位，就是要明确在人才培养方向上的选择，做出取舍。高校要避免"高大全"的目标定位，必须结合实际情况和办学定位准确地界定培养

目标，比如，除少数研究型大学外大部分高校可以将财务管理本科人才的培养目标定位于从事财务管理的应用型人才——以企业而不是机关或事业单位为顾客，以解决实际问题而不是理论研究或教学为导向。只有这样明确定位，并在课程设置、师资配备、教学方式等方面强调实践教学和应用训练，高校才能培养出大量符合企业需要的财务管理专业人才，也才能从根本上解决该专业学生的就业问题。

（二）引入国际化职业资格考试培训体系

目前，与财务管理专业相关的国际职业资格考试包括美国管理会计师（CMA）、财务管理师（CFM）、财务策划师（RFP）、注册理财规划师（CFP）、美国财务分析师（CFA）、特许财富管理师（CWM）、国际认证财务顾问师（RFC）等，这些职业资格考试是由不同的机构主办，其培训计划和大纲能反映会计、财务管理、金融领域最新发展态势，实践性和操作性强。我国高校财务管理专业可以根据学生英文水平和专业程度，引入相匹配的职业资格考证体系，实现学历教育与职业培训的对接，使课程体系在结构上与学生的全面素质和综合能力培养相一致，在内容上与执业岗位的需要相一致，实现基于优势互补的课程体系下的财务管理专业人才培养模式。

（三）促进师资队伍的国际化

教师作为国际化课程的开发者和实施者，他们的态度和观念直接影响着国际化课程体系的构建与实施，他们的知识和方法很大程度上决定了国际化课程的效果及国际化人才培养的质量。高校要培养国际化财务管理人才，首先要有一支较强的国际化师资队伍。高校应继续坚持"走出去，请进来"战略，一方面鼓励教师出国进修、学习培训、攻读学位、合作科研；另一方面邀请国际知名学者、专家来华访问和讲学、聘为名誉教授或客座教授（名师）等，开展院际、校际和教师之间的国际交流与合作。

（四）运用国际化教学方式和手段

充分利用现代信息技术，如录音、录像、投影、电视、网络、语音实验室、卫星传输等进行教学。同时，要开发各种教学软件，实现教学手段的现代化。在教学中广泛使用启发式、研讨式、案例教学等方式，课堂教学以"引导启发、问题研究、讨论为主,教师讲授为辅",充分调动学生的积极性,培养学生的实践能力。采用多样化的实践课堂教学方式,如开展多媒体、远程和个性化财务实验教学,通过角色扮演、情景模拟和教师点评等方式,让学生在虚拟的全球市场环境中进行筹资、投资等财务管理活动。

（五）改革教学质量和人才评价制度

首先,改进教育教学评价方式,构建由学校领导、院系领导、督导专家、学生信息员、教学指导委员会、学术委员会、学生评教等构成的、约束、培养和激励机制紧密配合的三位一体的内部质量保障体系；开展由政府、学校、家长及社会各方面参与的教育质量评价活动；做好学生成长记录,完善综合素质评价。其次,改进人才评价及选用制度,为人才培养创造良好环境。树立科学人才观,建立以岗位职责为基础,以品德、能力和业绩为导向的科学化、社会化人才评价发现机制。强化人才选拔使用中对实践能力的考察,克服社会用人单纯追求学历的倾向。

# 第五节 浙江区域特色的财务管理人才培养

## 一、浙江企业的区域特色和主要的财务管理问题

浙江企业在发展过程中,形成了中小型、民营和外向型企业占比重大,呈"块状化发展和家族式管理的鲜明区域特色。在前期的发展中,浙江企业正是凭借产权关系明确、区域产品集中、管理灵活等优势,取得了快速发展,但从趋势上看,浙江企业正在和即将面对的财务管理的问题主要有：

1. 在筹资活动中,浙江企业在发展初期,资金来源渠道比较单一,主要依靠创始人的投入,以民间融资和自我积累为主。伴随企业的发展,资金需求膨胀,必然要求拓展资金渠道,如更多寻求银行或其他金融机构的信贷支持,企业转型为股份公司并上市融资等。

2. 投资活动中,浙江企业以往投资集中在具有区域优势的传统产业领域,决

策时,信息比较容易获得,相对风险比较小。企业在升级转型过程中,将涉足新的领域或对传统产业进行创新,风险加大,科学的投资决策程序和方法是成功的关键。

3. 营运资金活动中,缺少系统专业的营运资金管理是一些企业资金链断裂的直接原因。例如,长期困扰浙江出口企业的海外商账的追收问题是比较突出的体现,另外专业的税收筹划、商业信用管理等方面的专业管理在中小企业中都是不充分的。

4. 收益分配活动中,缺乏基于长远的利益考虑的利润分配政策安排,更为严重的是在家族管理企业中,所有者与企业两个主体很难划清,导致利润分配比较混乱。正确处理各利益主体之间的关系是企业稳定发展的必要条件。

## 二、浙江区域特色的财务管理人才需求与培养的差异

从上述分析可见,浙江企业正面临着升级转型的挑战,在财务管理各个方面尚存在着诸多障碍,企业需求的财务管理人才在知识、能力与素质三个方面应具备的主要特质与培养之间的差异主要体现在以下方面。

### (一)专业知识方面的需求与培养的差异

浙江区域特色的财务管理人才应具备全面的、以区域环境为背景的专业知识体系。鉴于浙江企业以中小型为主,资源相对有限,财务人员的数量不会太多,不会有大公司细致的专职分工,其财务管理人才需要掌握包括财务管理基本知识、金融知识和相关企业管理知识等在内的较为全面的专业知识。同时,浙江企业具有自身的特色,因而财务管理人员对当地政策、法规、市场等环境和企业发展的背景知识的掌握是其快速融入企业,发挥作用的重要前提。

目前高校的财务管理专业课程体系一般覆盖了财务管理专业人才所需的会计、财务管理、法律、金融及企业相关管理的知识,因此培养对象的专业知识是比较完善的,但主干课程基本以一般环境和比较成熟的企业为蓝本进行介绍,针对区域环境和企业的相关课程设置相对缺乏,学生的专业知识比较全面,但区域背景知识不足。

## （二）专业能力方面的需求与培养的差异

浙江区域特色的财务管理人才应具备综合管理能力为重心的专业能力。综合管理能力，主要是正确处理财务关系的能力，包括团队合作能力、人际交往能力、沟通协调能力、应对压力及合理安排时间能力在内的专业能力。综合管理能力主要体现为和较强的沟通协调能力灵活知识应用能力。财务管理是对财务活动的管理，更是对财务关系的一种管理。家族管理是浙江企业的一大特点，建立与投资者家族之间以信任为基础的良好关系，是财务管理人员工作得以顺利开展的前提；同时浙江企业面对的融资难等问题的解决，需要财务管理人员有效处理金融机构与企业之间关系的关系，以获得有效的资金支持，因此沟通协调能力对浙江企业的财务管理人员尤显重要。另外，企业的财务管理人员配备有限，财务管理人员应具有较强的应对压力及合理安排时间的能力。

对于综合管理能力的形成需要一个长期的过程，而且由于学生的个体差异较大，实施较为困难，因此该项能力的培养是一个难点。仅在课程体系中设置心理学、沟通、组织行为学等课程，对该项能力的培养是有限的。

## （三）综合素质方面的需求与培养的差异

浙江区域特色的财务管理人才应具备以职业道德素养为核心的综合素质。对于职业价值的正确认识和职业生涯的合理规划，是财务管理人员获得企业信任与认可的基础，也是其发挥主观能动性的原动力。

高校的职业道德素质教育不是很系统，一般是通过日常的教学活动渗透的。当前大多数学生职业发展计划比较功利，倾向于行政事业单位或大公司，报考公务员的比例较高，而对于民营中小企业中的职业生涯没有充分认识和信心，因此职业的忠诚度比较低，工作更换频繁发生。

综上，高校培养的财务管理人才知识全面性的要求基本可以满足，但在区域背景知识、综合性专业能力和素质等方面很难符合浙江企业发展的要求。

### 三、区域特色的财务管理人才培养对策

企业的未能有效参与高校的教学培养活动，后者不能了解和满足前者需求以及学生缺少对区域企业的充分认知是造成上述人才需求与培养之间差异的主要原因。因此必须树立区域特色的财务管理人才观念，实现区域企业和地方高校的全

面合作，初步提出以下对策。

1. 校企充分认识区域特色财务管理人才培养必要性、重要性和长期性是培养区域特色的财务管理人才的前提条件。企业需要量身打造的财务管理人才，高校培养的人才拥有用武之地，双方利益一致，而人才的培养不是一蹴而就的，需要长期的过程，因此应避免急功近利的思想，要建立长远的人才培养合作关系。

2. 建立企业有效参与财务管理人才培养过程的组织方式是培养区域特色的财务管理人才的重要保障。如前所述，浙江企业以民营中小企业为主，资源有限而且数量众多，因此以个体身份参与人才培养是很难实现的。在这个过程中可以发挥企业协会的作用，通过行业协会建立常年关注财务管理人才培养的机构，集中行业内企业在财务管理中出现的问题并与学校进行全面的沟通。这样首先能够保证企业参与专业人才培养的可持续性，其次能够鲜明地体现企业在财务管理中的行业与地域特征。由于目前很多学校开设财务管理专业，应结合传统的优势行业背景，与行业协会合作，这样可以充分利用现有资源，培养具有符合一定特殊行业企业需求的个性化财务管理人才，如信息行业企业协会可以与有信息专业优势的院校建立有效的合作。

3. 企业全过程地参与是培养区域特色的财务管理人才的有效路径。所谓全过程是指企业（协会）不仅在实践教育等个别环节发挥辅助作用，而应参与培养计划的制订与实施、师资队伍评价，参与人才培养的各个关键环节，目的是企业需求反映给高校，同时增进学生对浙江企业的了解，培养其良好的职业价值观念，引导其制订合理的职业生涯规划，具体措施主要包括：

（1）企业参与培养目标和培养计划制订过程中，直接提出对财务管理人才的需求特点，有利于学校制订符合企业现实需要并进甚至具有一定前瞻性的培养方案，从而为企业提供有力的人才支持。

（2）企业推荐具有丰富实践经验的管理人员参与学校部分教学工作，如可以安排关于浙江企业发展的课程，由上述人员承担教学任务，这更有利于学生对中小企业的财务管理工作有全面、系统和生动的了解，也利于加深学生对主要企业的了解，从而为企业吸收优秀人才埋下伏笔。

（3）能够有目的地与学校建立实践环节的长期合作。这种合作，不是针对某门课程或某一个时间段，而是有选择地对一部分学生提供长期的实习机会，既有利于双方的相互了解和选择，又有利于帮助学生尽早与企业磨合，制定并实现符合个性化的职业规划。最后,企业应有效地参与对学生的评价,作为考核学生的实践能力的重要参考指标。

4. 高校制订和实施有针对性的培养方案是培养区域特色的财务管理人才的有力手段。由前文分析可见,目前高校财务管理专业人才的培养中,区域背景知识、专业能力和专业素质方面有所欠缺,初步可以采取以下对策。

(1)在课程体系设计中,首先增设关于浙江企业发展和环境的特色课程作为选修课程,从而补充学生的区域背景知识。另外,在课程体系中,考虑设置协调与沟通、职业道德修养等课程,加强对学生综合管理能力和素质的培养。最后,可以通过设置文献阅读课程,作为补充,以督促学生了解浙江企业的相关问题、成功管理人才须具备的能力等。

(2)在师资建设中,除可以聘用企业(协会)推荐的财务管理专业人才担任一定的兼职教学工作外,在引进师资时,可考虑面向企业,吸引来自企业的有实践经验的高层次人才,在此过程中不以学历和职称作为必要条件,而以其在实务工作中的成果作为衡量标准。同时,加强对现有教师实践能力的培养与提高,鼓励教师通过科研或兼职方式走入企业。教师素质的提高,对于学生综合管理能力和素质的提高具有重要作用。

(3)在教学组织过程中,一方面广泛开展情景式、探究式教学,以培养学生的专业能力。另一方面,适当增加关于浙江企业的案例,引导学生认识浙江企业的特点以及民营企业、中小企业在经济发展中的重要地位,树立良好的职业价值观念,并促使学生了解浙江企业及其面对的财务管理问题,培养学生的专业能力。

(4)在培养对象上,一方面,在学生、企业双向选择的基础上,有计划地培养区域企业需要的财务管理人才。另一方面,充分利用教学资源和地域优势,为企业现有财务人员提供教育服务。浙江很多企业的财务管理工作由家族内部人员担任,但多数人没有接受正规的财务管理专业教育,缺乏专业知识,高校可以通过举办定期集中培训或插班学习等方式,为其提供学习机会,并以导师负责制等方式,建立财务管理人员与教师之间的长期联系,教师可以深入企业,而企业可以从导师处得到专业支持,同时也加大了在校学生与从事财务管理工作的人员间的交流与沟通,从而达到教学互长,产研结合的目的。

# 第六节　央企在多民族地区基层公司财务管理人才培养

中央企业是我国中国特色社会主义经济体制改革和市场经济建立过程中,对于计划体制下的国有企业改革和重组建立起来的大型国有企业集团。除了部分诸如国防工业企业之类的中央企业之外,很大部分中央企业基层企业和业务都涉及和覆盖全国大部分地区。我国是有着55个少数民族的多民族国家,少数民族居住的地域覆盖国土面积的64%。除了几个单一民族自治区之外,绝大部分民族地区都是多民族共同居住的地区。因此,研究多民族地区的中央企业活动有着重要的价值。财务管理是中央企业的非常重要的活动,财务管理对于人才有着专门的要求,中央企业在多民族地区的财务管理人才培养和队伍打造也就具有了重要的理论和实践意义。

## 一、央企多民族地区基层公司财务人才亟须培养、培训

在现代社会,以资金运营、成本核算、经济信息预见管理等为内容的财务管理既是企业管理中一项重要的管理活动,又是一项技术性、专业性较强的管理工作。因此,随着社会环境的发展、变化,中央企业财务人才的培养具有多方面的意义。

### (一)央企需要大量的财务管理人才

由中国国有企业改革的历程和途径决定,中央企业往往都是大型甚至是特大型国有企业。中央企业是为了实现社会主义经济基础中公有制占主导的目标和为了加强国有企业在国民经济中的控制力而革新组织起来的大型企业集团,这些中

央企业往往业务都涉及全国绝大部分省区和地方。由于业务量大,涉及范围极广,因此,中央企业的基层公司也就成为中央企业的基础经济运行组织的基本形式。由于中央企业在基层由大量的公司组成,业务量巨大,所以,中央企业的经营、管理和生产人员非常多。为了提高中央企业的市场经营和竞争能力,国家对中央企业都进行了按照现代企业制度需要的多方面的改革,因此,中央企业都是经过重点改革、制度创新的国有企业,在这类企业中,高素质的人才相对比例都要求较高。加之,在现代市场经济复杂的企业的经营、管理活动中,财务管理是其中极为重要的领域,并且财务管理又是企业中技术性较高的领域,这就使得现代中央企业中的财务管理人才比重必须保持一个不低的比例。因而,中央企业经营和管理活动中需大量的财务管理人才也就成为必然。

(二)多民族地区就地培养财务管理人才的意义

中国是统一的多民族国家,由于少数民族地区是自然资源极为丰富,生态环境较好,具有巨大的经济潜力的地区,是我国现代化进程中的重要的经济和人力资源的地区,又加上中央企业的业务和组织特性,很大部分中央企业都不可能、也绝不应该避免在民族地区展开业务。这样,在多民族地区加强对财务管理人才的培养对于中央企业来说有着积极的意义。第一,人工成本低。挂名中央企业的国有企业大部分都是把集团总部设在首都北京的公司,基于经营业务开展的要求,必须在各地设置基层公司,而如果能够充分利用好基层公司当地的人力资源,并且把它开发好和培养好,相对从其他渠道开发人才来说成本较低,这对于技术性较强的企业财务管理人才来说更是优势。第二,可以增加当地就业,更好承担社会责任,促进民族团结。中央企业是社会主义公有制在国民经济中的实施途径和保障,社会主义社会的优越性既应该体现在比资本主义更能够发展生产力,而且还应该反映在社会生活更为和谐,对抗性矛盾更少。在多民族地区挖掘、培养和使用好当地的财务人才,对于促进多民族地区的就业形势改善,缓解社会矛盾,构建和谐社会有着特别的意义。同时,它还对于发展民族经济生活,促进民族团结有积极意义。第三,可以提高少数民族的经济文化素质。少数民族地区往往都是经济、社会较为落后,民族文化传统较为深厚的地区,也正是民族文化传统深厚,加上多民族聚居,使得这些地区的现代化经济活动的综合素质较欠发达。中央企业是当代中国比较发达的经济主体,有着自己的企业文化,这种企业文化是极其重要的精神财富。员工在企业中的工作必然要受到企业文化的熏陶，从而自觉不自觉地改变自己的文化意识，尤其是经济文化结构。所以，多民族地区开展好当地财务管理人才的培养对于民族地区改善民族成员的文化素质结构有着积极作用。

（三）转型期要求中央企业必须加强财务人才的培养

由于国家在社会转型期的财政、税务政策和制度变动较大，近几年，国务院、国资委颁发了多个关于中央企业发展和管理的文件，其中有好几个就是针对中央企业财务管理方面的文献。上述这种变动不仅涉及财务管理的业务内容变化，还涉及制度的变迁，对于企业财务管理工作来说就是需要业务更新和继续学习，这就要求企业随着国家相关制度的变化开展财务管理的员工培训和教育。由于央企在社会主义市场经济中的特殊角色和责任，加强对于国家法律法规的学习更是央企财务管理人员义不容辞的责任。

## 二、多民族地区的央企基层公司财务管理人才培养的几个难题

财务人才的培养是一项系统性工程，在多民族地区更是由于多民族地区经济、文化的特殊性，使得中央企业财务人才的培养可能面临多方面的困难。

（一）民族文化、价值观复杂，素质参差不齐

以云南省为例，云南省作为一个多民族省区，不仅不同的民族地区的经济、社会和文化发展程度不一样，而且民族内部成员也表现出文化素质参差不齐。从文化素质方面看，有的民族汉文化程度较高，有的民族传统文化较浓，有的民族综合文化素质较高，有的较低。央企对于人才的需求不仅要有过硬的业务素质，而且还要求员工必须具备企业发展中形成的特有的企业文化，这是一种企业统一的价值观和文化表现，更重要的是企业文化与管理业务水平之间有着密切的联系。所以，对于财务管理人才的培养就有业务技能、综合能力和企业文化的培养等多方面的要求和任务。另外，宗教本身是一种价值观，宗教在不同民族生活中产生着不同程度的影响。以云南省为例，在云南省久居的少数民族宗教情况也很复杂，有多个民族都信教，有的民族甚至是全民信教，有的民族在历史上政教合一，有的民族群体中又有多种宗教现象。宗教的价值观与中央企业的文化价值观肯定会

有一定的差距，加之多民族地区多重宗教并存的历史背景会给员工的统一培训和教育带来一定程度的负面影响。还有是由于经济、社会和文化发展程度的不同带来的利益关系和利益理念的差异，进而形成的不同民族地区不同的利益格局，也会给中央企业的价值理念和企业特有文化的培育带来不小的挑战。

（二）市场机制落后，市场意识转变困难

由于我国建设社会主义市场经济的时间是从1992年开始的，建设时间较短，社会成员观念中的市场机制意识还要进一步加强。由于多民族地区往往经济、社会发展程度较低，不同民族成员的文化素质和经济意识结构差异较大，导致市场机制的培育和转变在多民族地区更显得必要和迫切，这种情况在多民族地区更是困难重重。

（三）当地财务管理技术条件较差

我国的多民族地区大都在边远地区、山区，都是经济发展较为缓慢和欠发达的地区，这些地区的现代化程度不高，各方面的技术不够好。从硬件上看，这些地区的现代化企业不多，先进技术的引进和吸收都不够，如在财务管理信息化进程中，财务网络开发和运营，软件的开发和维护的技术条件都不能适应央企的财务管理需要。从"软件"（这里的软件是指央企经营管理需要的社会成员的观念和意识结构）方面来看，由于多民族地区复杂的意识、观念方面的因素，使得当地的财务管理人员在一定程度上可能会存在思想意识和业务素质与央企的财务管理理念上的差距。

（四）人才培养成本高

由于多民族地区相对于东部、沿海地区来说存在交通条件不利的情况，更不必说与首都北京相比，这种交通条件方面的不利，反映在企业的人才培养环节会带来多方面的成本增加。首先是多民族地区开展培养人才的优势不足，财务管理人才的培养往往要么通过送到北京或者其他更发达的地方，要么在发达的地方聘请专家和其他人才到当地开展培训，这两种方式都会带来企业成本的大量增加。其次，由于多民族地区的财务工作人员很多都来自民族地区，受民族地区文化环境的影响，这些员工的业务素质、文化素质和综合能力都可能会存在这样或者那样的不足,这种情况在最为基层的管理人员身上表现得更为突出,而且这种根植于意识中的理念,还不是通过短期的培训和教育就能够彻底转变的。

**三、中央企业多民族地区财务人才培养活动中应该注意解决好的几个问题**

由于多民族地区经济、社会和文化的特殊性,在这类地区中央企业的财务人才培养一定要解决好以下几个问题。

**(一)转变人才观念,培育市场经济条件下的财务管理理念**

从党的十四大报告中正式提出在我国建立社会主义市场经济体制以来的十多年,我国国有企业无论是投资体制、企业组织形式,还是企业管理等方面都发生了巨大的变革。现行中央企业就是在原来国有央企的基础上,按照适应国际国内的市场竞争和现代企业制度的要求建立起来的。但是,由于我国是从计划经济转轨过来的,中央企业又是原有国有企业最大的继承者,中国特色社会主义市场经济的运行规律的探索和科学实践都需要很长的时间,中央提出的21世纪基本建立起社会主义市场经济的目标。可见,社会主义市场经济的建立是一个较为长期的过程,在这个过程中,还会有许多体制机制需要进一步改革和完善。因此,在多民族地区的基层公司开展财务人才的培养必须着眼于转变员工理念,培育员工的社会主义市场经济意识,使得财务管理活动遵循市场经济的管理规律。

**(二)重视民族文化差异,提升人才综合素质,改善业务能力**

现代企业制度的建立,经济市场化、全球化的进程加快,随着金融市场运行方式、体制的变革和创新,中央企业财务管理中面临的管理对象和环节也会更加复杂和多变,企业财务风险会随之增加,严重威胁着企业的正常运营和健康发展。在这种背景下,还靠原来仅有的业务素质和能力,陈旧的管理理念和方式,显然是不能适应企业环境变化的要求,不能适应企业发展的要求。为此,中央企业基层公司的财务人才的培养和教育应该着眼多民族地区的文化现实,在尊重民族文化的条件下开展员工教育和培训,把员工培养与民族文化中的积极因素发掘结合起来,多形式开展培训和教育,着力解决好通过培训达到企业财务管理水平的明显改善和提高,企业财务管理人员的综合能力得以提升,中央企业的企业文化在员工意识中得到自觉内化。

（三）充分利用央企大型集团的人才优势

由于前面提到的我国经济体制改革的目标和历程，以及社会主义市场经济的特点要求所致，中央企业往往都是大型国有企业，无论是在经营，还是管理方面都是国有企业中的优势企业。虽然我国民营企业已经发展到了一定的程度，但是，由于我国的民营企业发展较晚，大多规模较小，民族地方的民营企业的发展程度通常比发达地方要落后。而且，在现阶段由于中央企业的公有制性质，中央企业往往与政府有着密切的联系，这些都使得中央企业在人才资源方面具有明显的优势。因此，中央企业在民族地区的基层公司开展财务人才的培养必须充分挖掘中央企业自身的优势资源，开展多层次的自我培训和教育。这样既节省成本，又能在业务素质的培训中不知不觉地达到企业文化的培育功能。

（四）注重人才的发展与企业的发展和谐并进

中央企业的员工相对稳定有着多方面的积极意义，对于财务管理这样技术性较强的企业管理人才更是重要。财务管理员工流动过快、规模过大，都会造成中央企业多方面的成本增加，甚至直接导致财务管理工作一定时期的混乱，严重影响企业的经营和发展。市场经济具有趋利性，企业作为市场主体，以赢得利润、实现增值为目标，市场经济的趋利性反映在员工身上则表现为员工思考问题和解决问题以利益为出发点。相对于其他行业和领域的工作人员来说，受企业盈利价值观的影响和渲染，企业员工更加注重经济利益、思索利益。央企民族地区基层公司在财务管理人员的培养过程中，一定要以利益为非常重要的、基础性的视角，在培训和教育中注意关心员工切身利益，把企业的根本利益实现与员工的特殊利益的实现结合起来，特别是关心民族员工各方面的利益，在关心员工实际利益的过程中激发员工学习、进步的积极性，激发员工开展业务的创造性，把企业的发展与员工的发展结合起来，使员工充分认识到，只有企业的健康发展才会有个人事业的发展，员工应该在企业的蓬勃发展中实现自己的人生目标。

（五）充分运用好现代管理理念和技术

员工的培养和精干队伍的打造，都是人类发展到现代社会的一项重要的实践活动，央企财务管理队伍的培育也不例外。第一，央企民族地区基层公司在人才培养的实践中应该积极、科学地运用好现代科学理念，须知一个好的、科学的理念可能会影响一个人的一生，影响一个群体的发展前景。第二，利用好现代先进的科学技术。科学技术是人类改造世界的文明成果，是中央企业发展最好的手段之一，党中央提出实践科学发展观就是对于当代科学与实践关系的深刻解读。中央企业的发展关系到社会主义国家的经济命脉，关系到社会主义经济发展的性质和前景，所以中央企业必须保持健康发展，必须在市场经济的竞争中始终处于不败之地，这就要求中央企业必须解决好企业发展过程中经营、管理方面的各种问题。随着市场经济进程的加快，经济全球化影响的深入，随着人类文明程度的提高，企业的经营环境会不断变化，企业管理对象的属性规律难以揣摩，环节变得更加复杂，管理过程变得更加困难。因此，我们在解决央企民族地区基层公司财务管理人才队伍的培育和合格团队打造的实践中要充分并科学地引进和使用现代技术和管理理念，注重培育财务人才适应社会主义市场经济的理念。比如说赵寿森同志在石油系统实施 HSE 体系研究中曾经提出的企业战略成本管理与环境协调发展的理念，就可以为我们的财务人才在社会主义市场经济科学理念的培育和创新提供好的指导和借鉴。

## 第七节　广东理工学院基于应用型人才培养的财务管理课程教学

　　随着经济全球化的不断发展，企业间的竞争日益加剧，企业的经营管理逐步转向科学化和精细化，财务管理作为企业经营管理中的重要组成部分，已成为企业管理的核心。企业也普遍意识到财务管理的重要性，一些大中型企业开始设置专门的财务管理部门或财务管理专员负责企业的财务管理工作，从而使社会对财务管理人才尤其是财务管理方面实战应用型人才的需求日益增加。

　　"应用型人才"培养突出的是"以应用为本""学以致用"，强调理论知识在实际中的灵活运用，以及分析、解决实际问题能力的培养。近些年来，国家提出加强应用型人才的培养，各高校积极响应，但大部分高校效果不理想。就财务管理课程而言，多数应用型高校仍以知识的传输为主，较少注重能力的培养，向社会输送的财务管理人才应用能力不强。因此，着眼于经济的发展和社会的需求，从学生应用能力角度出发，调整和改革财务管理课程教学内容势在必行。本节以广东理工学院"财务管理"精品共享资源课程为例，阐述其教学内容的选取、整合与实施方面的改革，以期对同类院校的财务管理课程建设提供参考。

## 一、广东理工学院财务管理课程教学内容的选取、整合与实施

广东理工学院课程组在行业专家的指导下，通过对社会财务管理岗位群的职业技能要求的详细分析，确定财务管理课程的知识和技能目标，选取课程教学内容。根据财务管理工作过程和学生的认知规律优化教学内容，并从"任务与职业能力"分析出发，以"理财过程"为主线、以工作过程为导向，创设具体生动的工作情景，设置工作任务，在教学内容组织实施上采用先进的教学模式，从而达到岗位职业能力的培养要求。

### （一）教学内容的选取

社会发展需要是人才培养的动力，随着企业管理方式和理财环境不断变化，财务管理的教学内容也需要不断更新。财务管理课程基于对财务管理职业岗位能力要求的分析，制定课程的技能目标，围绕技能目标确定知识目标，从而设计教学内容。在教学内容的选择上，强调技能与岗位相匹配、知识与技能相匹配，突出实用性、专业针对性，同时，也充分考虑学生可持续发展能力和毕业后考取中高级会计师和注册会计师等职业考证的要求。

### （二）教学内容的整合

财务管理是运用理财的观念对企业资金运动的全过程进行的管理，包含两个循环。第一个循环是资金的运动过程（什么是财务管理），包括资金筹集、资金投资、资金营运及资金分配；第二个循环是资金的管理环节（如何进行财务管理），涵盖资金运动的全过程，包括财务预测、财务决策、财务预算、财务控制与财务分析，其中，财务决策是资金管理环节的核心，贯穿于资金运动的全过程。两个循环相互交叉、相互作用，形成财务管理课程的基本构架。

课程组根据学习者对企业资金运动认知规律,以职业岗位能力培养为核心,遵循工程过程为导向,采用"双循环"来提炼和优化教学内容。整合后的财务管理课程是以资金时间价值和风险价值观念为基本原理,以财务管理的环节为主线,以财务决策为核心,以筹资决策、投资决策、营运资金管理决策和利润分配决策为主要内容,以提高学生职业核心能力为目标,设计了3个篇章,即财务管理认知篇、财务管理实务篇和财务管理实战篇。

### 1. 财务管理认知篇

财务管理认知篇主要包括财务管理的认知和理财观念的形成。教学内容设计了企业财务管理目标的确定和理财观念(资金时间价值观念以及风险价值观念)的形成两部分内容,使学生从接触财务管理时起,就形成现代理财观念,并将理财观念贯穿于财务管理整个过程。

### 2. 财务管理实务篇

财务管理实务篇包括财务预测、筹资决策、投资决策、营运资金管理决策、利润分配决策、财务预算、财务分析与评价七个学习情景。教学内容围绕一家上市公司的财务管理活动设计。在学习每个项目前,通过该公司的一个具体工作情境引入学习项目;在推进项目的过程中,围绕项目的能力目标设置典型的工作任务;每个工作任务采用"任务描述—任务分析—知识链接—任务实施"四个部分进行。由于一个大案例贯穿始终,学生将会站在全局的角度思考和解决问题,通过工作任务的完成,能够增加学生对职业岗位认知,掌握职业岗位技能,从而达到教学目标。

### 3. 财务管理实战篇

财务管理实战篇以财务决策软件为依托,将财务管理工作岗位划分为财务总监、财务经理、运营、会计、出纳五个工作岗位,按照岗位工作任务组织实战教学。财务决策平台着重训练学生从CFO(财务总监)角度综合运用所学的知识,完成一个虚拟企业的运营,通过平台的操作,一方面培养学生综合运用知识的能力,另一方面培养学生团队合作精神和创新能力。

## 二、教学内容的实施

财务管理课程的课堂教学基于实际工作过程,利用情景化教学,将企业的实际工作情境转化为教学情境,以"行动导向"教学模式为主,"翻转课堂式"教学模式为补充开展教学。在课堂教学管理上采用"班级+公司"的双向管理模式，分组进行学习和工作，学习时采用班级管理模式，学生的身份是学生；工作时采用公司的管理模式，学生的身份是员工（公司财务管理人员）。

（一）"行动导向"教学模式

财务管理教学内容的实施重视学生在校学习与实践工作的一致性，遵循学生职业能力培养的基本规律，因此，采用以学生为中心，以一家上市公司真实工作任务为依据，以工作过程为导向，开展"行动导向"教学模式。在教学过程中，遵循"行动导向"教学过程，以"资讯→计划→决策→实施→检查→评估"六个工作步骤实施教学，将理论穿插在实践中，使实践在理论的指导下进行，从而更好地培养学生财务管理能力和职业操作技能，使学生最终能独立获取信息，独立制订计划，独立实施计划和评价结果，从而获得整体行动能力。

"行动导向"教学模式使教学从"知识的传递"向"知识的处理和转换"转变；教师从"单一授课型"向"行为引导型"转变；学生由"被动接受的模仿型"向"主动实践、手脑并用的创新型"公司员工转变，使教学活动从静态的封闭型转向了动态的开放型，学生边学习边操作，边探究边提升，任务引领、做学结合，形成专业理论知识与基本技能的综合演练。

（二）"翻转课堂式"教学模式

"翻转课堂式"教学模式有别于传统的教学模式，在"翻转课堂式"教学模式下，学生课前通过"微课"运用"微视频"进行自学，根据自身情况来安排和控制自己的学习节奏，翻转课堂将更多课堂时间给了实际操作性的任务，教师的角色从内容的呈现者转变为学习的引导者、合作者，学生通过课前自学、实践操作以及向教师提出问题达到学习的目的。

"翻转课堂"对学生的学习过程进行了重构。"信息传递"在课前进行，教师不仅提供视频资料，还可以提供在线辅导；"吸收内化"通过课堂互动来完成，由于教师提前了解了学生的学习情况，在课堂上能给予有效的辅导，同学之间的相互交流更有助于促进知识的吸收内化。

由于这种模式对视频中教师的语言表达、课件的质量和表现形式等要求较高，同时受制于学生的学习内驱动力，如果学生没有预习，课堂教学效果就会大打折扣，因此目前这种教学模式还只是辅助、补充的教学模式。

随着经济的全球化和企业管理的科学化，社会对财务管理应用型人才的需求日益增加，因此，高校应认识到财务管理教学内容改革的重要性和紧迫性，以市场需求为导向，积极探索推进教学改革和创新，不断提高教学质量，为社会输送所需人才。

# 第八节　实习基地建设与财务管理专业创新型人才培养研究

实习基地是开展实践教学、培养学生实践能力和创新精神的重要场所，是学生了解社会和企业、接触生产实践的桥梁。加强校外实习基地的建设与管理，对实习教学质量的提高有着十分重要的作用。随着我们财务管理专业办学规模的不断扩大，加强实习基地建设，已成为当前我们专业实践教学亟待解决的重要课题，本节针对实习基地建设与提高学生的创业能力展开研究。

## 一、实习基地建设对财务管理专业人才培养的作用

财务管理专业培养的创新型人才要具备实践动手能力、创新型思维以及独立思考解决问题的能力。其中重要的一项就是要培养学生的实践动手能力，实习基地就成了为财务管理专业人才培养提供最真实的现实环境的保障。同时实习基地建设能为我们的毕业生走上工作岗位顺利适应新环境提供可靠的经验。财务管理专业的大学生，在校期间主要通过书本、课堂、实验室、网络等方法和手段系统学习包括会计与财管在内的专业知识。

虽然学校不断调整人才培养方案，以适应发展的需要，但是有些理论知识与实际脱节较为严重。这些知识缺陷必须通过实习、实践等环节来完善和弥补。即使财务管理专业的大学生的理论知识比较全面和齐备，也需要通过实习实践来加强一些感性认识，做到理论联系实际。我们在校学生通过在实习基地的实习，可

以认识和熟悉各种办公设备的使用，可以亲自接触最重要的财务软件的使用，可以亲历会计业务操作流程，可以亲身见证从原始凭证处理到财务报表的会计循环全过程，可以接触到银行、税务等部门，可以参与企业的经营管理。这些实习实践对财务管理专业人才的培养都是必要的，对财务管理专业创新型人才的培养起的作用更是举足轻重。学生创业潜能的激发离不开创新能力的积累，创新能力的积累离不开实践能力的提升。没有实践能力，创新能力是不可能得到发展的。学生在实践中不断积累自己的实践能力，形成良好的创新意识，无形中就会使自己的创新能力逐步提升。

## 二、目前高校实习基地建设存在的问题

### （一）从高校的角度看

第一，高校对校外实习基地建设的力度不够。重视理论教学，轻视实践教学是高校办学存在的主要问题，没有投入足够的人力、物力、财力，高校实习基地建设常常陷入力不从心的尴尬局面。第二，实习基地运行管理模式落后。学校利用企业、事业单位的场地、设备、人力等资源完成学校实习教学工作，而企业无法从中获得自身的利益，有时还会造成企业人力、物力的支出和生产成本的增加，挫伤了企业参与学校实习教学的积极性。第三，实习经费投入不足。近年来高校办学经费大幅度增长，但大量的经费更倾向应用于校内的实验教学、设备采购，而真正用于校外实习基地建设的经费并不多。

### （二）从企业的角度看

一方面由于财务工作的特殊性和重要性，我们财务管理专业的实习生主要进入企业的财务部门进行实习，这样一来企业财务信息的保密性就受到影响。并且受到财务室空间的影响，使得每次安排实习的人数比较有限。另一方面学生进驻企业事业单位实习增加了企业的成本，但却较少带来相应的收益，这使得校外实习基地的建设往往不具有持续性，使得实习基地的维护变得越来越困难。

### （三）从学生的角度看

很大部分学生的实习时间多安排在理论教学环节之后，此时正值学生求职关

键时期，学生更多的是把实习环节当成是提高自身实践能力的平台，没有与实习基地的培养目标相结合，而企业更多的是考虑到以后用人需求，两者目标的不一致最终挫伤了企业的积极性。同时大量的实习学生来到企业，加大了企业管理的难度。实习基地的运转需要专职的学生管理队伍，并能不断提升学生管理水平。但是，目前学生实习期间的管理工作难以落到实处，企业对实习学生的管理往往与学校对学生的管理有很大差异，这种管理上的困难制约着实习基地的建设和有效运转。

### 三、完善财务管理专业实习基地建设的措施

**（一）优化人才培养方案，加强校内实习环节**

目前高校财务管理专业执行的是2014版人才培养方案，根据专业培养方案将实践教学课程体系分成基础应用实践模块和专业综合实训模块。其中课内实验针对实践性较强的专业课程进行，一般在课程进行中完成。还有就是专业综合实训部分，是学生学完一定的专业知识基础上单独开设的。除了以上的实践和实训环节外就是大四上学期为期五周的毕业实习。我们专业的实践环节能够满足提升学生专业实践能力的需要。

值得注意的就是学生在校内进行的实习环节，要利用与企业接轨的软件学习和训练完成。学校有专门进行会计电算化操纵的实验室，也拥有完备的审计软件、税务软件和会计单项实训综合实训的软件，能够模拟现实中的原始凭证的处理全过程，完成一整套的会计做账流程。

**（二）开展校企合作模式，促进合作共赢**

我们财务管理专业在学生进行综合实训和毕业实习时，要充分利用校友资源与实习单位签订实习基地共建的协议。签订的合作协议中要明确高校和企业单位双方的职责与权利，学校中要有专门人员与企业进行对接即形成组织机构。高校为企业单位人员进行理论培训，提供较为前沿的思想和理念；而企业通过接纳我们的学生实习，提供实习场所并进行实习指导，双方实现合作共赢。

企业可以根据工作发展需要有针对性地对我们毕业实习的学生进行指导和培训，等学生毕业实习后进行考核，考核合格的学生可以留在企业工作。这样既可

以减少用人单位招聘成本又可以快速使毕业生适应工作环境步入工作状态。高校在校企合作中更多是满足学生实习和实践的需要，能够帮助我们的学生提高实践动手能力，也能提高学生的创新意识，为社会培养创新型人才做出贡献。

（三）强化观念，加强实习指导教师队伍建设

我们要加强对实践教学的重视，就是让一线教师和学生对实践和实习环节进行重视，就是要转变一线教师和学生"重理论、轻实践"的观念。只有这样才能让实践和实习环节重要性深入人心，才能保证教学效果，才能更好地达到专业人才培养目标的要求。

实习指导教师出色的指导是完成实践和实习环节中重要的保障。高校教师普遍存在理论性强，实践动手能力差的现象，一方面，高校要鼓励教师深入企业第一线熟悉生产流程，了解企业生产、经营、运作状况，掌握学生实习的具体项目。特别是对于青年教师，更应该深入企业学习会计工作的业务操作流程，增强自身的经验和历练。另一方面，高校也为实习基地的企事业单位提供了后续学习的场地和空间。实习基地的指导教师有丰富的实践动手能力，但是缺乏理论的支撑。通过对实习基地指导教师定期进行理论培训，可以巩固专业基础理论，了解学科前沿发展，这样对学生的指导将更有针对性和指导性，还能解决企业的知识更新问题，为企业做好人才储备工作。

（四）加大实习基地经费投入，保持稳定的校外实习基地

高校要做到转变办学观念，加强对实践教学的重视，从根本上说就是要增加对实践教学的经费投入。传统教学模式和高校扩招等因素，造成高校实习经费投入长期不足，高校今后必须持续增加实习经费的投入，保证实习经费的稳定增长。除此之外，高校还要确定合理、统筹的使用实习经费的办法，建立实习教学经费专项管理制度，增加管理的透明度，加强对实习经费使用的管理和监督，使有限的资金发挥更大的效益，保证实习教学工作的顺利进行。在加大学校自身投入的同时，高校还要转变观念，不断拓展经费渠道，充分利用社会资源，为实习基地的建设提供资金支持。

加大实习基地建设力度，可采取全面立项、重点扶持的方式促进实习基地建设。我校每年划拨专门经费用于各专业实习基地建设，经过一段时间的建设，各

专业各实习基地已基本达到标准,满足学校学生各类实习需求。在此基础上,将对实习效果好、学生满意的实习基地,积极探索实习模式改革与创新的实习基地,有利于增强学生生产、工程实践能力的工科实习基地,实习科目多、实习内容丰富的综合实习基地等一批质优、稳定、专业需求性强、有利于发挥我校办学特色的示范性实习基地,采取立项的方式重点建设。

## 第九节 广东理工学院高素质基于应用型人才培养目标的财务管理专业建设

自1992年中国民航大学设立财务管理专业以来,随着社会经济的不断发展,特别是我国民航运输业发展的阶段性变化,我校财务管理专业人才培养目标也在不断调整和优化。在2016版财务管理专业培养方案中,我校将财务管理专业人才培养目标界定为"掌握现代财务管理基础理论和实际操作方法,能够进行财务分析、财务预测和财务决策的高素质应用型人才",在此培养目标指导下,确定了财务管理专业学生应该具备的四个特征,即拥有"国际化视野,完整的财务管理知识体系,具有较强的质量意识、创新意识,较高的系统思维能力、工作适应能力和团队协作能力"等。

鉴于国际化视野、完整的财务管理知识体系两个特征属于专业建设的显性特征,本研究就结合两特征所提出的专业建设要求,结合现有专业建设面临的挑战及原因剖析,就后续如何进一步强化专业建设提出针对性建议和举措,并就相关配套保障机制提出殷切希望,为我校日后完善财务管理专业建设,促进高素质应用型人才培养目标的实现提供参考和建议。

### 一、专业建设存在的问题及原因

(一)学生国际化视野亟待拓展

目前,国际化视野和境界不足是财务管理专业学生面临的最直接问题和挑战,由此导致的直接结果就是学生对本专业前沿知识掌握不够,也难以胜任外文文献阅读,以及对外合作交流需要。造成此问题的原因主要集中在以下几个方面。

**1. 课程结构设置有待优化**

一是课程结构设置中,除了大学英语、专业外语等课程外,其他学科及专业基础课中仅有3门双语课程,仅占全部专业课程的7.5%。双语课程或全英语课程比例严重偏低是制约学生国际化视野不足的基础性原因。此外,学生所采用的教材多是中文教材,国内译著教材相对较少,也使得教学内容难以对接国外最新研究成果。

**2. 学生对网络课程资源利用不足**

目前,国内外众多知名高校特别是许多世界知名高校都开设了网络视频公开课、国家精品资源共享课等,这些网络课程资源的存在在给专业教师队伍带来较大竞争压力的同时,也为专业教师学习其他高校先进授课方法和技巧、提升外语授课水平、开拓教师和学生视野提供了良好的资源平台。但目前无论是教师还是学生均对网络课程资源的重要性认识不足,开发和利用水平有待提高。

**3. 专业教师队伍国际化素质和能力存在较大短板**

2013年以来,会计与财务管理系各类型的专业培训与进修共有13批次18人次、1人在读博士,外出交流培训对于开拓教师视野、提高教学与科研水平起到了有力的促进作用,但这些培训学习全部集中于在国内参加教学研讨会。此外,财务管理专业7名专任教师中,仅有1人拥有6个月以上国外学习经历,1人拥有博士学位、1人博士研究生在读,教师队伍整体海外学习或实践经历不足、学历结构偏低等均在较大程度上制约了学生国际化视野的开拓。

**(二)财务管理知识体系有待于进一步完善**

尽管经过2004年、2008年、2012年以及2016年连续四次优化培养方案,财务管理专业的课程体系和知识结构不断更新与优化,但仍存在以下几方面的问题。

**1. 知识体系亟待完善**

财务管理专业现有教师队伍规模偏小,而且整体学历结构以硕士研究生为主,但是要承担全院5个专业研究生、本科生的学科与专业基础课,教学任务繁重,教学压力较大。受制于专业教师队伍数量和学历、能力结构限制,财务管理专业知识体系设置和课程设置存在较大漏洞和不足，从而使得专业知识体系存在着一定的不完整性。

### 2. 部分教材针对性和适用性相对较差

尽管财务管理专业知识结构因为具有较强的通用性，可以通过借用外部高校所编写的教材保证知识体系的完整性，但部分民航专业知识结构体系的独特性则难以借助外力得以弥补，这是因为国内其他高校涉足民航财务管理专业教材相对较少，财务管理专业教师编写教材的积极性不足，使得教材更多地以PPT讲义等方式呈现，难以保障教学知识体系的稳定和延续。

目前财务管理专业出版的三本教材均为民航行业特色的教材，数量少，知识体系陈旧，亟待更新和扩充。目前普适性的会计类教材质量参差不齐。特有课程，如民航国际结算、机场投融资、民航预算管理、航空公司财务管理均没有教材或讲义，影响教师的备课质量。

### 3. 课外教师校内授课比例仍有较大改进空间

目前，财务管理专业课程授课教师队伍仍多立足于校内教师，其集中围绕教学内容开展理论教学，此种师资结构在保障校内教学理论体系完整的同时，也面临着实践操作难以落地等问题，因而校外实践知识的不足导致学生知识体系建立存在一定的不完整性。

## （三）学生实践操作能力亟待深化和提升

### 1. 学生实践所需时间难以得到充足保障

一是学生课外实践时间不足。根据2016版培养方案，财务管理专业学生在校期间应学习2957个学时，修满161学分才符合毕业要求，相当于学生每天学习3.9个课时（按照学生四个学年，每学年9个月，每月21天测算而来）。可是，繁重的学业负担使得学生更多地集中在学校教室学习，难以有相对充足的课外实践时间。二是现有实践类课程数量和学时不足。除公共基础课外，财务管理专业课程中有实验理论课、实验课、集中实践课共13门课程，占全部40门专业课程的比例仅为32.5%，学时占比为25%，实践类课程数量和学时不足使得学生难以匹配应用型人才培养目标。

### 2. 校外专业实践实习基地建设相对滞后

一是校外固定实践实习基地数量较少。目前财务管理专业与会计学专业合建包括银行、会计师事务所、航空公司等共五个校外实习基地，相较于多达100人的学生规模而言，实践实习基地数量严重不足，无法满足应用型人才培养的实际需要。

二是校外实习基地建设稳定性和可持续性不足。现有五个校外实践实习基地更多地依靠教师个人资源搭建，从而导致所签订的实习协议在实际执行过程中存在诸多变数和不确定性，无法保证学生实践实习的连续性、稳定性，不利于保障应用型人才培养目标。

### 3. 实验室资源建设亟待强化

目前财务管理专业的实验项目主要是有会计学原理实验Ⅱ、财务综合实验、财务管理实验，没有民航特色课程的财务管理实验，如民航国际结算，实践教学内容与生产一线的需要存在一定的脱节。

## 三、专业建设对策及配套保障举措

### （一）全方位提升教师教学能力

#### 1. 加大专兼职教师队伍建设

除了依据学校批准的进人计划引进会计、财务管理等方向的博士外，与此同时要加强企业兼职教师队伍建设，积极邀请民航企事业单位、金融机构、咨询机构等具有丰富实践经验的专家来校讲座、授课，从而有效地弥补实践知识体系不足，以及专业教师队伍实践环节薄弱的局面。

#### 2. 提高专业教师队伍的国际化素质和水平

除了传统的进一步推动教师参加国际学术会议交流外，更为核心和重要的是专业教师队伍自身要主动担当，通过提高自主学习意识和能力，提高双语授课水平和能力。

#### 3. 优化专业课程授课方法与技巧

在短期内课程结构难以实现快速突破的约束下，首先优化教材选用，即选用中英文对照教材；其次调整教学内容授课方式，逐渐向双语课程模式过渡、转变，如采用英文PPT展示、英文版本案例等。

#### 4. 借助网络课程丰富教学资源

专业讲师除了加强自身业务素质提升之外，应主动充分利用和挖掘校外网络公开课程资源，如国家精品课资源、国外公开课资源等，积极学习、借鉴、消化和再创新校外先进教学方法和手段。与此同时，更为重要的是专业教师要主动引导和鼓励学生充分利用共享资源开拓知识视野，鼓励学生利用课余时间加大对网络资源的学习。

**5. 提升自编专业教材能力**

财务管理专业大力开展教材研究工作，积极探索教材建设与管理的改革。严格教材选用管理，完善教材评审、评价与选用机制，加强对教材的建设、选用等的过程管理。加强纸质教材、电子教材和网络教材的有机结合，实现教材建设的立体化和多样化。

（二）整合资源，加大实验实习实践资源建设

结合我校地理位置实际情况、行业特征以及专业特征，财务管理专业应整合资源，加大行业内外、市内外实验实习实践资源建设，具体举措如下：

**1. 整合资源，借船出海**

突破单纯依靠财务管理专业自身教师队伍力量的局限，借船出海，加强各方资源整合与利用，包括加强与院内其他专业、校内其他学院以及校外其他机构的合作，通过共享资源、共建基地的"抱团取暖"模式解决各方资源瓶颈问题，实现校外实践实习基地建设的快速突破。

**2. 要坚持民航业内外实习基地"两条路走"的建设思路**

鉴于财务管理专业在民航业内外实践应用的普遍性，因此在立足民航实践基地建设的同时，要重点开辟民航外特别是各类金融机构（包括银行、证券、保险机构等）以及会计师事务所等实习基地的建设力度。

**3. 以天津为主基地开辟重点城市**

为加强学生校外实践实习的组织管理，切实提高实践成效，后续要着力加强以天津为主的实践实习基地建设，加大发展北京、上海、广州、成都、西安等重点区域的实习基地建设力度。

**4. 搭建校内竞技平台，提升实践操作能力**

目前，会计与财务管理系正着手探索构建"项目需求＋实践操作"的技能竞赛模式，即以行业发展、纵向研究、横向项目为牵引，设计财务管理问题，与此同时推动构建"导师＋学生"的团队协作模式，同时提升教师、学生的实际问题

解决能力。

**5. 加强实验室资源建设**

积极推进实践教学建设和改革,努力增加综合性、设计性和创新性实验的教学内容,优化实践项目,加强实践教学质量的管理与控制,建立完善的实践教学体系。

与此同时,要进一步理顺实践教学管理体制,对实践教学资源进行优化重组,建立适应实践教学要求的"资源共享、开放服务"的实验室运行机制。

## (三)相关配套保障举措

**1. 学校层面提供制度保障**

学校一要整体加大教学资源投入,进一步强化对师资培训、教材建设、实验室资源建设等方面的财力和物力支持,同时建立相应的考核奖惩机制,以切实发挥有限资源的最大效用;二要为我校成为世界知名的民航高等学府定位提供必要的制度框架保证,要为应用型人才目标培养提供必要的组织资源支撑,如压缩学时等;三要统筹、协同对外实践实习基地建设,避免资源重叠以及资源共享不足等问题和现象发生。

**2. 学院层面提供有力支持**

学院一方面要在实验室建设、教材建设、师资培训、人才引进等方面给予必要的优先支持,以提高专业教师的积极性;另一方面要在全院层面为各专业探索创新专业改革提供必要的软硬件支持和保障,切实提高各专业改革的积极性和主动性。

**3. 专业层面应解放思想勇于创新**

各专业教师一方面要立足教师职业责任感和使命感,勇于承担教书育人的神圣职责,将专业人才培养目标内化为各方面的教学活动之中;另一方面要在教学方法、方式等方面勇于探索,大胆创新,不断取得新突破。

专业建设水平高低是决定人才培养目标能否实现的重要前提和基础。近些年来,我校财务管理专业一直紧跟社会经济发展和民航业发展需要,不断匹配性地调整优化人才培养目标,深化专业建设内涵,拓展专业建设外延,人才培养和专业建设取得了一定成绩。但我们也应看到,随着民航运输业国家战略产业定位的确立,以及民航运输业变革的不断深化,2016版财务管理专业确定的高素质应用型人才培养目标的实现面临着诸多现实挑战。本研究结合财务管理专业高素质应用型人才的四个特征中的"国际化视野""完整的财务管理知识体系"等两个核心特征,就现有专业建设面临的问题和原因进行了较为深入的分析和探讨,并从师资队伍建设、教材建设、实践实习基地建设等方面提出相应的建议和举措。并建议学校、学院等层面给予相应的配套保障举措和机制,以便推动相关政策的有效落地。

## 第十节 常熟理工学院"双导师制"的财务管理专业应用型人才培养

"双导师制"最初主要应用于高校硕士研究生尤其是专业硕士的培养,旨在"提高研究生选拔培养质量,为国家经济社会发展培养应用型、紧缺型人才","双导师制"的做法可以实现"产、学、研"的有机结合,更好地适应国家经济社会发展对高层次、多类型人才的需要。目前在本科生的培养阶段,尤其在应用型本科院校中也倡导"双导师制"的做法,应用型本科专业迫切需要提升学生的实践认知能力和职业判断能力,因此"双导师制"是符合应用型高校人才培养目标定位、适应社会经济发展需要的。

### 一、"双导师制"等相关概念界定

关于导师制,国内外专家定义不一,教育专家杜智萍博士提出:导师制不仅是导师教学的实践模式,由导师定期对学生的学习、道德、生活等进行个别指导的教学制度,还包括对导师的任职资格、工作职责、工作规范以及工作评价等多个方面的制度。因此,导师制度的研究范围不局限于教学方面。

所谓"双导师制",是指由两位导师定期对学生的学习、生活、专业实践能力进行个别指导的教学制度,还包括对两位导师的任职资格、工作职责、工作规范以及工作评价、监督等多方面的制度。德国早在职业教育界中提出"双元制"

职业教育模式，课程大纲由国家、学校和行业共同制定，学生以学徒身份和企业订立合同，最终考核由企业完成，这种模式就是"双导师制"的一种典型做法。

"双导师制"在不同领域中做法各有特点，没有统一的概念和标准。在医学人才培养中实行"双导师制"，是贯彻国家的"卓越医生教育培养计划"，通过校内基础导师和校外临床医师的共同培养，以提高医学人才的培养质量。在职业教育中，"双导师制"应用也很广泛，对于职业教育来说，通过这个制度可以实现以就业为导向的"三位一体"培养模式。在师范生培养过程中也提出了"双导师制"和顶岗实习的做法，以此来促进教师的专业素质发展，促进理论和实践相结合。在研究生培养阶段，会计专业硕士的培养过程中早就加入了"双导师制"的元素，学校从外界聘请财务总监等到校上课、开讲座、包括最后的论文指导和答辩工作，充分体现应用型硕士的培养特点。

财务管理专业是目前大部分高校开设的热门本科专业，其知识能力体系融合了会计、金融以及管理知识，培养的学生要能适应企事业单位以及金融机构的财务或金融工作，用人单位等利益相关者对财务管理专业的应用能力有很高的要求，因此财务管理专业引入"双导师制"显得尤其必要。基于常熟理工学院是一所新建本科院校，发展定位于服务地方经济发展，坚持校地互动发展、校企合作的办学思路，因此财务管理专业的发展离不开"双导师制"的支撑。2012年开始，常熟理工学院经管学院就对每个专业提出了"双导师制"的做法，并且一直在推行实施。该制度实施四年多来，取得了一定的效果，文章将在前期的实践经验基础上做进一步的探索。

## 二、财务管理专业实施"双导师制"的探索——以"常熟理工"为例

常熟理工学院经济与管理学院从2012年开始进行"双导师制"的探索，坚持校地合作办学思路。经管学院的"双导师制"主要由校内指导老师和校外指导老师组成的"理论"加"实践"的双导师，共同培养学生，建立起沟通学校培养要求和社会用人需求的信息桥梁。双导师有一定的任职条件，校内导师一般要求具备讲师以上职称或具有硕士以上学位，以此来保证对学生指导的质量，校外导师一般要求是行业的业务骨干，熟悉本领域发展的最新成果和动态，实践经验丰富，并且对高校人才培养有热情并且愿意为学校事业做贡献，从专业素质和道德素质方面来选拔校外导师。

常熟理工学院的财务管理专业自从2008年开始招收第一届本科生，迄今为止已经有五届毕业生走上工作岗位，学生的就业岗位以苏州地区的民营个体企业为主，还有部分学生就职于行政事业单位和银行等金融机构，历年的就业率均在95%以上，从用人单位的反馈情况反映出毕业生具有一定实践能力，能够较快地适应工作需要。这些能力得益于学校实训课程的开设以及"双导师制"的推行。财务管理专业在"双导师制"方面的主要做法如下：

（一）采纳业界观点，完善人才培养方案

人才培养方案是对学生专业素质和能力水平的基本纲领性文件，为了凸显"应用型"人才培养的特征，财务管理专业在制订培养方案时就充分吸收业界的建议，邀请企业财务总监、会计师事务所负责人、银行等金融机构相关人员参与方案讨论，对于课程的设置强调理论和实践相结合。并且在执行过程中不断完善培养方案，根据经济活动中出现的最新形势变化更新课程建设。

（二）参与教学活动，提升学生应用水平和毕业论文质量

在"双导师制"实施过程中，依托校外导师丰富的实践经验，定期邀请校外导师来校开设讲座，给学生传递最新的信息，并邀请他们参与学院开设的财务负责人培训班，能够结合实际案例讲解，学员反响很好；校外导师能够搜集到充足的行业素材，因此让他们一同参与毕业论文工作很有意义，校内导师主要负责一些论文格式的规范性问题，校外导师负责搜集资料、把握总体思路，通过此项工作，充分发挥"双导师制"的优势。

（三）共建实习基地，帮助学生完成实习和就业任务

通过与银行、会计师事务所、企业等共建实习基地，可以解决部分学生的实习问题，学生在事务所等实习基地锻炼两个月，可以加强对业务流程的了解和熟悉，为其走上工作岗位奠定扎实的业务基础。有些实习基地还会因为实习生的优异表现而把学生留在单位，这样可以很好地解决学生的就业问题。

"双导师制"实施以来取得一定成果，但是基于制度环境、市场需求、观念因素等各种局限性，"双导师制"还存在以下问题。

**1. "双导师制"与经济、社会发展脱节**

双导师合作模式目前只是在部分高校做尝试，并没有普遍推广，仅是部分有条件的高校或学院为了增强学生实践能力而推行的一项合作方式，校企双方导师合作的深度和广度也很有限。行业内没有形成双导师合作模式构建的共识，教育部门也没有这方面统一的制度规范。随着社会经济的快速发展，部分高校或企业单独行动的个体行为已经不能满足发展所带来的挑战，政府部门、相关机构以及全行业性的规范章程需进一步规范化和细致化，税务部门应该出台相应税收政策支持校地合作建设。

**2. 合作模式缺乏多样性**

经过多年实践经验总结，"双导师制"的合作模式还是比较死板、滞后，局限于浅层次的合作，实质上缺乏多样性和开放性，有些做法照搬国外的经验，在国内的制度环境下不能有效地消化，显得过于机械化。而在目前对校地合作日益重视的应用型本科院校中，提升"双导师"制度合作模式的灵活性和多样性是一个急需解决的问题，亟须深层次的合作交流。

**3. "双导师制"落实到位情况不理想**

从近年实施情况看，由于学生缺乏主动沟通的愿望，平时与校外导师联系次数不多，而校外导师囿于平时工作繁忙，不能花很多精力在学生的专业指导上面，对于校内导师也没有约束机制。这样就容易使"双导师制"流于形式，所以在建立相关扶持政策的同时，加强对双导师工作的监督和检查，有利于这项合作有实质性的进展。

### 三、完善"双导师制"合作模式的思考

在健全相关政策的基础上，基于合作协商、分工科学的原则，进一步完善"双导师"合作模式，在培养应用型人才过程中切实发挥作用。

**（一）健全和完善"双导师制"的相关政策法规体系**

在培养应用型人才过程中，鼓励社会力量参与，构建和谐互动的合作伙伴关系，是我国人才发展的一种战略，也是市场经济国家的基本经验。例如，在德国，政府出面干预，使产学合作制度化，使学校和企业相互支持，共同受益，已积累了相当成功的经验。英国政府对于学生的就业工作有财税政策支持，一般通过先

征后返的方式对企业征收税收,如果100人以上的公司在接收实习生后可得到相关税收返还,通过这种方式来提升企业接收学生的积极性。财税政策的导向与扶持功能巨大,我国也应研究支持校地合作的优惠政策,应通过政府部门或行业协会研究制定,对积极参与校地合作的企业或个人给予财政补贴、税收优惠或税收减免,提升企业参与高校培养人才的主观积极性,校地合作才能有良性互动发展。

### (二)选拔部分学生赴银行或会计师事务所顶岗实习

在财务管理专业的实习阶段引入"顶岗实习"有一定实践意义,经过校内外导师推荐和选拔,挑选部分优秀学生进入实际的工作岗位进行锻炼,让学生在财务部门或审计部门担任一份与专业相关的工作,有利于学生的专业素质水平极快得到提升。当然,"顶岗实习"的实施需要学校、用人单位和相关管理部门多方协调,政府要有配套措施。例如,财政、税收及金融方面的政策支持学生的顶岗实习,并且校外导师要承担起指导任务。在"顶岗实习"过程中会出现学生管理不到位的现象,因为实习地比较分散等导致管理成本和难度上升,学校在这方面要给予适当考虑,通过奖励或补贴等方式提升校内导师管理的积极性和有效性。

### (三)校企合作共建财务管理专业实验室

财务管理专业还可以依托财经类专业背景,通过政府的政策引导,高校的运营管理,与相关金融机构、会计师事务所或研究机构共同建设专业实验室,打造应用性强的实践教学平台。在目前已有的通用金融或财会类实验室的基础上,建设仿真模拟实验室。例如,与会计师事务所共建审计实验室,学校提供场所,事务所部分审计或咨询业务可以在这个实验室进行,学生可以进入这个实验室担任审计助理工作,通过这个平台锻炼业务水平,而会计师事务所也能减少相应工作量,尤其是在审计业务高峰期时可以节省人力成本。校企双方还可以利用实验室的平台进行课题研究、开发,承担科研项目,提升教师的科研水平,真正实现校地合作发展,实现应用型人才的培养目标。

## 第十一节　医药院校财务管理专业应用型人才培养课程体系创新

高等院校培养的财务管理人才能否满足社会对其职业期望，与高校财务管理专业人才培养的目标定位有很大的相关性。满足社会及行业需求的人才培养才是好的高等教育，好的财务管理教育应该是为社会提供所需的财务人才，增强学生就业信心和能力。

目前我国高校财务管理专业人才培养已不能胜任经济发展的新要求，存在课程体系不合理，内容层次不够全面等问题，财务管理专业人才培养效果与社会需求存在极大地不对称：一方面大量毕业生找不到合适对口的工作，只能找到什么事做什么事先解决糊口生存，这样既消耗了教育的时间成本和货币成本，也挫伤了学生的职业热情和自我发展预期，专业的继续练习失去平台。另一方面很多行业具有清晰目的性需求的财务管理人才无法获得：一是能够马上完成工作任务进入角色的中高端的财务人才稀缺，另一个是现行财务管理专业体系无法满足行业快速发展期及行业的差别性对财务人才的特殊要求。解决第一种情况需要我们的财务管理培养目标、培养模式、课程设置做出修订，这种修订涉及的面很广花费的时间会比较长。第二种情况则可以结合具体行业的特殊性对当前的某类大学的财务管理专业教学体系做一些局部的修改，这样既节约时间和成本，又能快速满足行业需求，也为整体财务管理专业修订投石问路。以下就医药院校财务管理专业该如何满足医疗行业的财务管理人才需求做一些探讨。

### 一、当下医疗机构财务管理方面存在的不足与需求

财务管理是医疗机构管理的重要组成部分，包括资金筹集、分配、使用、清

偿等业务，也是资金活动的预算、决策、组织、执行和控制工作的总称。加强财务管理，可以促进医疗单位有效地使用资金，提高资金利用效果，加速资金周转，降低百姓就医成本，解决就医难看病贵问题，融洽医患关系，追求社会效益同时提高经济效益。

（一）医疗行业缺乏财务风险意识和高素质财务管理人才

据卫计委统计信息数据，2013年9月底，全国医疗卫生机构达96.1万家，医院2.4万。有关医疗卫生体制改革的财务政策不断推出，医疗机构管理工作的重心已转移到提高财务人员的素质，实施全预算全成本新财务制度。目前一般三甲医院从事财务活动的人员数为20人左右，这个人数远远不能满足财务活动的需求，且大多财务人员以前接受的是通识的财会背景教育，对医疗行业财务活动的特殊性缺少足够知识储备，处理财务管理工作心有余而力不足。另外一个造成医疗行业财务管理队伍水平较弱，财务管理人才储备不足的原因是单位决策层每年工作的重点均是围绕引进医疗人才和医疗设备而开展，忽视财务管理人才培养及财务队伍建设，这里面有行业内部竞争的原因，但更多的是负责人直至整个医疗行业的管理意识落后，财务风险意识较低。

（二）医疗行业快速发展对财务工作的新要求

实现社会效益与经济效益双提升的医疗服务新目标，其成本核算与财务管理的水平直接影响其自身的服务能力和服务效率。在这一背景下，财务人员的工作不再仅仅是记账——算账——报账，而是要求能够为决策层提供信息参考的财务预算、风险控制等更高层次的财务活动。加快医疗服务机构财务管理人才的培养已成为当务之急，据对管理水平比较好的医疗服务机构财务负责人的走访调研结果表明，其要求财务管理人才既有医疗行业等非营利组织的财务知识，还要具有相关的医药基础知识、医保及卫生管理知识及医疗行业财务管理和分析的相关知识，多元知识结构的财务管理人才才能满足医疗服务行业投资规划、资产运作、成本核算、产品定价、资产管理等各管理领域的需求。

（三）财务管理需满足医疗成本精细化核算的高要求

新医改政策的推动下，医疗服务行业对内部财务管理、医疗服务支付方式以及医保资金管理提出了更高的要求,尤其是医保全国统筹政策的落实,与社保、商保在医疗费用上的分配负担核算分析还存在一些盲点和分歧。医疗服务机构财务管理活动可以在医疗机构提供的服务价格、患者的就医成本、医疗机构的服务效率、服务水平和服务质量的量化、品牌塑造和重建等方面发挥至关重要的作用。面向医疗服务行业培养财务应用型管理人才,将在医疗投资规划、医疗资产管理运作、医疗机构成本核算、医务人员收入分配、医疗服务行业的运作与医疗产品价格的制定等各管理领域发挥重要的作用。

## 二、现有财务管理专业知识结构无法满足医院对财务管理人才的需求

我国现有近300所大专院校已开设财务管理专业,但还没有一所大学开设医疗行业财务管理专业或方向。现行的财务管理专业课程体系所培养的财务人才的知识结构中欠缺医药行业经营管理及有关财务学科知识,知识结构和知识体系不完整,无法满足对医院的经营活动管理及决策提出财务视角建议这一对财务人员的希望和要求。而医疗行业财务管理活动与企业财务管理活动由于其经营目标、运行机制、财务制度内容不同,存在较大差异,通过自学很难全面深入地掌握。

我国高校目前各商学院开设的财务管理专业课程体系特色较少,课程设置几无差别,缺乏特点、亮点,很难满足行业的个性化需求。医药院校在遵守高校财务管理课程教学体系共性规律之后,针对特殊行业进行教育活动创新,开发课程建设特色,树立医药院校财务管理专业的品牌,是我国财务管理课程教育需要追求的更高层次,也为全面的财务管理专业目标及课程体系改革提供素材。

### (一)各校专业特色没有体现在课程体系设置中

目前很多高校的财务管理专业依旧是在借鉴比较成熟的学科如会计学和金融学的课程体系设置,毫无自身的专业特色。由于借鉴时没有仔细分析专业之间的异同,缺少去杂取精过程,造成目前课程体系散乱,各门课之间横向纵向关联度不够,层次性布局不够好,学生没办法学习完整的课程知识体系,学生自我学习能力的提升受到极大的阻碍。

### (二)专业教师的非专业性

由于财务管理专业在有些高校属于新设专业,设计课程体系时没能结合学校

自身特点及学科优势盲目跟风开设相关课程，没有处理好"应该"开什么课和"能够"开什么课的问题，教师大多从金融专业和会计专业转入财务管理专业，因人设课的现象普遍存在。研究性院校、应用型地方院校、独立学院等原本应该有不同培养目的的各类院校的教学大纲几乎千篇一律，毫无各自学校的特色和独创性可言。

### 三、基于医药院校应用型财务管理专业课程体系的创新

财务管理专业课程体系的建构应满足人才培养目标定位和执业素质能力的要求。在设置财务管理专业课程体系时，医药院校应考虑本校办学优势、学科资源、社会就业需求差异化等因素。医药院校财务管理专业针对培养模式的探索是必要和紧迫的。以医药院校资源为依托，探求财务管理专业在通识教育的基础上如何发挥医药院校现有的自身优势，适应行业需求，培养"通识+专才"的多元知识结构人才，可按照"医院财务管理理论教育+医药基础知识教育+校内外联合培养实战训练"的培养模式，将财务管理专业课程与医药基础知识、医疗服务行业所需专门课程的有机糅合，培养具有一定的医药学基础知识，具备扎实的医院财务管理理论功底和实践能力，有较高的科学素养和创新实力的懂经营管理、通医院财务管理的复合应用型专业人才，为医疗服务行业提供学有所长，术有专攻的财务管理专门人才。

#### （一）树立新理念，设置新体系，突出专业特色

改变人才培养需求脱节的教育现状，强调应用型人才培养特点，注重实践教学环节，实施改进实践教学手段和方式的基本手段。完善学生的能力结构，培养学生解决问题的应变能力和思维方式。

#### （二）创新医药院校财务管理专业课程设置体系

为了解决医疗服务行业对财务管理专业人才的特殊能力要求，在课程体系设置中突出本校的学科优势，打造医药院校的专业特色。在课程建设中可以大胆创新，敢为人先，敏锐地感知和捕捉社会需求新动向，强化跨领域整合教学资源。完善课程结构设置：一方面，注重财务管理、财务分析等专业理论的学习；另一方面，结合医疗服务单位需要，开设医药学、医院成本核算、医疗保险、医院及

卫生事业单位管理、医疗资产管理运作等具有较强针对性及实用性的课程，完善学生知识结构的层次性需求和满足财务岗位群的需要。

（三）纵向合作，打造"双师型"教师

大多数院校的财务管理专业课程教师都是由理论到理论，缺乏实践操作经验和实战应对，对于本学科在行业和部门中的具体运用和指导无从谈起，更没有从事财务管理方面的工作经历，如何能带出应用型财务管理专业人才？对此，应改变现行教育模式，强调应用型人才培养特点，修正教学环节。很多高校都设立了专业建设委员会，建议财务管理专业委员会聘请医疗行业部门的财务高层、资深财务人员和高校中的财管专家教授，共同探讨财务管理专业课程体系创新。此外医药学校还应该多与医疗机构建立深度的合作关系，聘请财务科室的负责人和资深财务工作人员走进课堂为学生讲课或者作财务专题报告，同时要求老师们脱产或利用假期赴实际单位短期学习和工作，获得实践工作经验并运用到教学中去，充实教学内容，体现教学的先进性、实用性和前瞻性。

# 结 束 语

财务管理专业的人才作为每一个企业都不能缺少的成分,被很多企业、厂家以及事业部门所推崇,但是,现实的情况是,现阶段应用型财务管理人员的素质和所具备的技能不能够满足当今社会的需要,所以,为了解决这种矛盾,培养可以适应社会、国家、企业的应用型财务管理人才便成为当务之急。

课程方面。课程体系的建设不仅要从层次以及机构和系统上,而且要利用课程来配置最佳的组合,来发挥整体上的作用,只有不断地改变教学方式,才能将整体的功能配置发挥出大于部分功能之和的作用,使得其知识的结构和能力的优化得到进一步的发展。

采取应用型教学手段。在财务管理专业方面,其可以说拥有得天独厚的网络资源保障。网络在财务管理专业方面的应用比较早,有着很好的应用基础,很多优质教师的教学课堂被搬到网络上进一步为学生学习提供了平台,这样便可以更好地让学生的学习基础得到夯实。

建立应用型教师队伍。充分利用现代化的教学手段对财务管理专业进行进一步的充实,同时开展计算机以及现代科技的教学。开发各种学习软件以提供给学生更多的学习空间,实现现代化的教学手段。随着科技的发展,时代的变革,财务管理教学的方式和学习方法逐渐增多,多种多样的方式使得学生们对财务管理的学习充满了好奇。

教材改革。课堂上不再是沉闷的你讲我听,更多是开发学生的智慧,充分发挥大脑的功能,调动和引导学生对财务管理的学习产生兴趣,加强课堂讨论和教学案例的变动,从而培养学生的实践能力,加强学生对财务管理的认知,结合理论实际来实现财务管理专业的价值,更好地培养学生对财务管理的兴趣,降低了学生学习困难的程度。

通过财务教材改革、课程改革、应用型教学手段的采取以及应用型教师队伍的建设等方面的探究讨论,读者可以更加明白财务管理专业人才培养的方式和目的,这对未来财务管理人才培养方式的建立奠定了基础。

# 参考文献

[1] 蒋占华. 最新管理会计学 [M]. 北京：中国财政经济出版社, 2014.

[2] 欧阳征, 陈博宇, 邓单月. 大数据时代下企业财务管理的创新研究 [J]. 企业技术开发, 2015, 34（10）:83-85.

[3] 唐清安, 韩平, 程永敬等. 网络课堂的设计与实践 [M]. 北京：人民邮电出版社, 2003.

[4] 陈玉珍. 基于网络环境的会计教学方法研究 [J]. 会计之友, 2006.

[5] 荆新, 王化成. 财务管理学（第七版）[M]. 北京：中国人民大学出版社, 2015.

[6] 王伯庆. 2011年中国大学生就业报告 [M]. 北京：社会科学文献出版社, 2011.

[7] 陈丽君. 面向中小企业的高职财务管理课程项目化教学设计研究 [J]. 工商, 2014, 2（3）:351-352.

[8] 魏洁. 基于业务技能培养的财务管理课程教学改革的探讨 [J]. 邢台学院学报, 2014, 3（9）:155-157.

[9] 周雪梅. 浅析中小企业财务管理 [J]. 商场现代化, 2014, 30（5）:229-230.

[10] 钟琮, 方新华. 会计专业财务分析课程中的综合案例教学 [J]. 经济研究导刊, 2010.86（12）:232-233.

[11] 马巾英. 试论案例教学法在财务管理学教学中的应用 [D]. 湖南师范大学, 2006.

[12] 张孝兰, 肖章大. 加强高校会计基础工作规范化建设的对策与措施 [J]. 湖南环境生物职业技术学院学报, 2006, 12（1）:050-053

[13] 陈勇. 高校财务管理规范化模式探讨 [J]. 安徽农学通报, 2007, 13

（14）:189-190.

[14] 国务院国有资产管理委员会. 关于加强中央企业信息化工作的指导意见[Z]. 国资发〔2007〕8号文件.

[15] 法律出版社法规中心编. 中华人民共和国财务会计法典(应用版)[Z]. 北京：法律出版社,2008.

[16] 中华人民共和国教育部高等教育司. 普通高等学校本科专业目录和专业介绍（2012年）[M]. 北京：高等教育出版社,2012.

[17] Arrow,K.J.*The Economic Implications of Learning by Doing*[J].*Review of Economic Studies*,1962,29（3）:155-173.

[18] Senge P. 第五项修炼：学习型组织的艺术与实务[M]. 上海：三联书店,1998.

[19] 李太卫. 全日制专业学位硕士双导师合作模式研究[D]. 天津工业大学,2011.

[20] 教育部高等教育司. 中国普通高等学校本科专业设置大全[M]. 北京：高等教育出版社,2010.

[21] 许尔忠等. 走向应用型[M]. 武汉：武汉大学出版社,2015.

[22] 宋丽群. 财务管理[M]. 北京：北京大学出版社,2011.

[23] 戴士弘. 职业教育课程教学改革[M]. 北京：清华大学出版社,2007.

[24] 王艳丽. 校企合作动力机制及其合作模式研究[D]. 太原科技大学,2010.

[25] 刘淑华. 应用型财务管理人才培养目标及课程体系设置研究[J]. 内蒙古财经学院学报：综合版,2007,5（04）:46-48.

[26] 刘淑华,刘东方,张旭丽. 嵌入社会责任的企业绩效评价指标体系构建[J]. 大连民族学院学报,2012,14（2）:140-143.

[27] 财政部会计司编写组. 企业会计准则讲解[M]. 北京：人民出版社,2007.

[28] 蔡罕. 从"零距离"到"3+1"——谈浙江万里学院新闻学专业人才培养的模式创新与实践探索[M]. 杭州：浙江大学出版社,2007.

[29] 郭燕芳. 谈现代非营利性医院财务管理目标[J]. 中国病案,2006,7（8）:35-36.

[30] 王永其,王建宏. 对医保定点医院的几点思考[J]. 中国卫生事业管理,2003,6（180）:345-346.

[31] 李淑源,胡静彬. 军队医院固定资产管理改革的经验分析[J]. 解放军医药

杂志,2012,24（2）:52-54.

[32] 李琼.新医改政策下医院财务管理和会计核算探讨[J].中国医院管理,2012,32（8）:60-61.

[33] 岑跃进,董贵安,王继伟.军队医院等级评审需注重的几个问题[J].解放军医院管理杂志,2012,19（4）:319-320.

[34] 王肖莉.医院财务管理中存在的问题分析及对策[J].中国医药导报,2015,05（02）:104-105.

[35] 武敏,徐孝仕.医院资源管理系统在医院财务管理中的应用[J].中国卫生经济,2014,33（08）:78-79.

[36] 孙燕超,孙同波,张雪等.域外医院财务管理的经验及其对我国的启示[J].中国医院管理,2016,36（12）:103-104.

[37] 李多.浅析新形势下如何加强与完善医院财务管理[J].内蒙古中医药,2016,30（23）:172-173.

[38] 陈岚,陈代清,张进.实用医院财务管理[M].北京:中国财政经济出版社,2006.

[39] 陈彦,蔡一珍.从美国医院财务管理体系看如何加强我国医院财务管理[J].现代医院,2006,6（6）:111-112.

[40] 王慧慧,王洪秀.美国医院财务管理对我国医院的启示[J].中华医院管理杂志,2008,24（6）:425-427.

[41] 季花.新财务制度下医院全成本核算体系的构建研究[J].江苏卫生事业管理,2014,25（3）:96-98.

[42] 王峥.医院财务人员应具备的能力和素质[J].中国现代药物应用,2010,4（11）:241-242.